Research on the Quality and Training of Innovative Talents Based on INNOVATION DRIVING

基于创新驱动的创新型人才素质及培养研究

鲁兴启 / 著

图书在版编目(CIP)数据

基于创新驱动的创新型人才素质及培养研究 / 鲁兴启著. —
杭州 ：浙江大学出版社，2020.4
ISBN 978-7-308-20139-1

Ⅰ.①基… Ⅱ.①鲁… Ⅲ.①创造型人才—人才培养—研究—中国
Ⅳ.①C964.2

中国版本图书馆 CIP 数据核字(2020)第 058306 号

基于创新驱动的创新型人才素质及培养研究

鲁兴启 著

策划编辑 黄兆宁
责任编辑 丁沛岚
责任校对 陈 翩
封面设计 春天书装
出版发行 浙江大学出版社
(杭州市天目山路 148 号 邮政编码 310007)
(网址：http://www.zjupress.com)
排　　版 杭州朝曦图文设计有限公司
印　　刷 杭州杭新印务有限公司
开　　本 710mm×1000mm 1/16
印　　张 19
字　　数 297 千
版 印 次 2020 年 4 月第 1 版 2020 年 4 月第 1 次印刷
书　　号 ISBN 978-7-308-20139-1
定　　价 65.00 元

浙江大学出版社市场运营中心联系方式：0571—88925591；http://zjdxcbs.tmall.com

前　言

中华民族是富有创新精神的民族，中国传统文化蕴含着极其丰富的创新思想，譬如“因革损益”的日新精神就颇具典型意义。因革损益，随时变通，“日新之谓盛德”(《周易·系辞上》)，“易，穷则变，变则通，通则久，是以自天佑之，吉无不利”(《周易·系辞下》)。中国传统哲学颇为推崇“生生”之理念。“富有之谓大业，日新之谓盛德，生生之谓易。”(《周易·系辞上》)可以说，创新精神是中华民族生生不息的重要的文化基因。张岱年(1982)曾指出：“世界是富有而日新的，万物生生不息。‘生’即是创造，‘生生’即不断出现新事物。新的事物不断代替旧的，新旧交替，继续不已，这就是生生，这就是易。”这样的观点是颇为深刻的。2014 年 6 月 9 日，习近平同志在中国科学院第十七次院士大会、中国工程院第十二次院士大会上深刻地指出：“创新精神是中华民族最鲜明的禀赋。”这无疑是一个客观、科学的判断！

在五千多年文明发展进程中，中华民族创造了许多文明，马克思对中国古代的几大发明创新做出了高度的评价：火药、指南针、印刷术——这是预告资产阶级社会到来的三大发明，火药把骑士阶层炸得粉碎，指南针打开了世界市场并建立了殖民地，而印刷术则变成新教的工具，总的来说变成科学复兴的手段，变成了对精神发展创造必要前提的最强大的杠杆。[①] 但鸦片战争之后中国因落后而挨打，这样的历史不能不令人沉思！

为了改变落后的状况，近代以来，无数优秀的中华儿女进行了艰苦卓绝

① 参见：马克思，恩格斯. 马克思恩格斯全集(第 47 卷)[M]. 中共中央马克思恩格斯列宁斯大林著作编译局，译. 北京：人民出版社，1979：427.

的努力与奋斗！然而，真正使这一状况得以改观的是中国共产党的成立，至此中国人民谋求民族独立、人民解放和国家富强、人民幸福的斗争才有了主心骨，从精神上由被动转为主动。新中国成立以后，我们在"两弹一星"等领域取得了一系列举世瞩目的巨大成就，为我国发展成为一个具有世界影响的大国奠定了重要基础。伟大的事业产生伟大的精神，这一切的背后，体现的是一种精神，即"两弹一星"精神，是爱国主义、集体主义、社会主义精神和科学精神活生生的体现。

这一切让每一个中华儿女感到骄傲和自豪！创造这些伟大事业的则无疑是一批又一批杰出的创新型人才。

进入21世纪以来，"创新"这一概念出现的频率比以往任何时代都要高，这与创新理论的发展及其在社会各个领域的广泛应用是分不开的。正如曾任美国贝尔实验室高级副总裁的许浚博士所概括的：以往人们一辈子都难以看到一两件新事物的出现，现在每月，甚至每周、每天，我们都可以看到新事物的出现。显然，新生事物对现代生活的冲击远比以前要大得多。"我们享受的好处是即时性的，扑面而来的冲击也是即时性的。这就是为什么创新一下子在我们的生活里占据了十分重要的位置。"（许浚，2001）今天，我们所处的知识经济时代是一个瞬息万变的时代，知识与信息的快速发展使人们领略到了创新的魅力，新技术、新产品、新服务等新事物快速发展，不断替代并淘汰着旧事物。知识经济时代一个重要的技术特点是数字化，数字化生存、数字化革命，引发了人类文明史上规模空前的新科技革命，使得人类的生产方式、生活方式和活动方式发生了深刻的变化——空间"变小"、时间"缩短"、信息激增，科学技术突飞猛进，社会经济快速发展，这要求人们必须进行创新思维，以便引领这个创新的时代，至少也得跟上这个创新的时代，否则等待人们的将会是挑战、压力，更残酷而又无可回避的现实就是被淘汰。

在这个创新的时代，科技创新在经济和社会发展中的作用从以前的一般因素发展成为极为重要的核心要素。因为信息社会中网络广泛的、快速的和无边界的传播和运用，所以知识经济时代对人的创新素质的要求，不仅是对某些特定阶层和群体提出的，还是对社会的绝大多数成员甚至全体社会成员提出的；对区域或国家的要求是，建设创新型区域或创新型国家；对企业、社会组织或政府的要求是,建设创新型企业、创新型组织或创新型政府。在这样一个时代,创新必然成为一个国家和民族最基本的生存方式和活动方式,成为社会持续发展进步的不竭动力与发展机制。

实施创新驱动战略,建设创新型国家,我们有了一定的基础和条件,有引以为豪的科技实力及人才队伍,但是,与科技实力及人才总量快速增长形成强烈反差的是,我们在科技创新方面特别是具有重大突破意义、能够取得国际竞争优势的原始创新方面,与发达国家相比,还存在明显差距。这也是不少有识之士比较关心的。2005 年 3 月 29 日下午,著名科学家钱学森教授与身边工作人员就科技创新型人才的培养问题进行了一次谈话。他说,中国还没有一所大学能够按照培养科学技术发明创造人才的模式去办学,都是些人云亦云、一般化的,缺乏自己独特的创新东西,往往是别人说过的才说,没说过的就不敢说,这样是培养不出顶尖帅才的。他认为我们不能人云亦云,这不是科学精神。科学精神最重要的是创新(涂元季等,2010)。在这次谈话中,钱学森教授提出了科技界如何进行创新教育、培养更多科技创新型人才以及培养什么样的科技创新型人才的问题。2005 年 7 月 30 日①,钱学森先生曾就创新型人才的培养向温家宝总理建言,谈到大学的培养模式不适合创新型人才的成长时尖锐地提出:为什么我们往往没有自己独特的创新的东西,老是“冒”不出杰出人才?这个问题发人深省!

“钱学森之问”揭示了我国高等教育在人才培养方面存在的一个缺陷,即不重视创新型人才的培养。其实,仅从 1985 年 5 月 27 日颁布《中共中央关于教育体制改革的决定》算起,教育改革也进行了 30 多年,时至今日,在我们的各级各类教育中,传统教育的理念仍根深蒂固,重视学生对知识的掌握,把考试分数当成学生学习好坏的重要标准甚至唯一标准,在许多本应鼓励学生发散思维的领域,我们的教育提供的是权威尺度,而不太注重学生综合素质的培养,尤其是不重视学生创新意识、创新思维、创新精神和创新能力的培养,创新素质和解决实际问题的能力没有受到应有的重视,这种教育方式其实不是从大学开始的,

---

① 关于钱学森先生建言的时间,有两种说法:一说是 2005 年 7 月 29 日,另一说是 2005 年 7 月 30 日,本书采用钱学森先生的堂妹、中国人民大学马克思主义学院教授钱学敏(2008)之说。

而是从孩子出生就已经开始了。我们在幼儿教育、小学教育、中学教育、大学教育，甚至研究生阶段的教育中都能清晰地看到这种影响。其实，30 多年前，《中共中央关于教育体制改革的决定》中就对有关问题做了很精辟的分析，如“教育事业管理权限”的问题，“教育结构上”的问题，“教育思想、教育内容、教育方法上”的问题。在《中共中央关于教育体制改革的决定》颁布 25 年后的 2010 年，《国家中长期教育改革和发展规划纲要(2010—2020 年)》发布，其中仍然非常客观地指出，我们的教育观念还相对落后，教育内容、教学方法还比较陈旧，中小学生课业负担过重的问题仍然存在，素质教育推进比较困难；创新型、实用型、复合型人才紧缺；我们的教育体制机制还不完善；总体上我们的教育结构和布局还不尽合理，城乡之间、区域之间教育发展还不平衡，某些民族地区、贫困地区教育发展滞后；教育投入不足难以满足各类教育发展的需要，由于种种原因，教育优先发展的战略地位还没有很好地得到落实。

这些问题中的任何一条都是产生“钱学森之问”的原因之一！

可见，要解决“钱学森之问”中提出的问题，不仅在高等教育，甚至不仅在教育，它远远超出了大学教育，也超出了教育的范畴，这是一个社会问题，需要综合治理。因为问题不仅涉及学校教育，还涉及家庭教育和社会教育；不仅涉及育人环节，还涉及选人、用人环节；不仅涉及教育观念，还涉及教育体制机制问题；不仅涉及表面上的教育结构和布局，还涉及深层次的教育公平问题；不仅涉及结果层面的教育投入不足问题，还涉及人们对教育重视程度的认知不够问题。

实施创新驱动战略，建设创新型国家，培养创新型人才，这是一个时代的课题。我们应以满腔的热情去拥抱当前这个创新时代，同时也应以充分的理性去思考“基于创新驱动的创新型人才素质及培养研究”这样的时代命题。

正是在这样的背景下，笔者基于创新驱动的发展背景，对创新型人才的素质与培养进行了多角度的思考。从理论上探讨了以要素驱动和投资驱动为主的经济发展模式难以维系，创新驱动才是经济发展的必然选择，而创新驱动在本质上是人才驱动；分析了创新及创新型人才的内涵，讨论了创新型人才的素质；研究了创新型人才的知识结构、能力结构及非智力因素，探讨了创新型人才知识结构的科学构建、能力结构的优化及非智力因素对创新型人才培养的作用;研究了创新型人才的创新思维,对其内涵、特征及培养进行了具体探讨;以宏观的视野探讨了创新型人才的成长环境,包括创新型人才成长的环境因素、创新型人才成长环境的作用机制及创新型人才成长环境的影响及优化。

客观地讲,基于创新驱动的创新型人才素质及培养研究是一个有难度的课题。教育与人才培养是一个历史悠久的文化现象,而关于创新驱动的理论及创新型人才素质及培养又是相对较新的课题,有不少问题还是见仁见智的。受认识水平的限制,书中难免有不妥之处,敬请广大读者指正。

目　录

1 创新驱动战略与创新型人才

改革开放以来，我国在自主创新方面取得了巨大的成就，但由于发展条件的限制，从生产要素配置的角度分析，如从生产要素的投入、组合、使用与分配等方面的方式，即经济增长方式来看，还是以要素驱动和投资驱动为主的经济发展模式。与世界发达国家尤其是创新型国家相比，我国在创新型人才素质、创新能力、创新经济所占国民经济的比例、创新型人才培养等方面还存在不小的差距，仍存在许多不足，不少影响创新驱动的问题亟待解决。

事实证明，任何一个经济体，以要素驱动和投资驱动为主的经济发展模式只是在其步入发达经济体之前某个特定的经济发展阶段的经济发展模式，长期过度地依赖以要素驱动和投资驱动为主的经济发展模式必然会带来资源、环境等方面的压力，最后难以维系，是不可能实现可持续发展的。从我国的情况来看，改革开放以来长达40年的经济发展可谓世界奇迹，国内生产总值(GDP)已跃居世界第二位，与经济总量发展相关，社会生产力、综合国力、科技实力、创新型人才数量与质量等均迈上了一个新的大台阶。但同时我们也不能不清醒地看到，由于长期以来依赖以要素驱动和投资驱动为主的经济发展模式，我国经济发展中出现了一些值得引起重视的问题，如发展中不平衡的问题、不协调的问题、不可持续的问题等，是比较明显、不能视而不见、不可忽视、不可掉以轻心的。人口、资源、环境压力客观地摆在我们面前，处理不当，这种压力就会越来越大，导致的问题就会越来越复杂，处理起来也将越来越困难。人类只有一个地球，从某种意义上讲，物质资源是有限的，必然越用越少。而科技创新和创新型人才的潜力却是巨大的，甚至会越用越多。从这个意义上看，对于当前中国来说，创新驱动实际上是形势所迫。正如2014年6月9日习近平同志在中国科学院第十七次院士大会、中国工程院第十二次院士大会上指出的，历史告诉我们一个真理：一个国家是否强大不能单就经济总量大小而定，一个民族是否强盛也不能单凭人口规模、领土幅员而定。近代史上，我国落后挨打的根子之一就是科技落后。

实施创新驱动发展战略，必须转变经济增长方式，大力培养创新型人才。至于如何从理念上、理论上充分认识创新驱动战略对创新型人才的客观需求，这里拟做初步分析。

1.1 以要素驱动和投资驱动为主的经济发展模式

1.1.1 关于不同经济发展阶段的驱动理论

从生产要素和动力机制来讲，一个国家或经济体竞争力的发展或提升一般要经历不同的发展阶段，尽管在某一发展阶段一个国家或经济体的经济发展并不是纯而又纯地仅由某一生产要素驱动，但按照其在经济发展中的作用和地位大致可以根据生产要素和动力机制划分为四个阶段：要素驱动阶段、投资驱动阶段、创新驱动阶段、财富驱动阶段。作为一个经济学概念，创新驱动这一概念有其具体的指向，它是相对于经济发展起步阶段的要素驱动或经历过一定发展以后出现的投资驱动而言的。从其基本的内涵来看，它所描述和表达的是社会生活中的创新行为对经济发展的驱动作用。美国学者迈克尔·波特（Michael E. Porter）最早提出这一概念，确切来说，创新驱动的提出最早源于迈克尔·波特对国家经济发展阶段的划分。他在关于国家竞争优势的研究中，以创新对国家竞争力的动力作用为切入点，将一国经济发展划分为四个阶段。在波特看来，创新驱动是一个国家或经济体竞争优势的重要体现，根据对发达国家或经济体经济发展比较深入的实证研究，他比较系统地论述了四种不同驱动模式的各自特征及相互关系，并按照经济发展的具体历程，根据相关经济理论比较系统地对四种不同驱动模式的演进过程进行了颇有深度的分析。根据波特的研究，一个国家经济发展的要素驱动阶段、投资驱动阶段是以资源和资本投入为主的粗放式增长阶段；创新驱动阶段是强调经济增长中知识、技术因素与人力资本发挥作用的发展阶段；等到了财富驱动阶段，科技创新在经济增长中特别是生产领域中仍然占主导地位，主要体现为金融创新，不过重点已从以生产者服务为导向的资金融资逐渐转向以消费者服务为导向的财富保值增值服务。

按照波特的观点，在经济发展的最初阶段，经济的发展主要是由生产要素驱动的。如果对不同产业在某一时期的成就做一下具体的比较分析，便不难发现，在要素驱动的时代，所有的成功产业几乎都是由基本生产要素决定的，譬如矿产资源、石油资源、天然气资源等，像加拿大、澳大利亚等国的天然资源特别丰富，所以在天然资源领域有一些比较不错的产业；又譬如分析全球的农业生产，我们会发现在地域上具有明显的差异性，换言之，适合农作物生长的自然环境是很重要的，因为它是基本的农业生产的生产要素；再譬如，相对不紧缺甚至供给充足而且廉价的一般劳动力，如中国的“农民工”在改革开放之后很长一段时期内，作为基本生产要素在建筑业、制造业等很多产业的发展中起到了重要作用。从经济发展的角度分析，每个国家都曾在经济发展的某个时期内经历过要素驱动阶段，目前很多发展中国家都还存在这个发展阶段的特征。

在投资驱动阶段，一个国家或经济体的经济发展动力主要是投资，即要素驱动发展以后，国家或经济体的经济有了一定发展，但要素驱动所导致的问题已充分暴露，仅靠要素驱动将面临很大压力。于是，为了经济发展，转向投资驱动，其特点是通过大规模投资来促进经济的发展，投资驱动阶段的投资既包括积极的财政政策和宽松的货币政策所带来的大量的政府投资，也包括各种社会投资。投资的直接目标是形成规模经济，同时促进技术发展、资本积累并推动全要素生产率得到提高。

进入创新驱动阶段后，创新成为国家经济增长的主要动力，经济的发展和竞争优势将不再依赖生产要素或大规模投资，很多产业发展进入转型与升级的阶段。此时经济社会发展的基础建设水平不断提高，研究与发展能力明显提升，高层次的创新型人才培养体系也有一定的竞争力。在创新驱动阶段，竞争优势的重要因素是创新，需要的是知识和智慧，国家经济长期繁荣稳定和可持续发展逐渐开始依赖活跃的创新创业活动，这一阶段经济发展表现出的典型特征是集约型、创新型和有质量的增长。

更高级的经济发展阶段是财富驱动阶段，这一阶段主要是依托前几个阶段长期积累的财富来推动社会发展，进入财富驱动阶段后，经济发展的创新动力减弱，财富驱动阶段又进入一个新的转折点，有的国家或经济体的经济可能从此走向衰退。但并不是所有国家或经济体都必然走向衰退，有些国家或经济体可能出现增长的停滞甚至负增长，但有些国家或经济体也可能通过在制度和技术等方面不断地持续创新而保持较长时间的发展。

根据波特的国家竞争优势理论，国家或经济体并非必然或按顺序经历要素驱动、投资驱动、创新驱动、财富驱动各个发展阶段。有的国家或经济体可能按顺序发展，如果那样的话，意味着这些国家或经济体发展的驱动因素依次由要素、投资、创新和财富四个因素驱动；然而，在某些国家或经济体，也会出现交叉并行的情况，如果交叉并行的话，这些国家或经济体的发展可能同时由四个因素中的两个或两个以上驱动，且这些国家或经济体的发展阶段之间没有明确的划分，比如有的经济体可能同时处于要素驱动和投资驱动发展阶段。波特得出关于经济体必然或按顺序或交叉并行地经历各个发展阶段的研究结论，其实证研究的对象主要是作为发达经济体的美国。波特还在世界经济论坛(World Economic Forum)出版的《全球竞争力报告》中，结合一些国家或经济体的经济发展情况，对那些创新能力较强、创新能力指数较高的国家和地区进行了比较深入的分析，认为有一些国家和地区已经进入创新驱动阶段，属于创新能力较强的创新型国家或创新经济体。

Kelley、Bosma 和 Amorós(2011)根据世界经济论坛关于不同国家或经济体经济发展阶段的分类，从全球经济发展存在差异的角度，认为不同国家(地区)或经济体的发展一般经历或正在经历三个阶段：要素驱动、效率驱动和创新驱动。要素驱动阶段以自给农业和开采企业为主，严重依赖劳动力和自然资源。在效率驱动阶段，进一步发展伴随着工业化和对规模经济的日益依赖，资本密集型大型组织占主导地位。效率驱动明显有别于要素驱动，它强调的是在经济发展中引入先进管理、先进技术和先进设备，让有限的设备和劳动力，尽可能多地产出。通过扩大市场规模、形成规模效应，来促进经济发展，带动经济增长，创新在经济活动中所占的比例还不是很高。在效率驱动的时代，强调发展大企业、吸引更多人就业，创新在国民经济中所占比例虽有增长但依然比较低，自我雇佣的比例比较小。随着发展进入创新驱动阶段，企业的知识更加密集，服务业也在扩大。对此他们将 2010 年不同国家(地区)或经济体的发展进行了具体划分,详见表 1-1。

表 1-1 要素驱动、效率驱动、创新驱动的国家(地区)

地　区	要素驱动型	效率驱动型	创新驱动型
次撒哈拉非洲地区	安哥拉*、加纳、乌干达、赞比亚	南非	
中东、北非、南亚地区	埃及*、伊朗*、巴基斯坦、沙特阿拉伯*、加沙和西岸地区	突尼斯	以色列
拉丁美洲及加勒比海地区	牙买加*、危地马拉*、玻利维亚	阿根廷、巴西、智利*、哥伦比亚、哥斯达黎加、厄瓜多尔、墨西哥、秘鲁、特立尼达和多巴哥*、乌拉圭*	
东欧		波黑共和国、克罗地亚*、匈牙利*、拉脱维亚*、马其顿、黑山共和国、罗马尼亚、俄罗斯、土耳其	斯洛文尼亚
亚太地区		中国大陆、中国台湾*、马来西亚	日本、韩国、澳大利亚
美国及西欧			法国、德国、比利时、丹麦、芬兰、荷兰、挪威、希腊、冰岛、爱尔兰、意大利、瑞典、瑞士、英国、葡萄牙、西班牙、美国

注:* 表示将向下一阶段转型。

1.1.2 过去经济发展主要是要素驱动和投资驱动

改革开放极大地调动了广大人民群众的积极性,激发了人们对社会主义市场经济的广泛认同和积极参与。在改革开放过程中,中国依靠改革红利、人口红利和资源红利等创造了中国“增长奇迹”,但是在取得举世瞩目的骄人成绩的同时,也要从当前和未来更长远的角度来思考,按照既有的经济发展模式能否实现经济增长的可持续发展，在当前中国经济面临的新的环境下也成为一个值得我们认真思考的问题。

从国内外环境来看，新常态下中国经济发展面临一些问题与挑战；支撑经济增长的体制、人口、资源等要素条件已经发生了重大变化；经济发展与要素约束的矛盾愈加凸显。从国内层面来看，在中国经济经历长期高速增长之后，过去支持经济快速增长的体制、人口和资源等要素禀赋已经发生了深刻的变化，中国经济发展将逐渐由原来的高速度发展转向高质量发展（任保平等，2013；马卫国，2017）。

1.1.2.1 体制禀赋条件的变化

在过去的经济发展中，针对传统的计划经济体制，我们在改革开放的伟大实践中，摸着石头过河，边实践边总结甚至不断试错，探索发展的客观规律，寻找适合中国国情的改革路径。随着改革开放的不断深化，在体制改革方面加强了顶层设计，坚持顶层设计与大胆探索相结合，成功地实现了对传统的计划经济体制的改革，建立了有中国特色的社会主义市场经济体制，市场逐渐取代计划成为资源配置的主体，在理论和实践上对市场的认识不断深入，创造了经济转型过程中经济增长的体制禀赋，并在中国经济的发展中创造性地释放了体制禀赋的红利。以往在计划经济体制中被抑制的经济活力得以充分释放，随着计划经济体制向市场经济体制改革的不断深入，中国经济在过去 40 年里呈现出持续上升的趋势，改革所带来的体制禀赋成为中国经济持续高增长的巨大动力。无论是所有制、多层次的市场体系、资源配置方式、分配体制等宏观层面的改革，还是财政、金融、投资和税收体制等中观层面的改革，抑或是企业运行机制等微观层面的改革，都已基本确立。已经逐步建立了社会主义市场经济体制，形成了比较完善的市场经济运行机制，也实现了经济的持续快速增长。今天的时代环境已经发生了巨大的变化，在体制方面进行的新改革与改革开放初期的改革相比，其难度更大。随着改革红利的逐步释放，市场化改革对经济增长的促进作用将逐渐减弱。

1.1.2.2 人口禀赋条件的变化

根据国家统计局的年度数据，2010 年之前，中国 15～64 岁适龄劳动人口占比呈持续上升趋势，总体抚养比呈下降趋势，劳动人口的快速增长与抚养比的持续下降为中国提供了良好的人口结构禀赋和高储蓄率。同时,农村劳动力向城市持续流入也在很大程度上加快了城镇化和工业化的进程,在特定的发展时期有效地推动了经济的长期持续增长,而2010年之后随着适龄劳动力人口占比的下降,以前劳动力供应比较充足甚至供过于求的状况逐渐消失,人口统计学意义上总体抚养比的提高,客观上将不可避免地结束廉价用工的时代,劳动力成本的提升,表明曾经对经济发展起到支撑作用的"人口红利"将逐渐成为过去。国务院以国发〔2016〕87号文件的形式印发了《国家人口发展规划(2016—2030年)》,尽管目前我国人口总量尚在增长,但根据预测,到21世纪20年代,人口发展将进入关键转折期,在21世纪20年代末前后几年达到峰值,劳动年龄人口波动下降,老龄化是即将面临的一个非常现实的问题,随着时间的推移,其严重程度将会不断扩大。同时,随着"人口红利"的渐行渐远,我国的人口形势也将遭遇以前不曾出现过的一系列问题与挑战,如实现适度生育水平在现实中还面临较大压力,老龄人口比例的不断提高加大了老龄化的不利影响,劳动年龄人口趋于老化,人口合理流动还面临现实的体制机制障碍,人口与资源环境承载能力始终处于紧平衡状态(李丹丹,2017)。从可持续发展的角度分析,如何有效实现我国未来人口与经济的良性互动,保证与经济发展相适应的劳动力的有效供给,仍是值得认真研究的问题。

1.1.2.3 投资禀赋条件的变化

改革开放初期,由于人们刚刚告别"穷过渡"时期,实现从贫困向温饱的发展是现实的选择。因此,在当时的情况下,土地、劳动力等生产要素成本是相对低廉的。在改革开放之初及以后的相当长的一段时期,中国经济增长呈现高储蓄、高投资的结构性特征,形成了明显的投资禀赋。1997年亚洲金融危机爆发,始于泰国,影响波及马来西亚、新加坡、日本、韩国及中国等地。泰、韩等国的货币大幅贬值,冲击了亚洲不少国家的外贸,对许多亚洲国家和地区的经济造成了很大的负面影响,使一些正在快速发展的亚洲国家和地区的经济面临新的挑战。金融危机的现实使人们深刻地认识到,市场机制并非万能,纠正市场失灵,弥补市场缺陷,政府对经济积极有效的干预也是必要的。改革开放后,我国对经济体制的认识经历了一个探索的过程,从过去的计划经济到公有制基础上的有计划的商品经济,再到社会主义市场经济。我国曾经实行的高度集中统一的计划经济体制，在过去的发展中对恢复和发展国民经济曾起到积极作用。亚洲金融危机后，政府干预理论开始在中国经济实践中被不同程度地采用。为了克服市场机制的缺陷，结合经济发展的现实，我国在宏观经济政策方面进行了不少探索。如亚洲金融危机后，从1998年开始，我国实施了延续多年才逐步淡出的积极的财政政策：巨额的投资刺激计划，保证了多年两位数以上的GDP增长率。然而，这种靠政府强化行政管制和大量资源要素投入实现的增长，其负面代价也是不容低估的，而且越来越高（张来武，2011）。最为典型的是一些行业产能过剩，资源低水平开发、浪费，有的甚至枯竭，环境污染、破坏，带来了严重的资源环境约束，还有重复建设、政绩工程，等等。因此，以高投资为特征的经济增长模式在严峻的现实面前，让人们不得不得出一个客观的结论：以高投资为特征的增长模式已经变得不可持续。

1.1.2.4　资源禀赋条件的变化

资源禀赋是产业及经济发展重要的物质基础。改革开放初期，我国的经济发展是建立在生产力水平较低的基础之上的，大量开发廉价的自然资源，在很大程度上加速了我国的经济发展，逐渐形成了经济增长的资源禀赋。过去的经济发展，廉价的自然资源价格为我国经济的发展提供了明显的比较优势，但也导致了经济增长中的高能耗、高污染和低效率现象。相比国际先进水平，我国单位产出能耗比重很大，目前所面临的能源、资源和环境问题比较突出。一方面，作为人口大国和发展中大国，由于总体的经济规模较大，产业转型与升级的任务艰巨，产业结构调整尚在艰难地进行中，即使采用目前世界上最先进的科学技术，要完成我们这样一个大的经济体的工业化，其所需的能源资源规模也将是前所未有的；另一方面，受制于能源科学技术的发展水平，我们的能源资源利用效率不高，单位GDP能耗仍处在较高的水平，远远高于世界平均水平。根据有关研究，我国的能源资源利用效率是世界平均水平的2.2倍，是某些发达国家的3倍至4倍（马建胜，2013）。相关研究还预测，到2030年，我国石油对外依存度将超过70%（徐冠华，2014）。回顾我们的工业化过程，从消耗结构上看，在很大程度上是以传统的能源为主要特征的，这种传统的能源消耗结构又在很大程度上了加大了资源与环境的压力（中国行业研究网，2014）。在过去这种能源消耗结构中，煤炭消耗占据我国资源消耗的70%以上（中国行业研究网，

2014)，这种过高的占比给我国能源资源调整带来了巨大的压力和困难，政府对此也有明确的考虑。随着社会的发展，人们的资源观念不断更新，可持续发展的理念不断深入人心，传统的以不断消耗资源为代价的高能耗和高污染的经济增长模式在客观上难以为继，其危害也被越来越多的人所认识。

1.1.3 传统经济增长方式形成的原因

我国传统的以要素驱动和投资驱动为主的经济增长方式，其形成与发展是有其历史原因的。我们不能不客观地指出，我国在特定时期出现的这种经济增长方式很大程度上与我国改期开放之初的经济发展水平、经济发展的阶段性和实施的相关政策不无关系。改革开放之初，我国经济的发展状况处在很低的水平，基础差、底子薄，尤其是各类创新型人才不足，甚至可以说是严重匮乏；科技发展水平落后，科技创新水平相对偏低，导致技术进步对经济增长的贡献不高，国家创新能力与发达国家存在很大差距。为了缩短与发达国家的发展差距，促进国民经济的快速发展，在过去较长一段时期，政府掌握的经济资源是非常有限的，资本、技术和高素质的人力资源都是匮乏的。在这种情况下，以比较优势理论为基础，从而充分地利用我国相对廉价的劳动力和资源，是比较合理的。为了发展经济，政府大力扶持各类企业的发展。在具体操作模式上，无论是引进外资、外商，还是各类民营经济，政府对创办企业实施鼓励政策，在土地使用、税收等方面给予各种优惠，并逐渐放开了某些管制，在这个过程中，要素驱动和投资驱动型经济增长方式得以延续。根据有关学者的研究，直至2013年，投资驱动对我国经济增长的贡献仍然高达50.4%(魏江等,2015)。

在过去的很长一段时期，由于较低的利率，较低甚至是超低的资源价格，较低的劳动者收入水平等，以及在这些措施的共同作用下，与国外相比，我国广大企业获得了同一时期较低的成本，这种低成本使其在国际市场的竞争中具有明显的优势，依靠这种低成本优势所带来的产品价格优势，使国内产品开始走出国门，中国企业在改革开放中开始打开国际市场的大门。由于实施出口导向型政策，尤其是中国在加入WTO以后，在经济发展上不仅鼓励出口，还坚持鼓励一些有能力的企业“走出去”，参与国际市场的竞争，与引进外资及引进国外先进的科学技术和管理等“引进来”相结合，从而不断提高了我国对外开放的水平。在出口导向型政策的引导下,我国出口产品迅速在国际市场上占有一席之地。为了鼓励出口创汇,早期对出口实施退税政策,出口企业出口换汇的积极性被充分激发出来,使拉动经济的消费、投资、出口"三驾马车"之一的出口取得了较快且较大的发展。

对于经济增长主要靠投资驱动和出口拉动可能导致的各种问题,政府和学术界其实也是早有认识的(王丽萍,2012)。在理论上,创新中国经济发展模式早已成为国内外有识之士的共识。胡鞍钢(2002)在对世界银行数据库的数据进行统计分析后得出结论,认为中国的经济类型以要素驱动和投资驱动为主。中国经济增长前沿课题组(2005)在对我国增长方式进行系统研究后认为,改革开放以来,根据国情,我们经历了高储蓄、高投资与高增长的发展过程,由于我国过去长期实行城乡二元结构,区域发展不平衡,这种高增长的发展过程在经济体制上实现艰难的转型,同时又在实现工业化,推进城市化,并实现劳动力的合理流动,所以这种发展过程是以宏观成本积累为代价的"高投入""高能耗""高污染"的增长模式。其实,在实践中,我国政府比较强调经济增长方式的转变。早在20世纪90年代就开始注意到现有增长模式的不可持续,并把转变经济发展方式作为国家战略来推动。政府自1995年正式提出要转变经济增长方式后,又先后于2007年、2009年等多次提出了要实现经济增长结构的转型,转变经济发展方式,实现经济增长从粗放型增长向集约型增长的根本性转变(王丽萍,2012)。只是出于种种原因,结果不尽如人意。

长期依靠投资驱动,过分依赖土地、资本等传统生产要素,导致投资的回报递减,出口导向的政策又在一定程度上造成了外汇收入增加,外汇占款增加从而造成货币超发,引起资产价格上涨,带来一些问题,如房地产市场炒作之风盛行,金融债务风险上升,流动性泛滥,从而导致整个金融体系越来越脆弱。要改变传统的经济发展方式,必须突破与这种经济发展方式共生的产业结构、技术结构,改革与之相适应的某些管理体制和制度安排,创新生产与消费模式,以及消除其他不利于创新驱动发展方式的制约因素的影响。由于传统经济发展方式的长期存在,固有的经济发展理念、发展模式根深蒂固,因而创新中国经济发展模式并非一件简单的事情,转变经济发展方式也是一项艰巨、复杂和长期的工作,具有艰巨性、复杂性和长期性,对此,我们应有充分的认识。

1.2　创新驱动发展战略是经济发展的必然选择

1.2.1　创新驱动的基本内涵及其特征

1.2.1.1　创新驱动的基本内涵

关于到底什么是创新驱动，创新驱动的基本内涵是什么，如何对创新驱动这一概念进行科学的界定这些问题。近几年，也有一些研究者对此做过深入的思考。如，Simmie 和 Lever（2002）、Lever（2002）、张来武（2011）、刘志彪（2011）、洪银兴（2011，2013）、甘文华（2013）、王璇（2013）、辜胜阻（2013）、刘刚（2014）、庄志彬（2014）、李俊江等（2016）、王海燕等（2017）等研究者从不同层面、不同角度对此进行过有意义的探讨。纵观学术研究领域关于创新驱动内涵的阐述，可总结为四个方面：第一，创新驱动将创新作为经济发展的主要动力；第二，创新驱动依靠知识、信息等创新要素投入打造经济发展优势；第三，创新驱动的目标是实现内生的可持续的经济发展；第四，创新驱动不能仅仅理解为是单一的技术创新或技术问题，实际上除了科学技术创新，创新驱动还涉及与创新相关的企业、产业、政府等，以及管理和制度在内的结构性变革。

笔者认为，综合相关研究者从政策角度和学术研究角度关于创新驱动发展内涵的表述，创新驱动发展的内涵或许可以从以下几方面理解：第一，创新驱动发展是通过知识、技术等要素的引入对资源要素瓶颈的突破；第二，创新驱动发展是对各类创新资源的整合与盘活；第三，创新驱动发展是传统经济发展动力的优化与升级（王海燕等，2017）。因为创新驱动发展离不开知识、技术等要素的引入，知识创新、技术开发等作为创新要素是完全有别于资源要素的，其创新和开发的潜力巨大；创新驱动发展不是简单地强调某一种创新资源的重要性，其强大的功能在于对各类创新资源的有效配置，包括整合、利用与激活等方面；创新驱动发展不是空中楼阁，不是在抛弃传统经济发展动力后一切从头开始，而是在发展“新常态”的形势下，有效地提升国家创新能力，形成新的增长动力源，实现传统经济发展动力的优化与升级。

在我国改革开放以来的很长一个时期，消费、投资、出口“三驾马车”被视为拉动经济发展的主要动力。因此，在当前情况下，面对新的发展环境，从消费、投资、出口几个不同视角探讨创新驱动发展，对我们深入认识和理解创新驱动也是具有重要的实践意义和理论价值的。

从消费的视角来看，消费在拉动经济增长、促进生产发展的过程中有重要作用。在我国，投资对经济发展的拉动作用比较明显，与投资、出口相比，我国消费虽然有所增长，但客观地讲，较长时间内消费是相对不足的。可以说，出于种种原因，我国消费在拉动经济增长、促进生产发展方面的作用并不十分明显，或者说并没有充分地表现出来。创新在很大程度上就是尽可能满足、引导甚至创造消费需求，不断提高产品与服务的影响力和吸引力。就目前我国的情况而论，产品与服务的影响力和吸引力不够是国内消费需求不足的主要原因。短缺经济时代的生产与服务方式显然已经不能满足当前消费者的需求，人们开始更多地关注产品的个性化、定制化以及用户参与等多方面需求的满足能力，创新为满足新情境下的新需求提供了解决通道。通过技术创新和商业模式创新等可以实现中高端制造、产品质量提升、个性化定制、用户高度参与等，以创新驱动优质的产品和服务的产生，增强消费对经济发展的拉动作用。

从投资的视角来看，由于过去投资驱动的发展方式曾经一定程度地对经济的发展发挥了重要作用，所以让人产生一种错觉：高投入一定带来高增长。一些地方在招商引资、利用外资的过程中，对外资投向的合理与否没有严格地加以规范，一定程度地加剧了产业结构和地区结构的不平衡，对引进项目的技术含量缺乏明确的规范和要求，加之消化不足，导致国际贸易摩擦频繁发生，其实这与对外开放水平还有待进一步提高也有关系。从投资的角度来分析，创新驱动发展在很大程度上是改善投资的质量与方式。由于过去投资驱动的发展方式导致了产能过剩、结构失调等多种问题，因此，投资拉动经济发展是不可持续的，这已经开始引起重视。其实这种现象产生的根本原因在于对投资项目的选择与布局，创新驱动就是通过创新带动产业结构合理化，带动一系列新技术、新产品、新业态、新商业模式的出现，从而促进投资项目优质化，保障投资有效发挥其拉动作用。

从出口的视角来看，改革开放以来，我国出口贸易快速发展，但由于在国际分工价值链中我国产品长期处于价值链的低端，尽管出口规模看起来不小，但效益较低。与发达国家和经济体相比，规模与效益很不匹配，存在巨大而明显的反差。所以有效地提升核心竞争力，改变出口产品技术含量不高的现状，加大自主创新力度，打造自主品牌，才能改变过去依靠低成本优势参与国际市场竞争的传统格局。从出口的角度来看创新驱动，那么创新驱动发展至少要解决如下两个方面的问题：一方面，通过创新缓解近年来出现的劳动力与土地成本上升、劳动密集型行业外移等问题；另一方面，通过创新提高产品科技含量，提升产品在全球价值链中的位置，依靠知识和技术实现中高端转型，改变制造工厂的角色，为世界提供高端化的技术、品牌、质量和服务，重塑出口优势。

在关于创新驱动的探讨中，如何判断一个国家或经济体是否实现了创新驱动，也是人们较为关注的一个问题。迈克尔·波特(2002)的研究也给出了比较明确的说法。根据波特关于创新驱动的研究，一个国家或经济体进入创新驱动发展阶段一般应该具备如下特征。第一，这个国家或经济体的技术创新主体企业摆脱了对国外的技术和生产方式的绝对依赖，开始发挥自主创造力，在产品、工艺流程和市场营销等方面已经具备竞争优势。第二，创新向两个方向发展：一是产业集群垂直深化，产业上下游的众多不同规模、不同类型的企业互相带动，推动企业向更高端的产业环节发展；二是产业集群的水平发展，由使用共同技术、技术诀窍与相似的资源，共享终端产品市场的企业形成更新更大的产业集群，使知识和信息等产生跨产业的扩散效应。第三，消费者对服务提出更高的要求，消费所形成的新的更高的需要，可以对一个国家或经济体经济的调整和升级产生重要的导向作用，新的消费热点的出现，往往能带动产业的发展或新的业态的产生、形成和成长。第四，企业对市场营销、工程顾问、测试等专业服务提出更高需求，带动服务业快速发展。第五，政府不再直接干预产业发展，多采取刺激、鼓励或创造更多高级生产要素、改善需求质量、鼓励新商业等间接措施实行无为而治。

1.2.1.2　创新驱动的特征

从关于创新驱动的基本内涵的分析中不难看出，创新驱动的特征也是值得在学术上引起关注的问题。笔者认为，创新驱动有如下重要特征。

(1)内生性

创新驱动是建立在社会政治、经济和文化等体制创新基础上，通过人力资本投资、人的素质的提升和创新能力的开发而实现的内生型增长。创新驱动依靠人的素质的提升和创新能力的开发，通过创新去开发、利用资源，不只是将目光盯在有限的面临枯竭的自然资源上。人的素质的提升和创新能力的开发将成为推动经济发展最重要、最有意义的要素。因此，科学技术、知识、信息等无形资产作为创新要素成为当代创新经济发展最重要的要素投入。创新驱动有别于要素驱动或投资驱动，它不是一味地使用有限的自然资源，从而不断地带来资源环境约束等方面的问题，以不断递减的投资收益来驱动经济的增长。如果一个国家没有人的素质的有效提升和创新能力的有效开发，没有必要的自主创新能力，即使不断地引进技术，也很难实现从要素驱动、投资驱动向创新驱动的发展。因为引进技术是外生的东西，况且许多产业的关键核心技术不是花钱就能引进的。事实上技术引进也许在某个特定的经济发展阶段可以促进经济的发展，但不可能从根本上改变一个国家或地区生产函数中的规模收益递减的问题。而与此有别，由人的素质的提升和创新能力的开发所构成的要素往往表现为人力资本、知识、制度及文化等内生性创新要素，具有自身不断积累、不断强化、不断自我变革的功能，这种内生性有别于自然资源、资本所具有的排他性、稀缺性与消耗性等特点，它可以蕴藏在经济增长的机制中，具有极强的溢出和扩散效应，是创新驱动发展的根本动力。

(2)人本性

创新驱动发展不是那种见物不见人的一味地追求物质增长与提升的发展，从中国的创新驱动发展战略语境下的“创新驱动”来看，不仅强调创新驱动发展过程要依靠人，同时强调创新驱动发展的目的是为了人，是以人为本的。无论是从目的性还是工具性的意义上来理解，创新驱动发展与科学发展观是完全一致的，即要求以人为本，发展要增进人民福祉、促进人的全面发展，亦即发展要依靠人民，同时要让广大人民群众共享发展的成果。创新驱动意义上的人本化，从某种意义上讲包括几方面的含义。①要通过持续创新不断提高产品和服务质量，最大限度地满足国内外消费者的需要，提高中国产品和服务在国际市场的影响力和美誉度。②创新驱动发展，不仅是量的扩张，还包括社会经济结构的转换和产业结构的优化，要通过科学技术的创新推动产业结构的转型升级，通过创新实现从资源密集型、劳动密集型向智力密集型、技术密集型产业的跨越，充分发挥人力资源尤其是人的创新优势在新型工业化建设中的作用，实现“中国制造”向“中国创造”的跨越。③创新驱动发展，还应该关注人民生活水平的提高及生活质量的改善，增加广大劳动者收入，满足广大劳动者日益增长的物质文化需要，增进民生福祉，切实让广大劳动者共享发展成果。④创新驱动发展，还应关注人的全面发展。人的全面发展是指人的体力、智力和道德方面的全面、和谐、充分的发展，说到底是人的思想道德、科学文化和健康素质等各方面综合素质的全面提升，这种综合素质的全面提升并不是随着社会的进步或经济的发展而自然而然地实现的，而是需要一定的教育手段等社会条件，即以社会进步为基础，在保证人们能够安居乐业、共享发展成果的情况下逐步实现的。

(3)可持续性

如上所述，创新驱动作为一种发展战略，其所倡导的发展理念是促进经济增长方式由注重要素驱动或投资驱动的外生增长转向由创新驱动的内生增长，由重视GDP、重视发展速度等量的发展转向高质量的发展，由生产力的边际收益递减转向创新驱动强大的扩散与溢出效应，从而实现边际收益递增。具体来说，创新驱动的可持续性突出地表现在几个方面：①经过多年的探索，人们发现“先污染后治理”的思路是不可持续的，可持续发展已经成为人类共识。②传统的技术创新往往以追求利润最大化、推动经济增长为唯一目的，功利主义色彩极为深厚，其在推动经济发展的同时，也造成了环境污染、资源枯竭、生态破坏等诸多问题。改变这种状况的根本途径是实现发展方式的转轨，转向创新驱动发展之路，使创新有利于资源节约和环境保护，从而有效地促进经济、社会、生态的良性循环与和谐发展。③应对环境污染、资源枯竭、能源容量的巨大压力，面对多年来在出口产品方面层出不穷的绿色技术壁垒，在创新驱动发展理念下通过创新体制机制，依靠创新驱动和推进生态化的绿色发展是必然选择，绿色技术和创新是绿色经济与产业发展的重要支撑。创新驱动发展理念下的创新驱动的发展方向之一就是要增加经济发展中的绿色技术供给，推进环境友好型的绿色发展。④美国、日本和欧盟等发达国家和经济体在创新驱动与绿色发展方面明显有先发优势，在相关领域的创新处于领跑位置，这些国家和经济体在能源市场、碳排放交易、知识产权保护方面的制度、体制、机制等方面积累了不少有价值的经验，在创新驱动推动可持续性发展方面也有一些值得我们借鉴的经验。

1.2.2 关于创新驱动发展战略的科学探索

改革开放以来，我国经济取得了长足的发展，但在发展过程中也出现了一些新情况，衍生出一些值得引起高度重视的影响可持续发展的新问题，如资源、能源消耗严重，环境承载压力大，经济粗放式增长，一些产业产能过剩，核心竞争力不强，创新能力有待提升等诸多问题。

过去经济的高速增长主要是在“高消耗”“高投入”，且带来相当程度的“高污染”的情况下实现的，在传统发展模式实现经济增长的同时也产生了一系列问题，传统的高储蓄、高投资的发展模式导致了经济发展的高速度和低质量。一方面，经济发展与社会发展的失衡日益严重；另一方面，经济增长与资源环境的矛盾十分突出。在这种发展模式中，人与社会、自然的关系失衡，意味着不可持续。从国际经验来看，第二次世界大战后不少经济体都曾面临跨越“中等收入陷阱”的考验。中等收入的经济体一旦在低端制造向高端制造的转型中失败，就容易陷入两难困境：既无法在劳动力成本方面与低收入经济体竞争，又无法在尖端技术研发、创新方面与发达经济体竞争。

当前我国经济发展不协调、不平衡、不可持续的问题逐渐凸显，“人口红利”“资源红利”的比较优势逐渐减弱，“要素驱动”“投资驱动”的传统经济增长方式难以为继，资源环境压力越来越大。经济发展方式转变，不仅意味着从要素扩张向生产率提高转变，而且意味着要在经济发展过程中实现经济结构的转变。

从产业结构转型升级的层面看，则是要将产业层次不高、品牌影响力有限、结构分散、创新能力较弱、长期处在全球产业链低端的某些制造业等产业进行产业转型升级，在新的国际分工体系和全球产业链中努力争取迈向高端，提升品牌影响力，由结构分散向产业集群、创新集群方向发展，由劳动密集型向技术密集型演变。

面对不创新就没有出路、不创新就没有发展的严峻形势，为突破经济发展困境，塑造经济发展新优势，创新势必成为转变经济发展方式、实现经济结构优化转型的重要抓手。在经济结构的转型升级中如果没有新经济、新产业、新产品、新技术的冲击，那么落后技术、落后产品、落后产能往往是不会自动退出市场的。

面对上述前进中、发展中的具体问题，不仅学术界的专家学者做过有意义的探索，在政策层面，在重大的战略决策和战略选择方面，也有许多创造性的探索。

党的十七大报告基于对国民经济发展的科学分析，明确地提出了所追求的经济发展目标是有质量（“好”）和有速度（“快”），即“又好又快”的发展。实现这样的经济发展目标，关键是要加快经济发展方式的转变，发挥市场机制的作用，完善市场经济体制。诸多政策措施中将“提高自主创新能力，建设创新型国家”置于首位。同时将“经济结构战略性调整”“节能环保”“提高经济整体素质”和“国际竞争力”提到重要地位。这是中国共产党在复杂多变的国际局势下高瞻远瞩，审时度势，对发展中国特色社会主义做出的重大战略选择，是全面贯彻落实科学发展观的重要体现。

总结过去，立足现在，展望未来，放眼世界，党的十八大进一步做出了实施创新驱动发展战略的重大部署，这是在对我国发展面临的国内外环境以及未来发展空间等一系列重大问题科学研判的基础上提出的，同时也是对党的十七大以来提高自主创新能力、建设创新型国家战略目标的进一步推进与升华。

党的十八大报告明确提出了“实施创新驱动发展战略”，突出了科技创新在经济发展中的“战略支撑”地位和在国家发展全局中的“核心位置”，对“国家创新体系”“知识创新体系”“科技创新评价”“知识产权战略”及创新的形式等重大理论问题进行了科学的阐述，这一重大部署充分肯定和科学论证了创新对中国特色社会主义现代化建设、中华民族伟大复兴的宏伟事业的巨大驱动作用。

党的十八届五中全会关于发展理念的认识进一步深化了科学发展观，于2015年10月29日通过的《中共中央关于制定国民经济和社会发展第十三个五年规划的建议》，针对我国“十三五”时期的国民经济和社会发展，从战略高度前瞻性、创造性地提出了创新是经济发展的新基点的观点，关于发展理念的认识进一步深化了科学发展观，再次强调了创新驱动发展战略的重要性，提出要牢固树立“创新”“协调”“绿色”“开放”“共享”的“五大发展理念”，显然，“创新”“协调”“绿色”“开放”“共享”不可偏废。其中，“创新”和“协调”可谓重中之重。明确提出创新是引领发展的第一动力，要求把创新摆在国家发展全局的核心位置，将创新驱动发展战略中的创新领域明确地表述为“理论创新”“制度创新”“科技创新”“文化创新”等各方面，让创新贯穿党和国家一切工作，让创新在全社会蔚然成风。这是以历史纵深和全球视野，从时代发展前沿和国家战略高度进行的一种创造性的探索，在理论和实践上都是一种新的突破。

根据中国的具体国情，2016 年 5 月，中共中央、国务院又印发了《国家创新驱动发展战略纲要》，基于战略背景的科学分析，指出了相应的战略要求，进行了明确的战略部署，提出了具体的战略任务，并从战略保障和组织实施层面进行了具体的安排，进一步对创新驱动作了科学论述：“创新驱动就是创新成为引领发展的第一动力”，进一步深化了对创新的认识，即创新不是单一某一方面的创新，而是要在全社会推动科技创新与制度创新、管理创新、商业模式创新、业态创新和文化创新相结合，推动发展方式向依靠持续的知识积累、技术进步和劳动力素质提升转变，促进经济向更高级的阶段发展。

党的十九大报告再次做出科学的判断：“创新是引领发展的第一动力，是建设现代化经济体系的战略支撑。”党的十八大以来，以习近平总书记为核心的新一届党中央领导集体围绕实施创新驱动发展战略进行了许多创造性的探索，基于国家命运、世界大势、发展形势等层面的科学分析，提出了一系列新思想、新论断、新要求。所以创新驱动发展战略是我们党在我国现阶段经济和社会发展的新形势下，结合我国国情做出的事关我国发展全局的重大决策，将在很长一段时间内成为指导我国经济社会发展的核心战略。

1.3 创新驱动在本质上是人才驱动

1.3.1 我国创新驱动发展的基本状况

1.3.1.1 我国创新驱动发展战略的实施已取得可喜成就

随着《国家中长期科学和技术发展规划纲要(2006—2020 年)》的颁布，尤其是党的十八大以来，创新驱动发展战略全面实施，我国创新能力进一步提升。比较明显的是科技不断进步，中国科技创新不断取得新的重大成就，作为一种比较客观、有一定可比性的指标，我国的“国家创新指数”在最近几年呈现出良好的发展势头。在目前世界经济增长依然处在发展乏力、低位徘徊的情况下，值得注意的是，全球研发投入和科技创新成果却保持稳定增长的态势，发达国家的研发活动基本恢复到金融危机前的增长水平。以中国为首的新兴经济体在科学技术发展方面处在快速追赶的阶段，研发全球化、创新全球化的趋势日益凸显。从国家创新指数得分和排名情况看，中国的创新发展成效是比较显著的，与创新型国家的距离在不断缩短，正在不断向创新型国家迈进。

根据中国科学技术发展战略研究院（2017）发布的《国家创新指数报告2016—2017》的分析模型，其中国家创新指数有5个一级指标（创新资源、知识创造、企业创新、创新绩效、创新环境）和30个二级指标，如创新资源有5个二级指标：R&D经费投入强度、R&D人力投入强度、科技人力资源培养水平、信息化发展水平、R&D经费占世界比重；知识创造有5个二级指标：学术部门百万R&D经费科学论文被引次数、万名研究人员科技论文数、知识密集型服务业增加值占GDP比重、亿美元经济产出发明专利申请数、万名研究人员发明专利申请数；企业创新有5个二级指标：三方专利数（即同样一种专利同时在美国、日本、欧洲申请专利）占世界比重、企业R&D经费与增加值之比、万名企业研究人员PCT专利申请数、综合技术自主率、企业研究人员占全部研究人员比重；创新绩效有5个二级指标：劳动生产率、单位能源消耗的经济产出、有效专利数量占世界比重、高技术产业出口占制造业出口比重、知识密集型产业增加值占世界比重；创新环境有10个二级指标：知识产权保护力度、政府规章对企业负担影响、宏观经济环境、当地研究与培训专业服务状况、反垄断政策效果、企业创新项目获得风险资本支持的难易程度、员工收入与效率挂钩程度、产业集群发展状况、企业与大学R&D协作程度、政府采购对技术创新的影响。

国家创新指数是反映一个国家科学、技术和创新竞争力的综合指数。由中国科学技术发展战略研究院研究（2017）发布的《国家创新指数报告2016—2017》选取了全球研发投入最多的40个国家，测算结果显示，当前世界创新格局基本稳定，在创新资源等综合指数排名前15位的国家主要为欧美发达经济体，即公认的创新型国家，具体包括：美洲1席，为美国；亚洲4席，为日本、韩国、新加坡和以色列；欧洲10席，为瑞士、丹麦、瑞典、德国、荷兰、英国、芬兰、法国、奥地利和挪威。欧洲地区是全球创新能力最强的区域之一。中国国家创新指数排名提升至第 17 位，比上年提升 1 位。与上年相比，40 个国家排名总体稳定。

改革开放以来，中国经济发展成就是举世公认的，可谓得到了长足的发展，经济总量跃居世界第二，发展速度堪称世界奇迹。但由于我国人口多、底子薄，人均 GDP 并不算高。从不同国家经济发展阶段比较来看，2015 年，中国人均 GDP 达到 8028 美元，在全球研发投入最多的 40 个参评国家中仅高于印度和南非。但从发展轨迹来看，在全球研发投入最多的 40 个参评国家中，中国创新能力取得的进步是显著的，从 2000 年的第 38 位，逐渐上升到 2015 年的第 17 位，虽然位次变化过程中存在一定的波动，甚至有一定的反复，但整体向上的趋势没有变，特别是 2009 年以来，创新驱动发展战略不断落到实处，创新驱动发展理念逐步深入人心，在全球不少国家和经济体经济低迷的情况下，没有受到太大的影响，显示出 21 世纪以来中国综合创新能力在不断发展（见图 1-1）。国家创新指数作为反映国家创新能力的综合性指标，中国国家创新指数综合排名位置不断前移的变化反映了中国国家创新能力的显著提升。

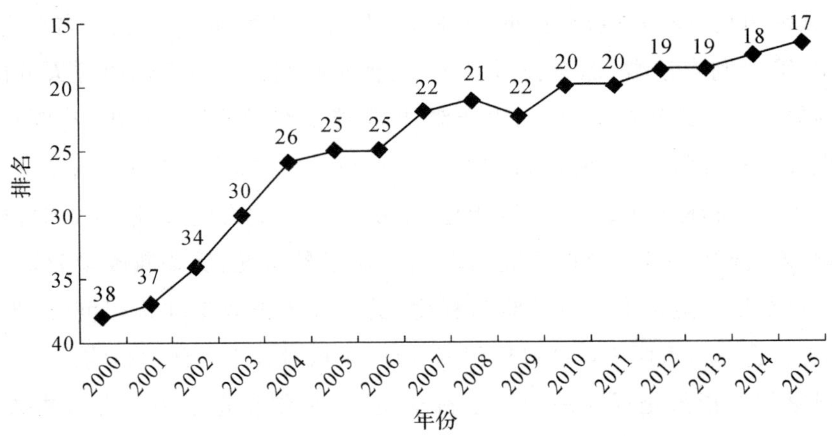

图 1-1　2000—2015 年中国国家创新指数排名变化

在列入参加评价的 10 个新兴经济体中，整体上新兴经济体创新指数的排名相对靠后，除中国外，其他国家创新指数排名都在第 29 位及第 29 位之后；其中，巴西、俄罗斯、印度、中国和南非五个金砖国家，除中国比上年提升了 1 位和俄罗斯降低了 1 位外，其他国家排名基本稳定（见表 1-2）。

表 1-2 新兴经济体国家创新指数排名及变化

新兴经济体	创新指数(2016—2017)		创新指数(2015)	
	排名	得分	排名	得分
中国	17	69.8	18	68.6
匈牙利	29	52.2	29	53.1
土耳其	30	50.5	30	51.7
俄罗斯	33	49.7	32	49.3
罗马尼亚	34	46.3	34	47.7
南非	36	44.5	36	44.2
墨西哥	37	42.7	37	41.7
印度	38	40.7	38	40.1
巴西	39	38.9	39	38.7
阿根廷	40	38.6	40	38.7

建设创新型国家,提升国家创新能力,离不开创新主体的创新。从创新理论研究与创新活动的实践分析来看,企业是开展创新活动的重要主体,也是国家创新体系的重要组成部分。企业创新的规模和质量,在很大程度上显示了一个国家的创新能力和水平。图 1-2 显示,2000—2015 年,我国企业创新指数一直处于稳步增长的状态,2000 年我国企业创新分指数排名第 25 位,而 2015 年相较 2014 年继续提升 1 位至第 11 位,企业创新分指数排在我国前面、排名前 10 位的国家分别是:日本、美国、韩国、以色列、法国、德国、瑞典、瑞士、奥地利和芬兰。

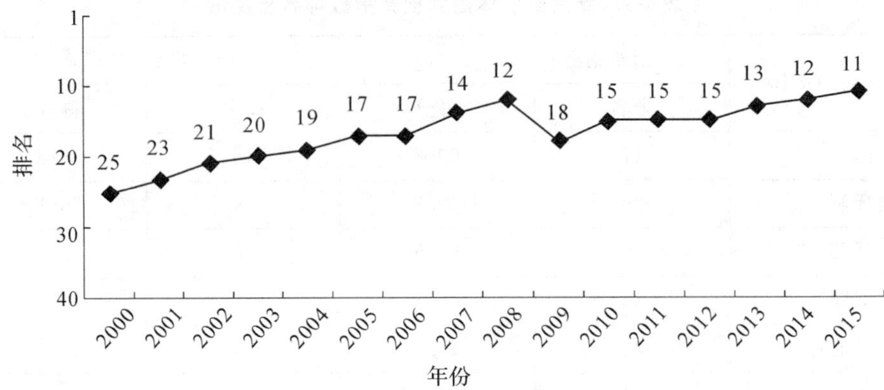

图 1-2　2000—2015 年中国企业创新指数世界排名

在目前为数不少的国家创新能力评价指标体系中，康奈尔大学约翰逊商学院（Cornell SC Johnson College of Business）、世界知识产权组织（WIPO）等部门联合发布的全球创新指数（GII）是有一定国际影响的，其评价方法及结论在世界上绝大多数国家获得认同。该指数系康奈尔大学约翰逊商学院等机构根据相关指标，在对全球有关国家和经济体进行广泛调查的基础上，参考联合国、世界银行、世界经济论坛等组织的有关数据，对有关国家和经济体的创新能力进行的评估。其研究结果表明（见图 1-3），中国在国际创新体系中扮演着越来越重要的角色，在全球创新指数的世界排名中逐步呈现上升的趋势，2017 年排名第 22 位，2018 年又前进了 5 位，为第 17 位（Cornell SC Johnson College of Business，INSEAD， WIPO，2018）。

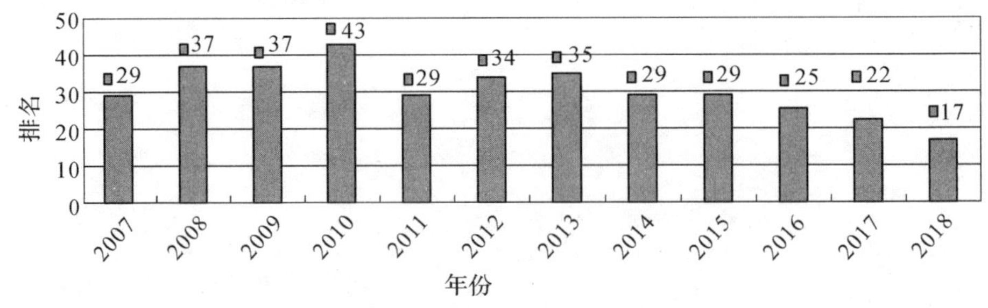

图 1-3　2007—2018 年中国全球创新指数世界排名

自2007年全球创新指数(GII)发布以来,中国创新指数排名已经从2007年的第29位上升到2018年的17位,中间经历了2008—2017年的第37位、第37位、第43位、第29位、第34位、第35位、第29位、第29位、第25位、第22位,尽管在发展中曾有排名后退、停滞、徘徊的年份,但从2013年的第35位到2018年的第17位的不断进步是比较快且颇引人注目的。

从以上国家创新指数等指标的比较和我国的排位中不难发现,过去一些年,我国在建设创新型国家的过程中,由于创新资源投入持续增加,与创新型国家的差距在进一步缩小,科技竞争力和国际影响力得到显著增强。

1.3.1.2　我国创新驱动发展中有待解决的问题

以上分析表明,国家创新指数等指标反映的是众多指标的汇总结果,揭示的是国家层面的宏观的总量概念,在此国家层面的宏观的总量概念背后,还有许多值得深入研究的结构与问题。换言之,上述国家创新指数等指标并没有反映出我国当前创新驱动发展过程中某些客观存在的、具体的、必须解决的深层次的矛盾和问题。其实,我国在建设创新型国家、实施创新驱动发展战略中也存在一些有待解决的问题,具体体现在不同的层面。

(1)从宏观的国家政策角度看

创新驱动发展战略的推进与创新政策体系相对滞后之间存在着有待进一步协调的问题。2006年国务院颁布的《国家中长期科学和技术发展规划纲要(2006—2020)》,明确提出全面推进中国特色国家创新体系建设,在2020年之前进入创新型国家行列;党的十八大以后,创新驱动发展战略不断深化,增强自主创新能力、建设创新型国家的战略更加深入人心。为此,多年来,我们制定了一系列的创新政策,内容涉及财政、税收、金融、人才、产业、政府采购、知识产权保护等诸多方面,相关的政策数量不可谓不多、内容不可谓不丰富、范围不可谓不广,有国家层面的,有区域或地方层面的,有行业或产业层面的,有企业层面的,亦不乏高等院校、科研院所的创新政策,创新政策主题涉及“创新主体”“创新平台”“创新网络”“创新链”“创新(型)人才”“创新服务”“创新资源”“创新生态”“创新环境”“创新体系”“创新能力”“创新型国家”“创新型城市”“创新型企业”“科技成果转化”“协同创新”,等等,可谓纵向到底,横向到边。有研究者甚至认为,中国的创新政策文本(样本)数量多,覆盖面也比较宽,力度不可谓不大，但创新政策的水平和效果是值得进一步认真研究的（邓练兵，2013）。

为了落实和推进创新驱动发展战略，过去一些年的创新投入也是相当可观的，但创新效率和创新效果却不尽如人意。譬如，如何切实激发企业创新活力、真正建立企业的创新主体地位，让创新型企业不再经常面临知识产权保护难、融资难、融资贵等问题，目前仍是很多创新创业者及企业所期盼的。当人们用审视的眼光来研究或评估某些创新政策及其政策效果的时候，往往发现我们的创新政策的创新水平与国外某些创新型国家相比依然存在不小的差距（王柏文等，2016）。实际上，构建创新政策支持体系的根本目的就是纠正市场机制造成的某些缺陷。因此，在有效地解决创新驱动发展战略的推进与创新政策体系相对滞后之间存在的矛盾，结合中国国情，使直接鼓励政策与间接支持政策有机结合，形成有中国特色的创新政策的政策工具体系，让创新政策真正落到实处，并且落地生根，打造创新驱动的新引擎方面，看来还有很长的路要走。

（2）从创新体系建设的角度看

跨行政区的经济区域或城市群创新体系建设还存在明显障碍。对于我国现行的行政区划制度，从公共管理的角度分析，具有悠久的历史，是政治、经济、文化、民族、地理、人口等因素综合作用的结果。行政区划的相对稳定状态对特定行政区域的经济社会发展可以产生多方面的影响：①逐渐形成了具有地方特色的文化传统，如人们的价值观、生活方式、行为方式、思维方式等。②会逐渐形成具有明显地方特色的区域经济，从而推动具有鲜明地方特色的区域性特色产业、优势产业的发展，甚至催生有地方特色的产业集群等经济组织形式。③具有地方特色的地方政府、企业、高等院校、科研机构、中介服务机构等主体因素与区域内的技术、制度、管理、体制、机制和服务及基础设施建设、保障条件等具有明显地方特色的相关因素又会推动区域创新体系的形成和发展，以支撑和推动具有地方特色的区域经济的发展。④在我国现阶段的行政体制下，特定行政区域的地方经济政策与产业政策，基本上是由地方政府制定的，在很大程度上具有很强的地方政府主导性，越是来自基层的政府组织所出台的政策，对特定地区相关产业及经济发展的作用越直接。由于地域差异，不同县市区之间在公共管理上的差别可谓泾渭分明，存在着非常明确的行政区域边界，由于行政区域管辖权的主体不同，治理理念、经济政策、产业政策不同，政府管理水平、管理方法不同，这些因素将显著地影响不同区域之间的产业发展水平及其相应的竞争行为（魏江，2010）。⑤在我国现阶段，与行政区划的相对稳定状态相适应，城市成为各类创新资源的聚集地，而相对于经济区域和城市群而言，中心城市明显聚集了比一般中小城市和边远地区更多、更丰富的各类创新资源，各类依靠科技、知识、人力资源、文化、体制等创新要素发展起来的创新型城市，对其他相关区域往往也能起到一定的辐射或引领的作用。所以以中心城市和在某些方面的创新中有特色和优势的创新型城市为主的区域创新体系在现阶段中国的区域创新体系中已是一种客观现实。

在这样的现实环境下，跨行政区的经济区域或城市群创新体系建设还存在一些明显的问题与障碍。区域创新体系的核心在于跨行政区的经济区域或城市群的创新联系与相互协作，实现人才、知识、技术和资本等创新资源的合理流动和优化配置。由于建设区域创新体系是从克服市场的问题、有效地解决市场失灵、使政府积极有为的角度提出来的，在现实的政治体制、经济体制环境下，不具有行政权力的其他市场主体很难去统筹规划和推动区域创新体系的建设，只有地方政府，才有能力发挥有形之手的积极作用去统筹规划和推动。从理论上讲，应该遵循市场原则，让市场在创新资源的配置中发挥决定性的作用，不应该也不能有任何人为的限制。换言之，我们虽然强调地方政府在区域经济或区域创新体系中的作用，但是这不能也不应该成为限制创新资源在市场经济条件下合理流动的理由。如果说创新资源向高收益地区流动会对某些发展层次较低的地方带来一定的压力，那么理论上讲，地方政府如果积极作为，其可行的做法应该是积极创造良好的创新发展环境，吸引创新资源聚集。但现实的情况是地方政府在某种程度上也是理性的“经济人”，于是发展地方经济、追求地方利益最大化往往成为其工作的重要目标，甚至是主要目标。所以传统的以行政区划为基础的地方经济比较突出的特点，是社会经济活动中带有明确的地方利益倾向和明显地渗透着具有非常明确倾向性的强烈的地方政府行为（于美霞等，2009）。一个经济区域或城市群，行政隶属关系往往非常复杂，受行政区划行政区域管辖权的刚性约束，地区之间的协调难度很大，长期的条块分割的行政管理，在很大程度上于无形之中加深了各自为政的地方主义或地方保护主义色彩。创新资源跨行政区域流动往往会受到人为的行政限制与阻隔，从而导致生产要素流动不畅、经济运行秩序比较紊乱。在某些跨行政区的经济区域或城市群，重复建设，产业同构甚至产品同构的现象极其严重，这严重干扰了跨行政区的经济区域或城市群的创新协作。即使在经济一体化发展势头较好的某些跨行政区的经济区域或城市群，如果不能有效地形成良好的利益分配与协调机制，一旦遇到矛盾和利益冲突，地方政府仍然可能是各自为政，各行其是。更有甚者，为了谋取地方利益，有些地方政府画地为牢，人为地抑制创新资源的流动，通过行政手段阻止区域经济的内在联系，表现出极为明显的竞争性，特别是在经济区域或城市群辖区间政府的横向竞争。这种竞争在一定程度上构筑了一种无形之墙——行政壁垒，从而造成市场分割，阻碍了创新资源的合理流动，隔断了必要的创新联系，使经济区域或城市群地方政府之间的协作机制名存实亡。

(3)从区域创新能力的角度看

区域创新能力发展的不均衡与各类创新资源不断向经济发达地区聚集之间存在矛盾。在国内关于创新驱动能力、创新型区域、区域科技创新能力或区域创新能力等问题的研究中，不同的研究者分别从不同层面，运用不尽相同的评价指标体系进行了相关的研究，如从 R&D 投入、外商直接投资流入、地区知识产权保护异质性的视角(陈恒，侯建，2017)，或从 R&D 活动规模、创新效率、创新投入、创新政策、创新载体、创新环境、创新人才等区域创新能力的影响因素等不同视角进行了探讨(曹勇，秦以旭，2012；李楠，龚惠玲等，2016)，虽然最终得出的具体数据有一定的差异，但结论基本上是非常相似的，即区域创新能力存在差异、不均衡。有的研究甚至进行了区域创新能力的比较与排名，可以说问题已引起广泛关注。其实，由于自然、地理、历史、政治、经济和文化等因素的影响，我国区域创新能力的发展一直处于不平衡状态，区域之间的创新能力存在比较大的差距。譬如，2007 年，经济相对发展较好的广东省，在区域创新能力的创新产出指标之一——专利方面就占有明显的优势，当年广东省专利约占全国的 20%，其比例应该说是很高的，而相对专利数较少的省(区、市)，可能在这一指标上与广东省就有比较大的差距；即使两个在某些方面有一定可比性的省份，由于各自的区域特点与资源禀赋不同，其区域创新能力的相关指标也可能存在较大差异。譬如陕西与福建，两省人口数量相近，有统计表明，1998—

2007 年,陕西省年均 R&D 经费是福建省的 1.8 倍,但年均专利的比例却不足福建省的 30%。这种差异很难简单地用某个单一的影响因素来解释,而应该科学地从区域特定的因素去考虑(魏守华等,2010)。实际上,区域创新能力的发展往往与区域内部和外部的各种相关条件密切相关,特别是区域的内部因素起着非常重要的、决定性的作用。就中国目前区域创新能力的状况来说,无论是东部地区,还是中部地区或西部地区,结合所在地区情况,努力提高区域创新能力水平,都是必要的。但不同区域的内外部条件差异很大,资源环境等要素禀赋不同,区域发展战略选择的方向不同,产业结构不同,相应地主导产业、优势产业、特色产业等也会各不相同,因此,区域创新能力水平方面的差异、不均衡是客观存在的,也有一定的必然性。总体来说,从目前的情况看,我国的区域创新能力在空间上呈现出东部地区较高,中部地区次之,西部地区较弱,即东部地区到中部地区,再到西部地区,呈现逐渐变弱的趋势(陈晓红,2013)。

在创新驱动的区域经济发展背景下,创新要素成为区域经济发展关键的生产要素和经济资源,区域创新能力在很大程度上决定着特定区域的经济发展水平,已经成为区域综合实力和区域竞争力的决定性因素。当然,某些创新能力较强的地区并非一定与其经济发展完全同步,出现这种现象的症结在于这些地区的创新体系结构可能还有待进一步优化,需要整合创新体系内部的相关资源,厘清创新资源之间的渠道,让创新链与产业链、资金链、政策链相互交织,使之互动协调;提高区域创新体系的综合能力,从而使相关的创新资源、链条真正有机地结合起来,相互支撑,深度融合,这样区域的创新优势才有可能转化为区域的经济优势,这种转化能力也是区域创新能力的重要体现(卢宁等,2010)。要提升区域经济增长质量,实现经济增长方式的转变,就必须提升创新对区域经济的贡献率。作为最大的发展中国家,中国目前在经济发展方面地区差异较大,这是一个不争的事实。在现阶段,我国经济增长的动力机制迫切需要从传统的要素驱动、投资驱动转换到创新驱动,这是确保中国有效地跨越"中等收入陷阱"的关键。但是,创新具有明显的集聚特性,如上所述,我国区域创新能力发展的不均衡颇为明显,而且从现实的情况看,呈明显扩大的趋势,这是区域间投入规模差异与创新效率高低不同等因素综合作用的结果。相关研究表明,在经济全球化、创新全球化的区域经济发展背景下,创新能力显著影响区域经济发展中全要素生产率及与创新要素密切相关的高技术产业的发展，进而影响着区域经济差距。目前的情况和趋势是：创新活动的发展和集聚不是均衡的，而是越来越向经济发展水平高、发展速度快的区域转移，向东部地区集聚（魏守华等，2010）。在市场经济条件下，市场机制并非总是高效的，市场调节根本无法解决协调发展的问题，如果任由市场机制配置创新资源，那么创新活动与创新要素向经济发展水平高、发展速度快的区域转移无疑将会拉大区域发展的差距。

在经济发展的现实环境下，中国经济处在增速放缓和由要素驱动、投资驱动向创新驱动转换的关键时期。党的十九大报告明确指出，当前中国的社会发展已经进入新时代，在新时代我国社会的主要矛盾已经发生了很大的变化，具体来说，当前中国社会的主要矛盾已经表现为“人民日益增长的美好生活需要和不平衡不充分的发展之间的矛盾”。因此，若不有效改变目前区域创新能力差异较大、发展不平衡的现状，尤其是有效提升中、西部地区经济发展相对落后的状况，则可能强化区域创新能力方面的“马太效应”，即经济发达的东部地区创新能力越来越强，而创新能力的提升又会推动东部地区的发展方式由要素驱动、投资驱动向创新驱动转换，从而促进东部地区经济的发展；而西部地区本来经济发展水平相对较差，反而出现“孔雀东南飞”的现象，也就是东部地区的创新人才等创新资源、创新要素不但没有向创新资源相对匮乏的西部集聚，反而是西部有限的创新资源、创新要素更多地流向东部地区（魏江等，2015）。如此这般，与东部地区相比，西部地区在区域创新能力和经济发展上将会进一步处于弱势。其直接后果是造成区域发展上较为严重的两极分化，不仅不利于我国经济的可持续发展，而且还可能会给社会和谐稳定带来不稳定因素（曹勇，秦以旭，2012）。因此，不能简单地、盲目地、绝对地让市场在配置资源中起决定性作用，对此应有科学的理解。形成正常的市场机制，总体上要使市场在配置资源中起决定性作用，但同时也要更好地发挥政府的作用。可见，如何实施和有效推进创新驱动区域协调发展，在理论和实践上都具有十分重要的意义，需要从战略高度进一步进行艰苦的探索（王业强等，2017）。

(4)从产业创新的角度看

新兴产业的发展和传统产业的转型升级与产业关键共性技术供给不足之

间的矛盾比较突出。从创新驱动的发展视角看，在国民经济的发展中，无论是新兴产业的发展还是传统产业的转型升级都有赖于相关产业关键共性技术的有效供给。否则，新兴产业（包括战略性新兴产业）的发展和传统产业的转型升级都将面临较大的关键共性技术供给不足的现实压力。从我国建设创新型国家及实施和推动创新驱动战略的进展来看，现阶段无论是新兴产业的发展还是传统产业的转型升级，对相关产业关键共性技术的有效供给的需求都是相当高的，与相关产业关键共性技术供给不足之间的矛盾较为突出，在很大程度上制约了国民经济的发展，影响了创新型国家建设的步伐。

赵永刚和郑小碧(2013)认为，从目前的研究来看，国内外学术界对于产业关键共性技术创新及其有效供给的研究还是比较初步的，不少问题尚待进一步深化。产业关键共性技术是相对基础共性技术和一般共性技术而言的（马名杰，2005)，是指能够深刻地影响国民经济，能够在多个领域或行业广泛应用，并对相关的多个产业甚至整个产业产生影响的技术。之所以称其为关键共性技术，是因为其有别于基础性或一般性的共性技术，在相关产业领域中具有重要作用和地位，影响产业目标实现，制约产业发展，能有效提高产业竞争力，在一定时间内具有重要经济价值，会制约产业发展和产业链技术进步，是处于产业发展瓶颈阶段、具有瓶颈制约、亟须研发的产业相关技术。由于产业关键共性技术的研发周期长、投入多、难度大，所以产业关键共性技术往往需要一个较长时期的研发积累过程，这也是产业发展的一项长期积累的基础性工作。特别是在基础材料、关键工艺、核心元部件、系统集成等方面的关键共性技术，已经成为制约我国产业持续健康发展的核心问题；其研发是工业、通信业等相关产业发展的重要基础，也是我国构建现代产业体系，加快转变发展方式，培育和发展战略性新兴产业，促进产业结构优化升级，增强自主创新能力和核心竞争力的关键环节（工业和信息化部，2011）。

基于发展的视角分析，我国政府关注产业关键共性技术还是比较早的，计划经济年代，早期的“两弹一星”等技术的突破就是政府统筹、整合、集中配置有关资源的成果。改革开放以后，尽管我们对产业关键共性技术的认识有一个过程，但我国政府在产业关键共性技术政策方面所做的探索无疑是很有意义的。在 20 世纪 80 年代，如在 1983 年的国家科技攻关计划中，其政策目标之一，便是非常明确地提到支持共性技术研究，此后从国家及地方的科技政策、创新政策、产业政策、财政政策等政策层面对此都作过不少有益的探索。

但与发达国家相比，我国许多产业创新能力薄弱，处于全球价值链的中低端，不少关键核心技术受制于人，差距是客观存在的。我国的产业关键共性技术研究与发达国家相比，本来就起步较晚，加之曾是产业关键共性技术研究主导力量的行业性科研院所转制后，我国对产业关键共性技术的组织管理机制仍在探索中。由于组织、研发产业关键共性技术的主体涉及政府、企业、高等院校、科研院所等不同方面，其中的个人或组织无法独占产业关键共性技术成果，产业关键共性技术很容易溢出或被扩散。所以，目前产业关键共性技术的研发与创新受制于过度分散的利益主体，乃至在探讨产业关键共性技术路径选择等核心议题上往往因不同主体认识存在较大差异，进而造成产业关键共性技术战略目标确定后，其供给体系仍存在严重的制度缺陷，科学的产业关键共性技术的供给制度还未形成，尚缺乏科学有效的协调机制与制度安排。譬如，面对越来越严峻的国际经济环境，如何有效地激励创新主体供给？如何明确官、产、学、研等各方的清晰定位？如何确定官、产、学、研等各方的利益及需要分担的风险？如何科学地部署、制定相关的产业战略？如何高效地协调官、产、学、研等各方的关系？诸如此类的问题还有待研究。由于与此相关的问题的存在，导致产业关键共性技术研发主体缺位，供给原动力不足，研发投入力度不够，协同研发机制不健全，研发创新人才缺乏。在这样的现实条件和创新环境下，国内产业关键共性技术的供给有时也陷入市场失灵，或系统失灵，甚至“制度空洞”的困境（胡钰，2013；赵红梅，2015；朱建民，金祖晨，2016；张清辉，王彬，2018；周源，2018）。因此，作为后发国家，在面临新兴产业的发展和传统产业的转型升级的关键时期，要实现创新驱动发展，就要突破产业关键共性技术的制约因素，瞄准科技前沿，在产业关键共性技术的有效供给方面提高能力，从而有效地促进新兴产业的发展和传统产业的转型升级，推动调整产业结构、转变发展方式，用创新来支撑和引领经济社会全面协调可持续发展。

(5)从企业创新的角度看

我国企业创新能力水平发展不平衡的矛盾比较突出。在当前世界科学技术竞争日益激烈的国际环境中，中国企业的创新能力到底处在一种什么样的水平？中国企业的创新能力有哪些特点？这是人们颇为关注的问题。图1-2所反映的是中国科学技术发展战略研究院根据其设置的关于企业创新的5个相关二级指标对2000—2015年中国企业创新分指数世界排名评价的结果，它是较多指标的汇总结果，揭示的是国家层面的宏观的总量概念。从总体情况看，随着创新型国家建设和创新驱动发展战略的实施，中国企业总体创新能力在稳步增长，这是不争的事实。但在这个国家层面的宏观的总体排名背后，还有许多值得深入思考的问题。

就中国企业创新能力的现状来说，极少数企业创新能力水平较高与绝大多数企业创新能力薄弱之间的矛盾比较突出。值得指出的是，我国某些具有一定实力的创新企业在国际市场的竞争中也开始表现出较强的竞争力。具有一定全球影响力的美国《福布斯》杂志每年都会评选出最具创新能力的100家企业，中国有少数创新企业陆续进入榜单。譬如，2018年我国有7家公司入围，分别是腾讯控股（第25名）、携程（第28名）、洛阳钼业（第43名）、百度（第45名）、恒瑞医药（第64名）、海康威视（第90名）以及中国重工（第91名）；2017年我国共有6家公司跻身榜单，分别是：上海莱士（第4名）、腾讯控股（第24名）、康得新（第47名）、携程（第55名）、百度（第60名）、恒瑞医药（第82名）。此前曾跻身榜单的中国企业除百度、腾讯控股等多次荣登此榜的企业外，还有贵州茅台、五粮液集团、中海油田服务有限公司、三一重工、中联重科、恒安国际、康师傅控股、中国旺旺、伊利股份、双汇发展等公司。类似的较有影响力的全球创新能力排行榜中，虽能看到中国企业，但其数量及所占比例都是极其有限的，如2015年波士顿咨询公司（BCG）发布的全球最具创新力的50强企业中，中国企业有3家上榜，分别是腾讯控股（第12名）、华为（第45名）和联想集团（第50名）；2016年中国企业仅有小米（第35名）、华为（第46名）2家企业入选；2018年中国企业也仅有阿里巴巴（第10名）、腾讯控股（第14名）和华为（第46名）跻身其中。确实，华为、腾讯、阿里巴巴等极少数优秀的创新企业的发展，使中国少数企业步入了全球顶尖的创新企业的行列，但我们也应清醒地认识到，我国企业的创新能力分布是高度不均衡的，除了极少数企业的创新能力达到较高水平外，中国企业整体的创新能力仍然较为薄弱。这样的结果与国内相关调研也是一致的。陈彦斌、刘哲希(2017)基于对国内80000多家高新技术企业的创新能力进行调查后形成、由中国人民大学发布的《中国企业创新能力百千万排行榜(2017)》的统计数据,发现体现中国高新技术企业创新能力水平的重要指标专利分布极不均衡:一方面,极少数优秀创新企业占据了几乎绝大多数的专利;另一方面,绝大部分企业的专利数量较少,尤其是发明专利。我们知道,在对企业创新能力的评价中,创新成果数量是其中的一个重要维度。近年来,尽管中国少数优秀创新企业取得了数量较多且较有影响的创新成果,但我们不能不清醒地认识到,这样的结果并不能反映中国企业创新能力的总体状况。事实上,当前中国绝大部分企业创新能力还是比较薄弱的,在竞争日益激烈的国际市场,这些企业仍然处于全球价值链的低端,没有自主知识产权的核心技术,在创新上就难有国际话语权,在"低端锁定"状态中就难以实现功能升级和在全球价值链中从低端向中高端的链条升级。这种极少数企业创新能力水平较高与绝大多数企业创新能力薄弱之间的矛盾,在张平和刘霞辉(2013)关于不同所有制企业的创新能力的差异的研究结果中也有明确显示,类似的我国企业的创新能力分布不均衡及创新动力不足等问题,值得引起重视。

1.3.2 创新的时代呼唤创新型人才

上述国家创新指数等排名的不断前移说明,多年来,我国实施人才强国战略、创新驱动战略的重大决策,已经取得了显著成效,对我国经济社会发展起到了明显的推动作用。但同时我们也应该清醒地看到,在国家创新指数等排名不断前移的背后,在创新方面我们还存在如上所述的一些结构性矛盾和问题。在创新方面与发达国家存在差距,从根本上讲,实质性的问题还是我国现阶段的创新型人才在数量和质量及创新型人才发挥作用的体制、机制等环境方面还不能充分满足建设创新型国家的需求。具体说,现阶段我国人才发展的总体水平同世界先进的创新型国家相比仍存在比较大的差距,尤其是在科学前沿和高技术领域的一些关键核心技术的研发方面与发达国家存在明显的差距,还不能满足我国经济社会发展的客观需要。不仅高层次创新人才在水平上还存在一定的差距,而且由于过去存在不平衡、不充分的发展,我国在人才结构和人才布局上目前还存在不尽合理的地方,人才创新的环境有待优化,人才发展的体制机制存在一些障碍,创新型人才资源开发的投入力度有待加强。所以,在人才结构、人才发展与培养等方面也还存在一些与我国经济社会发展的现实需要不适应的地方。

在创新驱动发展战略的推动下,当前我国不少企业有创新的积极性,创新比较活跃。这可以通过以下几点明显看出:①不少企业由于前期的创新积累,建立或开始建立企业的研发部门,比较重视创新人才的团队建设和构建合理的企业创新体制,并注意研发部门与生产部门和营销部门的协同,已经具备一定的创新潜力。②在摸爬滚打中经过市场的淬炼,企业创始人或企业高层领导对创新的认识比以前有较大的提高,关注消费者的需求,善于与研究机构、高校、咨询服务机构、其他公司或供应商合作,并争取政府的支持,有一定的创新投入意愿。③由于创新驱动发展战略的实施、创新政策的逐渐落实,各类企业创新的市场环境、文化环境较之以前有较大改观。

但是,企业的创新过程中也面临不少的问题、困难和挑战,离创新驱动发展战略提出的要求仍然存在不小差距。如果将影响企业创新的因素分为内部因素和外部因素两个方面,那么从内部因素来分析,其主要问题包括企业家精神不足、缺乏能够支持企业产品或服务创新的组织管理人才、创新研发人才、创新资金不足等。从外部因素来分析,其主要问题包括促进自主创新的法律体系不完善、政府创新经费投入结构不合理、创新要素的市场配置机制不完善、社会创新服务体系不健全、创新主体之间没有建立互动与合作机制等。

仅从创新环境看,就有不少值得关注的问题。企业创新环境有多方面的指标,具体包括制度、市场、区域创新文化以及基于创新型人才可获得性的人才环境。企业创新环境方面比较大的问题是发展不均衡。一般来说,目前企业创新的市场环境已有一定的改善,文化环境相较以前也有一定的改观,但总的创新环境状况不容乐观。根据中国企业家调查系统(2016)的调研,中国企业创新动向指数中的创新环境指标总体得分是不高的,45.33 的总体得分(总分 100)水平(见表 1-3)在一定程度上提醒我们:当前企业所处的创新环境还很一般,各项指标尚有较大的优化余地;创新型人才不足、难以满足企业创新发展需要的问题更为突出,构成当前企业创新最大的瓶颈;企业创新环境尤其是人才环境,在当前各种不同所有制、各种不同规模、各种不同发展阶段、各种不同行业的企业，其有待优化的空间还是巨大的，任务相当艰巨。

表 1-3 企业"创新环境"指数得分

创业总体及各类企业	各指数得分				
	创新环境	制度环境	市场环境	文化环境	人才环境
总体	45.33	46.20	53.61	54.08	27.43
国有企业	46.61	51.86	53.97	52.14	28.45
非国有企业	45.06	45.17	53.51	54.61	26.93
大型企业	46.34	50.63	55.20	52.01	27.53
中小型企业	45.21	45.74	53.44	54.27	27.39
创业成长期企业	45.45	47.84	54.16	53.25	26.54
成熟期企业	45.22	45.42	52.97	54.19	28.30
滞缓期企业	45.44	42.16	54.23	56.51	28.85
资源密集型企业	45.05	44.92	52.66	54.41	28.20
劳动密集型企业	45.58	45.72	54.27	55.12	27.22
技术密集型企业	45.72	48.28	54.55	52.83	27.23

其实，创新型国家的建设，需要相当数量和高水平的创新型人才。从培养规模和现有人才数量上讲，目前我国已经有相当规模的人才培养体系，人才队伍在不断壮大，可谓人力资源大国，但还不是人力资源强国。仔细分析我国的人才队伍现状，尤其是从全球的眼光进行横向比较，就不难发现，中国目前的人才队伍状况是大而不强，不仅高水平的创新型领军人才缺乏，其实，创新型高技能人才也是缺乏的，创新型企业家数量也是非常有限的，从我国经济发展的客观需要看，亟须发展壮大。所以提高人才培养质量，建设人力资源强国的任务还任重道远。展望未来，经济社会发展既面临着许多难得的发展机遇，也面临着依靠传统的要素驱动、投资驱动的发展模式所无法解决的诸多前所未有的重大挑战。如在中国科学院(2009)的相关研究中，专家们提出了"2050 年中国面临的挑战与科技创新的战略任务"，认为在许多我国未来经济社会发展中必然要面对的问题上存在明显的制约因素，有些问题还是极富挑战性的(见表 1-4)，需要发挥创新型人才的作用，才有可能创造性地解决。

表 1-4　2050 年中国面临的挑战与科技创新的战略任务

挑战内容	重大制约因素	2050 年战略	创新型人才作用
可持续能源与资源体系	能源资源供给瓶颈问题日趋严峻，能源资源的使用效率低下	大幅提高能源与资源利用效率，发展新能源、可再生能源与新型替代资源	依靠科技创新，重点突破新型太阳能电池和核聚变等关键技术
先进材料与智能绿色制造体系	中国制造仍多处于国际产业链低端，多数产业核心技术受制于人	加速材料与制造技术智能化、绿色化与可再生循环的进程，成为制造强国	依靠科技创新，重点突破绿色产品设计、重大装备设计与制造等关键技术
无所不在的信息网络体系	信息科技供给能力不足，核心知识产权少，产品利润率低，信息化成本高	构造普惠、可靠、低成本、无所不在、人人共享的信息网络体系	依靠科技创新，重点突破低成本器件、多核芯片设计等关键技术
普惠健康保障体系	几乎所有高端医疗器械都依赖进口，重大创新药物寥寥无几	由疾病治疗为主向预测与干预为主转变，在健康科学方面走到世界前列	依靠科技创新，重点突破重大慢性病的早期诊断、纳米生物医学等关键技术
生态与环境保育发展体系	环境污染呈加剧蔓延趋势，土地荒漠化、水土流失问题日益突出	提升生态环境监测、保护、修复能力和应对全球气候变化能力	依靠科技创新，重点突破退化生态系统修复等关键技术
空天海洋能力新拓展体系	技术手段薄弱严重制约了我国空天海洋权益、资源开发	大幅提高海空探测和应用研究能力、海空资源开发利用能力	依靠科技创新，重点突破空间望远镜技术等关键技术

从建设创新型国家的现实需要与基于创新型人才可获得性的人才环境来考虑，当前我们不仅在企业创新中面临创新型人才可获得性较差的问题，而且在很多领域都面临高层次的创新型人才缺乏的问题。

要实现在世界科学前沿和高技术领域创新中从“跟跑”到“并跑”，再到“领跑”，要赢得常规办法无法赢得的各项挑战，突破传统办法无法克服的关键核心技术障碍，建设创新型国家，我国目前最缺的创新要素已经不是资本，也不是一般性的物力与人力，最缺的是具有科技自主创新能力、能够引领创新发展的高层次的创新型人才（王元京，史昊等，2014）。

实施创新驱动发展战略，建设创新型国家是一个复杂的系统工程，其中起决定作用的因素是创新能力的培育，具体取决于创新型人才的培养及其作用的发挥。诚然，创新驱动需要创新要素、创新资源的投入，包括创新经费的投入、人力资本的投资、促进创新的政策和相应的基础设施（Furman，2004）。在人类步入当今新的发展阶段以后，不再是要素驱动或投资驱动，财富的含义正在从诸如黄金、货币和土地之类的要素上转移开去，在创新驱动阶段，知识创新、技术创新与人力资本投资密不可分（Laszlo，1997）。

当前，世界正处于大发展、大变革、大调整时期。从国际上看，世界多极化、经济全球化深入发展，科技创新日新月异，互联网经济方兴未艾，经济社会发展格局正在发生深刻变革。随着知识经济的发展和全球化趋势的不断深入，我国经济发展已经进入转型的关键时期，经济结构不断优化升级，经济增长的动力正在从传统的要素驱动、投资驱动向创新驱动转变。党的十八大提出的创新驱动战略也提出要增强自主创新能力，转变经济发展方式，实现经济内生增长。人才作为创新驱动的核心力量，对经济的发展有着巨大的推动作用。新形势下我国经济进入新常态，要求我国企业能尽快实现转型升级，以把握新常态经济下的发展机遇。能否把握住新常态经济下的机遇，关键在于能否实现创新。创新在表面上看是通过新理念、新方法实现转型升级，但在实质上，创新驱动的关键在创新型人才。世界上的任何一项发明创造，无论是微小的渐进式创新，还是巨大的颠覆式创新，都离不开创新型人才的积极努力，创新型人才是创新的核心和根本，即所有的创新都是依赖于创新型人才，由创新型人才推动和实现的。故而研究创新型人才素质，探讨创新型人才的培养，是我们应对时代挑战的一项艰巨而有意义的任务。

2　创新型人才的基本理论

创新是人类社会进步与发展取之不尽、用之不竭的根本动力，也是人类社会文明与进步的标志，有人类之后，才有了创新。所以，从这个意义上讲，创新是人类所特有的一种社会性活动，是人类区别于其他物种的本质属性。人类社会要不断进步与发展，就始终离不开创新，创新是人类社会进步与发展中值得特别关注和重视的永恒主题。创新作为人类所进行的一种社会性的实践活动，创新的主体是具有创新能力并且能够切实从事创新活动的社会组织或个体。由此可见，在人类的创新实践活动中，富有创新精神和创新能力的创新型人才发挥着非常重要的作用，他们所扮演的角色举足轻重。从某种意义上讲，创新活动能否达到预期的目标，是否能够取得成功，在很大程度上取决于创新型人才的创新能力的发挥程度。随着一批创新型国家的出现，在全球范围内我们已经进入了一个创新的时代，在这个人类以往没有太深刻地体验的创新的时代，创新型人才的创新素质为越来越多的人所重视，成为各国政府关注的焦点，各类创新型人才的培养也成为各国教育改革的重要目标之一。与此相适应，与创新型人才素质相关的研究也日益引人关注，在当前大的时代背景下，国内对关于创新型人才素质与培养问题的关注较多，在各级各类学校所进行的教育改革的探索中，以培养创新素质为重点，以培养创新能力为核心素质的创新型人才素质与培养问题的研究日益受到党和政府、各级各类教育管理部门的重视，成为用人单位乃至全社会关注的问题，相关研究近年逐渐引起更多研究者的重视。但是，至今人们对创新型人才的认识还存在较大的差异，在人才评价、选拔等实践环节还缺乏既有科学性又有较强的可操作性的创新型人才的评价标准，国内的研究还处在比较初步的阶段。关于如何培养的规范性描述较多，对国外理论的综述性介绍较多，关于创新型人才素质结构方面有深度的规范研究相对较少(徐小洲等，2012)，这种状况值得引起重视。习近平同志 2014 年在谈到我国科技整体水平和某些重要领域的创新发展状况时，曾做过一个客观而科学的判断：经过长期艰苦的探索，中国的科学技术的整体水平已经取得很大进步，有了大幅度的提升，在某些重要科技领域甚至取得了举世公认的成就，达到世界先进水平，在某些领域正从跟踪、追赶向并驾齐驱、引领发展，即“跟跑者”向“并行者”“领跑者”转变。从建设创新型国家的意义上来说，与发达经济体相比，尤其是与创新型国家或经济体相比，在国家创新能力方面，我们还存在一定的差距，做“并行者”都不是一件轻松的事情，而要当“领跑者”，无疑要付出更大的努力。这显然需要一大批创新型人才，而且对创新型人才的素质也提出了很高的要求。

基于这样的思考，这里拟从创新的角度入手，对创新的内涵及根本属性进行较深入的分析，对熊彼特的创新理论及其之后的创新理论的发展进行具体的探讨。在此基础上，再对关于创新型人才的相关理论进行具体分析。

2.1 创新的内涵及根本属性

创新理论作为经济学中一个重要的理论自 20 世纪初提出以来，受到经济学及经济学以外许多学科的关注和重视，其理论得到不断的充实、丰富和发展。在人类步入信息社会的知识经济时代后，创新理论已经成为当代最重要的理论与实践相结合，科技、经济、管理与文化密切结合的综合性的研究领域之一。当今世界，从发达经济体到广大发展中国家，都纷纷把创新发展作为民族振兴和国民经济发展的重要战略和基本国策。创新理论的有关概念、理论及方法论框架等，被许多国家作为测度产业创新活动的重要参考，并在与此有关的创新调查等活动中得到广泛而成功的运用(马驰等，1998)。譬如，《奥斯陆手册》(Oslo Manual)，就是经济合作与发展组织(OECD)推荐的技术创新数据搜集和解释指南，在 OECD 成员国及其他很多国家得到广泛运用。实际上，创新理论作为一种发展中的综合性的理论，与科学技术和管理理论等知识一样，在很大程度上已经超越了意识形态的差异，甚至超越了社会制度的差异，成为人类知识宝库中非常有意义的一部分，在创新理念上人类有许多的共识。

2.1.1 熊彼特的创新理论

“创新(innovation)”这一概念首先是由美籍奥地利经济学家约瑟夫·熊彼特(Joseph Alois Schumpeter，1883—1950)提出的。1912 年，熊彼特出版了《经济发展理论》一书，首次提出了“创新理论”，将创新视为经济增长的内生变量，探讨了创新及其在经济发展中的作用。分析熊彼特的经济发展理论的发展不难发现，其经济发展理论中有一个贯穿其理论始终的核心概念，或者说贯穿其理论始终的重要线索，那就是“创新”，这也是熊彼特的经济发展理论在其后被一些学者称为“创新理论”的重要原因。在熊彼特看来，创新与经济发展是有非常密切的关联的，他强调创新是把某种生产要素的新的组合引入产业或企业的生产体系，从而能使企业获取潜在的利润。换言之，从这样的意义上理解或诠释熊彼特所说的创新，实际上就是将创新视作建立某种新的生产函数，从而使生产要素实现某种新的组合(熊彼特，1990)。1939 年，他在《商业周期》中进一步具体阐述了其关于创新方面的理论，将创新置于经济系统中进行相关分析。他认为，经济的发展与变革，诸如企业生产中成本的降低，经济发展中经济均衡的某种程度的打破，抑或市场上同行之间残酷的竞争，以及经济发展周期本身的出现，其主要的原因都是创新。显然，熊彼特所说的“创新”是指技术与经济之间的纽带、环节(陈文化等，1998，1999)。1942 年，熊彼特所著的《资本主义、社会主义和民主》一书出版，标志着他的创新理论体系终于完成。

从熊彼特基于经济学视角的创新理论的特点来分析，其经济发展理论中所强调的“创新”，主要是相对于产业组织或具体企业而言的，他特别重视技术创新，尤其是对经济发展有促进作用的技术创新，应该说主要是针对生产、经济领域的。基于这样的考虑，熊彼特对技术发明与创新的差异也做了分析。他甚至认为，科学发现、技术发明有别于创新，或不是创新，两者的区分就在于创新能给企业带来利润，而科学发现、技术发明本身并不给企业带来利润。在熊彼特看来，科学发现、技术发明在没有应用于实际生产过程，转化成新产品，并占领相应市场，使企业获得利润之前，在经济上是没有作用的，也就不能称之为创新。所以，熊彼特认为，科学发现也罢，技术发明也好，只是为创新提供某种可能性，创新还得更进一步，将发现或发明在企业的生产经营活动中予以具体的实施。可见，熊彼特的创新理论是为其经济发展理论服务的，他视阈中的创新特别强调企业的经济效益，强调企业家在创新中的主体作用。他认为创新的重要特点和关键在于认识科学发现或技术发明的潜在商业价值，并敢于承担风险，购买某些发明专利或利用发现或发明成果，将其应用于企业，并使其商业化，从而给企业创新价值，使其获取利润，而负责组织这些工作，将熊彼特称之为创新的这些过程自始至终落实到位的工作主体是企业家。所以，熊彼特特别强调创新应给企业创造新的价值，企业家是这个过程的主体。

熊彼特始终强调创新与经济效益的关系，认为那些不能给企业创造新的价值的科学技术成果不是创新。在熊彼特看来，发明与创新是存在某种先后关系的，一般情况下，往往是发明在前，创新在后，前者一般是指新工具或新方法的发现，而后者则强调新工具或新方法的实施。所以熊彼特对发明与创新做了明确的区分，并坚定地认为，从技术源头上讲，创新源于发明；但由于有些发明未能转化成可以实施的新工具或新方法，并未创造新的价值，所以创新源于发明但不包括所有的发明；熊彼特还认为，有些创新甚至并不是源自发明，也不是以发明为基础的，譬如，新的或重新组合的或再次发现的某些知识要素被引入经济系统，如果能够导致一种非连续性的经济过程，熊彼特认为这样的组合也可以称之为创新。应该说，熊彼特一定程度地注意到了科学发现、技术发明的取得与科学发现、技术发明相关成果的产业化及其成功的商品化是两种不同的创新活动，它们遵循不尽相同的活动规律，前者是科学技术行为，后者是经济行为；从科学发现、技术发明到其相关成果的产业化、商品化，往往还有不少的工作要做，其扩散往往是一个漫长而曲折的过程。其中一个重要原因就在于并不是每一项科学发现或技术发明都具备商业化的条件。许多科学发现或技术发明的商业化往往需要其他相关领域的支撑和配套。这无疑是有相当的合理性的，对转型经济国家或经济体更是具有重要的启发意义，应该给予积极评价。

不过，熊彼特的经济发展理论中所强调的创新，提出了基于产业或企业生产经营活动的创新的一些具体形式，但与技术相关的创新，即创造某种新的产品和引用新技术或新的生产方法是熊彼特“创新”的主要内容（吴晓波等，

2007)。可见,熊彼特的经济发展理论中所强调的创新是有其特定含义的,连科学发现、技术发明都只是与其相关,而非熊彼特所说的创新。熊彼特的经济发展理论中所强调的创新,其指向较为明确,强调了创新与经济活动的关系,甚至是创新与企业的盈利活动的关系,将其限制于经济活动之中,比较强调其经济意义,从今天的眼光来看是值得思考的(黄保强,2004)。所以,从这样的意义上讲,熊彼特作为创新理论的重要奠基者,其关于创新的理论是有一定局限性的:①他关于创新的表述是宽泛的,其核心是技术创新,但并未具体地给创新下一个明确的定义。②对创新尤其是其十分重视的技术创新的过程及其内在机理并未作深入而系统的阐述。③他在将科学发现、技术发明与创新加以区分的同时,也在一定程度上割裂了两者的关系。④从纯经济学视角研究创新,从而把科学发现、技术发明看成是经济系统的外生变量,一定程度上也割裂了科学技术与经济的关系。⑤他认为创新的主体是企业家,这与他将创新置于生产、经济领域,甚至必须给企业创新价值、使其获取利润的经济发展理论有关。因此,熊彼特创新理论中的创新,在内涵上有待深化,外延上有待拓展。

但从另一个意义上看,熊彼特作为一位学者,他在经济发展理论中所提出的创新理论又是开放且富有启发性的。熊彼特关于创新的理解,其含义也是相当深刻的,实际上,他关于创新是"生产要素的新组合"的观点完全可以理解为指各种与市场密切相关的可以提高资源配置效率的活动,这些活动包括技术的,但也包括甚至不一定与技术相关,如既包括与企业经营活动相关的产品创新、技术创新,也涉及某些非技术的产业组织、企业组织方面的创新,还涉及与产品或新产品开发相关的市场创新等。从熊彼特的相关论著中人们也不难发现,虽然他曾花较大精力研究了技术创新,但他并没有排斥技术创新之外其他的创新形式,而且也注意到了技术创新与其他创新形式的联系。熊彼特以及他的后继者所提出的理论及进行的富有创意的相关的探索,不仅奠定了现代创新研究的基础,客观上也成为国家创新体系(NIS)研究的起点(刘洪涛等,1999)。

2.1.2　熊彼特之后创新理论的发展

在熊彼特创新理论研究的基础上,许多研究创新的学者拓展了熊彼特的创新理论,在科学及社会的广泛领域都进行了卓有成效的创新研究(张武升,

2000)。20 世纪 80 年代以来,在创新研究方面,特别值得一提的是,相关研究领域的研究者在不断将熊彼特的观点向其他领域推广和延伸,从产业发展、企业生产经营领域逐渐拓展,可以说已经全方位地扩大到了社会的每个领域。在发达国家,一些研究者从不同的视角探讨了社会形态的发展,探讨了从工业社会向后工业社会或信息社会的转型,尤其是探讨了在这个社会转型过程中创新驱动的作用,从而提出了国家创新系统和建设创新型国家的理论(梁拴荣等,2011)。下面笔者拟重点探讨与创新型人才素质与培养关系较为密切的德鲁克的社会创新理论,并对德鲁克之后关于创新的理论探讨做简要阐述。

早在第二次世界大战结束后,美国管理学家德鲁克(Peter F. Drucker,1909—2005)就从管理学的视角研究了组织。德鲁克认为,组织创新是社会创新的重要前提,对于组织而言,实现其有效创新的关键是以企业家的思维方式进行相应的组织管理。在德鲁克看来,虽然政府、学校、医院、非营利组织等组织有别于企业,有与企业不尽相同的特点,但要实现这些组织的创新,必须以企业家的思维方式进行管理,才能实现管理创新和社会创新,才有可能有效地应对社会的发展和变化。换言之,无论是经济领域还是社会领域,无论是企业等商业机构还是政府、学校等公共服务机构,都需要创新,在管理与运作上都需要企业家精神。否则,将难以保持高度的灵活性与必要的自我更新的能力。许多组织就是由于缺乏这种高度的灵活性和必要的自我更新能力而带来发展的障碍,而某些新创组织之所以不能达成目标、实现理想中的发展,在很大程度上其重要原因是不懂得如何进行管理及管理创新,缺乏创新与企业家精神。

20 世纪 50 年代,德鲁克从管理角度研究创新,把创新概念引入管理学领域,形成了管理创新理论。德鲁克结合 20 世纪 60 年代及 70 年代初的时代发展和创新实践,敏锐地抓住了创新实践与创新研究,从熊彼特的经济发展理论视阈下的企业、技术领域走向更为广泛的管理、社会视角,其主体已超越企业延伸到政府、非营利组织等,并于 1973 年首次明确提出了“社会创新”的概念(德鲁克,2006)。

创新和创新理论在作为管理学家的德鲁克的管理思想中处于核心地位。德鲁克将创新分为两种:技术创新和社会创新。在德鲁克看来,人类的科学技术活动和管理活动都是重要的实践活动。随着技术创新水平的不断提高,人类不断改进生产工具和工作、生活环境;通过社会创新,如制度创新、文化创新、管理创新等，人类在社会管理方面可以不断改造自身的工作与生活秩序，优化生存环境，在实现效率和效益的同时，也能努力争取实现社会的公平和正义。所以德鲁克认为，创新不只是技术创新，还有一种比技术创新难度更大、社会需要可能更大的创新，即社会创新。在德鲁克看来，即使从经济发展的视角看，从工商企业的发展历史脉络来分析，人类社会发展中的变革和社会创新与企业生产经营活动中人们常常讨论的技术创新相比，至少具有同等的重要性。如果说技术创新主要是在自然界中为某种自然物寻找并提供某些新的应用，赋予其某些新的经济价值，从而创造新的社会财富的话，那么，社会创新则是在社会管理中根据社会发展的特点，创造性地提出新的管理理论、创新管理结构、改善管理方式，从而在超越企业视界的更为广阔的社会管理中实现社会资源的优化配置，取得更大的经济价值和社会价值。德鲁克认为，由于社会的复杂性，社会创新的难度远比技术创新的难度要大得多，而一旦出现了重要的社会创新，将会比科学发现与技术发明产生更大意义，其所发挥的作用和影响力也是技术创新所望尘莫及的(陈泽龙，2008)。因此，随着社会的发展，需要对各种创新进行有效管理，能否进行有效的社会创新已经成为各级管理当局管理能力和管理智慧的一种挑战，成为当代管理的最主要、最艰巨的任务。

在德鲁克看来，创新意味着突破某种临界状态，迎接某种挑战，故而在很大程度上具有激发组织或个体潜能的功能，能够有效地激发人们的创造性，从而激发组织或个体创造出新的理念、新的方法、新的产品或新的服务。因此，当人们在面临复杂的社会管理时，如果能够将创新作为一种主动的选择，往往能够创造出新的机遇。德鲁克认为，在当代社会面临许多层出不穷的各种复杂的问题时，各个领域都要求通过有效的创新来进行创造性的解决。因此，这是一个创新的时代，在这样的时代，一个缺乏创新能力的企业是注定或早或晚要在竞争中处于被动地位、走向衰落甚至灭亡的。在这样一个日新月异、发展变化极快的时代，无论是企业还是政府、学校、医院、非营利组织等，只有持续不断地创新才能求得生存，得到发展。一个不知道如何进行有效的创新管理和对社会创新进行管理的管理当局往往是很被动的，也是无能的，甚至难以胜任自己的工作。

德鲁克从管理的角度将创新理解为满足和创造市场需求。他在其名著《创新与企业家精神》一书中甚至认为，创新本身就创造了资源，其神奇魅力就是创新能够赋予资源某种新的能力使之成为创造社会财富、挖掘新的价值的活动，并转化成人们不断克服困难、不断努力奋斗的行为（德鲁克，2009）。德鲁克特别强调，系统化的创新意味着关注创新机遇，以人们平时比较关注的企业的创新机遇为例，按照内部来源和外部来源来划分，可分为七个方面的来源。

前四项来源往往存在于企业的内部，这四项来源包括：①出乎意料的事件。人类社会当前处在一个剧变的时代，管理者事前无法预料的事件是经常出现的。不论这种意外的事件给企业带来的是什么，但它至少激发人们进行某种思考。这些意外性的情况与其他机会来源相比，能够为企业带来更多的风险较小、探索过程较为省事的创新机会。②不一致。这种不一致是现实情况与人们设想的状态之间无法达到一致而出现的不协调。这种不一致或不协调的状况，往往是问题已经发生或将要发生变化的某种模糊的征兆，管理者如果能较好把握，这种不一致或不协调的状况也能转化成一种创新机遇，如以现实为基础，对某些不合理的部分进行改进和调整，使之能更好地适应变化。③以程序需要为基础的创新。这里所说的程序需要，是指存在于一个正在运作的工作程序之中的某种特殊需要，它的着眼点更多的是任务而不是形势，有时它提供影响整个程序效率的某个“有欠缺的”环节，从而使一个正在运作的工作程序得以进行和实现；所以管理者对这种程序需要必须有清醒的认识，弄清症结所在。④从产业结构和市场结构的变化中把握创新的源泉。现实的社会经济生活中总会有一些让那些不留意、没准备的人措手不及的变化，譬如经济生活中的产业结构或市场结构，从表面的浅层次观察好像比较稳定，但实际上隐藏着不少来自各方面的风险，它们又是相对比较脆弱的。一旦产业结构和市场结构发生变化，其影响将会降临到相关产业中的每一位成员身上，对能认清形势，做出冷静而恰当的反应者来说，变化是创新的一个来源。

后三项往往来自于企业的外部，这三项来源包括：①人口统计数据的变化。在当代社会发展中，一个基本的假设是社会经济生活中人们必须关注的，那就是：人口是变化的，人口本身的流动性往往是一个渐变过程，但关注人口统计数据，在可能发生突变前做到胸中有数，进行科学的分析和思考，就能把握创新的又一重要来源；如通过对消费者构成结构变化的分析，对其可能的发展趋势进行有效的评估和预测，发现潜在需求，提早布局，就有机会使创新成为可能。②认知、情绪和意义上的变化。从常识或数学的意义上讲，“容器是半满的”和“容器是半空的”并没有什么实质性的区别，但是这两个判断的意义却相去甚远，甚至是从不同的观察视角做出的完全不同的判断。完全不同的观察视角意味着观察者运用完全不同的思维方式，其做出的完全不同的判断（对观察对象的认知）所造成的后续结果和意义也可能是完全不一样的。如果一般的认知从看见容器是“半满”的改变为看见容器是“半空”的，那么有时就可能从中发现重大的商机。这里重要的是人们认知、情绪和意义的理解上的变化，其实，这种理解上的变化源于人们观察问题、思考问题方式的多维与创新。这种变化发生后，事物本身——容器是“半满”或容器是“半空”——并没有发生实质性的改变，改变的只是人们对它的认知、情绪和意义的理解。这样的分析可以深化对人们需求预期的了解，如消费者的消费观念、消费心理发生变化时，则意味着创新机会的来临。③新知识。基于知识的创新是企业家精神的重要特征，虽然并不是所有基于知识的创新都非常重要，但因为在创造历史的创新中，基于知识的创新占有很重要的分量，所以应该给予足够的重视。德鲁克特别强调，知识并不一定是科技方面的，基于知识的社会创新也同样甚至某种程度上讲更为重要（崔相宝等，2005）。

德鲁克之后，西方又有一些学者对创新理论进行了研究。例如巴尼特（Barnett，1953）在《创新：文化变迁的基础》一书中认为，文化变迁是建立在创新的基础之上的。任何在实质上不同于原来的固有形式的新的思想、新的行为和新的事物，均可界定为创新，而且特别强调观念的创新。文化创新包括进化、发明和发现、传播或借用。西蒙·库兹涅茨（Simon. S. Kuznets）将创新定义为“为达到一个有用的目的而采用的一种新方法”；纳尔逊（Richard. R. Nelson）和温特（Sideny. G. Winter）把创新定义为“现在的决策规则的变化”（杜因，1993）；达曼普尔（Damanpour，1991）也明确区分了技术创新与管理创新；沃尔夫（Wolfe，1994）则将创新区分为四种不同的取向，即产品取向、过程取向、产品和过程取向及多元取向，并对不同取向进行了具体诠释。其后，许多学者从经济学角度出发给技术创新下定义，最具代表性的是弗里曼（Freeman，1982），其重点研究了技术创新，并将其分为产品创新、过程创新和扩散。

随着科学技术与经济的关系逐步被人们所认识,科学经济学(科学研究经济学)、技术经济学等学科逐渐作为相对独立的研究领域不断被开拓,科学技术进步对经济增长的贡献及其作用机理越来越清晰地被人们所了解,创新概念的应用范围也随着人们认识的深化而不断得到扩展。1992 年,经济合作与发展组织(OECD)在其出版的《技术创新统计手册》中就把创新扩展到科学、技术、管理、金融和商业等一系列活动,甚至包括对新知识的投资。这些活动所追求的目标是获得技术上某种新的或改进、革新的产品、生产工艺等。其中某些活动本身创新意义比较明显,另一些虽然不具有我们平时所讲的新颖性,但对于实现创新来说是必不可少的。欧盟委员会 1995 年发布的《创新绿皮书》(*European Commission*,1995)对创新的内涵做了界定:在经济和社会内对已有的知识要素进行某些新的组合,实现成功的生产、吸收和应用,形成新知识,提出或者构建新的知识体系或提出解决问题的新方法,使得满足人们的社会需求成为可能。因此,创新不仅是一种仅存在于技术或经济领域的经济机制或技术过程,实际上也是一种可以在更广泛领域推广的普遍的社会现象。

受熊彼特提出的创新理论的影响,目前在西方更普遍接受的"创新"概念是:创新是发明的第一次商业化应用。创新既可能与市场密切相关,成为在很大程度上受市场驱动的过程,也可能几乎独立于市场甚至公司其他部门之外,创新还可以是为了取得卓越的技术、优良的系统或艺术的完美(卡尔特霍夫等,1999)。经济合作与发展组织也认为,创新的含义比发明创造更为深刻,它必须考虑在经济上的运用,实现其潜在的经济价值。只有当发明创造引入到经济领域,它才成为创新(葛霆,2005)。2004 年,美国国家竞争力委员会向政府提交的《创新美国》计划中提出的关于创新的表述也是类似的观点,即创新是把感悟和技术转化为能够创造新的市值、驱动经济增长和提高生活标准的新的产品、新的过程与方法和新的服务(葛霆,2005)。这确实与"创新"的早期定义有关,即"创新"是指一种生产过程,这种生产过程具有商业目的,是抢占或保持市场、追求经济效益的一种手段(胡志坚,2000)。其实,研究创新的视野应该更宽阔,如科技创新、体制创新、理论创新(江泽民,2000),都应受到提倡。

可见,随着创新理论的发展和社会发展中各种问题的日益复杂,很多问题都有待创新理论、创新思维、创新方法去解决,在今天这样一个社会发展比历史上任何时代都快的激变的时代，人们对“创新”往往有一种特殊的期待和依赖，因此，“创新”概念早已超出熊彼特笔下原有的经济学范畴，在科学技术及经济社会发展的各个领域都是一个必备的理念，并形成了相应的创新的理论、方法、方法论和价值观。

2.1.3 创新概念的含义与属性

作为20世纪杰出的经济学家和睿智的创新思想家，熊彼特对创新理论的研究是开拓性的，其奠基意义毋庸置疑。熊彼特之后的创新理论研究者也在不断丰富和完善创新理论。由于创新是一个富有时代感的命题和科学的范畴，在实施创新驱动战略和建设创新型国家这样一个大的时代背景下，今天关于创新概念的理解无疑应该站在前人的肩膀上，应该对此做出符合时代要求的科学回答（陈玉和，2001）。

随着“创新”被公认为是当今以创新驱动为发展模式的知识经济时代的一个重要特征，这一概念正日益成为一个不仅时髦而且具有非常明确而丰富内涵的时代性用语。创新概念虽然最初源自经济学家对经济发展理论的探索，但其深邃的内涵却促使其突破单一学科的局限，成为跨学科的研究领域，进而上升为一种与时代发展内在统一的在全球范围内共识较高的主导价值观，其内在精神已经渗透到各行各业乃至社会生活的各个方面（李燚，2001）。作为一个以创新驱动为主导发展模式的时代性概念，“创新”在各类文字载体，尤其是关于社会经济发展、科学技术发展、教育及人才培养的各类文献中出现的频率不断提高，在英文、中文等许多文化背景的语境中，由于创新的重要性日益被越来越多的社会组织和个人所接受，人们张口闭口都在讨论或思考与“创新”相关的问题。这样的情形使“创新”概念不仅影响着人们的理论思维，而且影响着人们的日常思维，影响着人们的工作方式、生活方式以及思维方式。于是，对“创新”概念进行一番考察，纠正和防止与其相关的某些理解上的偏差或认识上的误区，厘清其科学内涵，显得十分必要（许玉乾，2006）。

如上所述，创新这一概念正日益引起人们的广泛关注，在各类文献中出现的频率越来越高，对创新展开多角度的研究并非赶时髦，而是有非常明确而丰富的时代内涵。因此，创新是今天人们处在知识经济时代最值得大力提倡和弘扬的理念。知识经济在某种意义上首先是一种经济形态，对创新的理解首先从经济学范畴里探索其本源，无疑是有一定道理的。根据经济学理论予以解读，创新的词源与创造是不同的，创新作为一个外来词，是从英文innovate（动词）或innovation（名词）翻译过来的。过去一些英汉辞典多把它翻译成“革新”，如“技术革新”。但技术革新常被人狭义地理解为技术上的小改小革，不如用“技术创新”表达更为贴切。根据韦氏词典所给出的解释，创新的含义有两个方面：引入新概念、新事物；革新（李京文，1999）。从这样的意义上理解，“引入”某些并非前所未有的新概念、新事物，与去除旧的、建立前所未有的新的，如革故鼎新，都属于创新（叶平，1999）。

其实，在汉语中“创新”并不是一个新词，但其原来的意义与今天还是有很大不同的，历史上汉语中的“创新”主要是指社会制度方面的变革与革新，并不包括科学技术的创新。古籍中的“创新”一词，大抵与“革新”同义，主要是指改革制度（何星亮，2006）。

目前，创新无论是作为理念，还是作为理论与方法都已被应用到了各个领域，乃至社会生活的各个方面；故而对创新这个概念的解释也是多种多样的。如有的研究者认为创新是破旧立新，而这里的“破旧”不是为“破旧”而“破旧”，“立新”也不是为“立新”而“立新”，而是要把“破旧”“立新”作为一种活动，并通过这种活动求得综合效益（陈文化，彭福扬，1998）。也有研究者认为，结合时代发展和当代创新实践，创新一词的内涵可做如下两种理解：①创新就是指创造某种新的东西，这是一种相对较为宽泛的认识，其外延相对较宽，其所包含的对象较广泛，如学术理论界谈论较多的“理论创新”等提法，其所涉及的“创新”的含义就可以基于这种内涵来诠释来理解；②是指在特定的环境中把某种创造第一次引入企业，使其作用于生产经营体系，或第一次引入其他的社会经济系统，从而使企业或社会获取综合效益的活动（林迎星，2002）。还有研究者认为，创新就是除旧布新，是一种更新，制造新的事物或实现某种改变。从这个意义上理解，创新是指创新者产生某些新颖的、美好的物质产品或精神产品的思维及行为的全部内容（房国忠，王晓钧，2007）。另外，张武升（2000）、王义高（2000）、陈玉和（2001）、孙璟涛（2003）、邹粉仙（2005）、洪芳宾等（2005）、许玉乾（2006）、陈泽龙（2008）、王亚斌等（2009）、朱晓妹等（2013）也从不同的视角界定过创新。

从创新研究与社会经济发展的联系的角度考虑，朱高峰院士（1999，2007）的观点是比较鲜明且有一定代表性的。朱高峰院士认为，基本概念还是倾向于熊彼特提出的创新概念，并特别强调其中的两点：①创新和创造发明具有本质的区别。创新在很大程度上属于经济范畴，因此，判断创新与否的一个重要标准是要看活动是否能带来收益，创新是必须要有收益的，无收益的某些活动，不能算创新。换言之，如果人们根据某个新理论、新想法、新思想或新方法，制作出某个新产品，也许它是比较新颖、新奇的，但如果没有带来经济上的收益，不能在企业生产实践或社会经济活动中应用，或者还缺乏产业化、商品化的条件，那么这种创造发明还不能算是创新。今天人们时常讲的企业创新，实际上就是指运用新的思想和技术、新的手段、新的方法，使企业产生收益，带来利润，从而使企业得到发展。②创新有一定的相对性，它不是一个绝对的概念，不应将其绝对化，而是一个相对的概念，是相对于一定条件、一定范围而言的，有较为明确的、一定的范围，即一个相对的范围。就是说，一项技术或某个产品，当我们说它是一项创新时，并不是说它在任何情况下或在任何无条件的范围内都是首创，而更多地强调不管它在某个相对范围以外是不是首创，但只要在某个特定的范围内，在某个具体的企业、产业或部门里，过去不曾使用或应用过，而现在使用或应用了，而且这种使用或应用对生产和经营活动产生了推动作用，使生产和经营有所进步，并带来经济上的收益，那就是创新。朱高峰院士还针对社会上对创新概念赋予的日益多样的越来越丰富的含义，以及外延的不断扩展，譬如从熊彼特意义上的经济或技术领域扩展到广泛的科学领域，再从科学技术领域延伸到人文社会科学领域，从物质领域扩展到精神领域的不断拓展的情况，认为应该避免在创新概念上各说各话，而应该使创新概念在内涵上得到统一。

2.2 创新型人才的内涵界定

研究创新型人才的素质与培养，首先必须了解在创新驱动发展战略的大背景下什么样的人才可以称为创新型人才。因此，有必要明确创新型人才的概念性定义，如创新型人才的内涵、特质及分类等一些基本的理论。然而，深入地了解这一研究领域的状况，不难发现，从学术研究的意义上讲，关于创新型人才的概念，目前学术界的认识还存在较大的分歧，尚未形成统一的认识。

2.2.1 国外关于创新型人才内涵的理解

2.2.1.1 国外关于创新型人才研究经历的几个阶段

在国外，关于创新型人才的相关研究中，没有专门的与中文“创新型人才”对应的概念，从相关文献的检索中发现，较常见的相关或相近概念有如“creative mind”（中文一般译为“创新精神”“创造力”“创新头脑”“创造性思维”“创新意识”等）、“creative man”（中文一般译为“创造性的人”“创意人”等）、“critical thinking”（中文一般译为“批判性思维”“批判性思考”等），国外学者对创新型人才的研究大多从心理学的角度出发。根据相关研究，国外学者对创新型人才所进行的相关研究，大体上经历了五个阶段（林崇德，2010）。

（1）第一阶段，起步阶段的研究，大约从 1869 年至 1907 年

尽管国外关于创新型人才的零星研究或许更早一些，但依现有资料分析，国外关于创新型人才比较系统的理论研究可以追溯到 1869 年，其代表人物是英国科学家高尔顿（F. Galton，1822—1911），其代表性论著是 1869 年出版的《遗传的天才：它的规律与后果》一书，书中对他所研究的 977 名杰出人才（天才人物）的思维特征进行了探讨，他通过谱系调查，探讨了遗传因素与个体差异的关系，认为他们的普通能力和艺术能力等特殊能力主要是遗传的。这是国际学术界第一部系统研究创造性及杰出人才的文献。此后，高尔顿还出版了《英国的科学家们：他们的禀赋和教养》（1874）和《自然的遗传》（1889）等比较有分量的研究成果，其研究方法侧重于用谱系的调查，试图证明天才人物所生育的子孙，成为天才人物的可能性更大，他特别注重天才人物个别差异的研究，而关于形成个别差异的原因，高尔顿则更多地侧重于从遗传的角度去分析，强调遗传的作用，这种过分宣扬杰出人才主要依靠先天遗传的观点（遗传决定论），显然是有待商榷的。高尔顿的另一部著作《人类才能及其发展的研究》（1883）则对人类才能及其发展进行了创新性的研究，创造了研究个体心理和心理测验的新途径，并较早地讨论了与人类才能及其发展相关的联想和意象等问题。高尔顿

的研究成果出版后,创造问题引起了心理学界的兴趣(艾伯特,1988)。比如,德国精神病学家 C. 伦布罗卓对天才人物与精神病的关系进行了研究,于 1891 年出版了《天才人物》一书,认为天才与精神错乱有密切关系,两者都受遗传因素的影响。

1898 年,美国心理学家贾斯特罗(Joseph Jastrow,1863—1944) 结合美国心理学会之前对发明心理学的讨论,就天才人物的精神过程与精神病人的精神过程进行了比较分析,对种族、社会特征不同的各种类型的天才人物的发明心理进行了探讨,发表了《发明心理学》;1906 年,法国心理学创始人里博(Theodule Ribot,1839—1916)发表了《论创造性想象》,把想象分为造型想象与扩散想象,认为前者是一种创造性的想象,来源于对外部事物的感觉,后者比较分散,如人们审美接受过程中的想象就是一种感情式的扩散想象。这一阶段还有一些类似的研究,这些都构成创造心理学领域早期极有意义的探索。

从 1869 年高尔顿出版《遗传的天才:它的规律与后果》,到 1907 年,在这 40 来年中,科学界做了不少关于杰出人才(天才人物)的研究,总结这些杰出人才(天才人物)的某些"创造性"特质,但大多只是从哲学的角度通过思辨方法进行探讨,即使是高尔顿,虽说运用了某些统计方法,但其统计数据都是来自对英国历史上一些政治家、军事家、科学家、文学家、诗人、画家、法官、牧师等人的家族谱系的调查,尽管这一时期的学者对"创造性"的"先天"与"后天"问题的探讨不无一定的学术意义,但由于时代条件的限制,从研究方法上讲,这一阶段主要是记述式的理论研究,鲜有实验研究。

(2)第二阶段,个性心理分析阶段,大约从 1908 年至 1930 年

这一阶段的特点是心理学研究中心理学研究者将其置于"人格心理学"中,对与人的创造性有关的特质进行个性心理方面的分析。人格心理学主要是研究个体所特有的行为模式,有不少内容涉及个体的创造性,如人格的潜意识理论、人格的内驱力、人格的心理结构、人格与文化、焦虑与自我防御、需要与自我实现,等等。在英语中,"personality"一词一般译作"性格""个性",甚至还有"魅力""气质""气度""人品"的意思,心理学中则较多地将其译作"人格"。心理学中所讲的人格不仅包括性格,还包括一个人的能力、信念、情感、需要、动机、兴趣、态度、价值观、自我观念等。1908 年,奥地利著名心理学者、潜意识研究的开

拓者弗洛伊德(S. Freud)在心理学研究的基础上,出版了《创造性作家与白日梦》一书,利用精神分析理论解释和分析了富有创造力的创造性作家,如诗人、艺术家等创新型人才的艺术创作和审美动机,认为创造性作家的艺术创作与做白日梦一样,就像孩子游戏,在一种类似白日梦的幻想世界中来宣泄被压抑的潜在欲望和情感。

这一时期,有的教育学家、心理学家也开始研究创造性思维,如美国著名教育改革家、哲学家杜威(John Dewey,1859—1952)于1910年出版了《我们如何思考》,认为人有别于其他物体的最重要区别就在于人可以自我革新,其方式在于积极、主动的思考。他在第三部分"思维的训练"中还专门探讨了如何从活动、语言、观察、课堂教学等方面发挥儿童的好奇心、想象力,培养他们科学的思维方式。英国心理学家华莱士(Graham Wallas,1858—1932)于1926年出版了《思维的艺术》。在该书中他较早地提出了创造性思维的四个阶段——准备、酝酿、启发、检验,这一理论受到后来研究者的重视。

这一研究阶段大约从弗洛伊德1908年出版《创作家与白日梦》开始到1930年,主要特点是采用人物传记为主要资料,在研究方法上主要是运用哲学思辨的方法,研究文艺创作或科学发现中的创造性,并在很大程度上将这种创造性作为创造者的个性表现来研究。

(3)第三阶段,创造性的认识结构和思维方法的研究阶段,大约从1931年至1950年

这一阶段有一些值得重视的研究及研究成果,比较有代表性的著作有1931年美国心理学家克劳福德(R. P. Clauforde)出版的《创造性思维方法》。克劳福德对一些具体的创造性思维方法进行了较为系统而深入的探讨,其探索开拓了创造性认识和思维方法的问题研究。20世纪40年代,对创造性的研究进入实验阶段,其代表性人物是德国心理学家、格式塔心理学的创始人马克斯·韦特海默(Max Wertheimer,1880—1943),《创造性思维》(1945)是其重要专著,他用了7年时间完成了这部书稿,脱稿不久就因心脏病离世。他通过社会调查和实验研究对"创造性思维"进行了分析,并与包括物理学大师爱因斯坦在内的许多杰出的科学家进行了沟通和交流,使其关于他们在思维方面取得巨大成就的研究较为可信。书中作者探讨了著名数学家高斯的创造性思维,分析了天文学家

伽利略的发现，以及爱因斯坦发现相对论的思维过程。

韦特海默认为，与创造性思维有关的传统逻辑和联想学说都存在一些问题。传统逻辑着手解决问题是非常巧妙的，如三段式推理，其重要特点是逻辑相当严密，有助于使人头脑清晰等，但即使能够准确地完成一系列正确的逻辑运算，但不能形成有意义的连贯思维，其本身似乎并不产生创造性思维。作为创造性思维的两种传统方法的另一种理论与方法，以联想主义的经典理论为中心的联想学说，也有着同样的问题：它无法区分有意义的思维与无意义的组合，如果解决问题变成了只靠回忆、靠过去操练过的机械重复，靠一系列盲目尝试中纯机遇的发现，那么很难把这样的过程叫作有意义的思维。

韦特海默通过对比较通俗的诸如平行四边形的面积、对顶角的问题、高斯童年的故事、两个男孩打羽毛球、一个姑娘描述她的办公室、多边形诸角之和的求法等创造性思维过程的深入剖析，提出了创造性思维的动力学与逻辑，并得出了一些初步的结论：第一，创造性的过程与其他过程不同，那种认为人不喜欢或一般不能够进行创造性的思维的观点是不正确的。当然，有许多外在的因素往往会极大地妨碍创造性思维的过程，如盲目的习惯，某些学校过于着重操练、偏见或某些特殊的利害关系。第二，在创造性思维的过程中，存在传统研究方法没有发现或为传统研究方法忽视却对思维起主要作用的因素和运算，如组合、重组等。第三，创造性思维不是零碎的而是和整体特征密切相关的，它们随着整体特征而运转，由情境结构上的实际需要所决定。第四，创造性思维中也包含了传统研究方法所有的运算。第五，就整体而言，创造性思维过程不是加法的累积，不是随便出现的项目、联想、运算，不是零碎的、偶然发生的事件的连续。第六，创造性思维过程的发展往往导致切合实际的期望和假设。

这一阶段，德国著名格式塔心理学家沃尔夫冈·柯勒（Wolfgan Kohler，1887—1967）在对黑猩猩进行了一系列研究的基础上提出的解决问题中的“顿悟”说，对学术界关于创造性思维的研究也起到一定的启发作用。这一阶段大致从1931年克劳福德出版《创造性思维方法》到1950年，持续了近20年的时间。

（4）第四阶段，创新型人才的研究受到特别重视的阶段，大约从1950年至1970年

这一阶段，美国著名心理学家吉尔福特（J. P. Guilford，1897—1987）的研究

工作是颇有特色的。第二次世界大战结束后，吉尔福特在南加利福尼亚大学就“个体的创造性素质”这一课题，组织了多次研究生专题研讨会，对于哪些品质是公认的创造性个体的主要特征提出了一些假设，从而形成了一个总的看法：创造性素质是极为复杂的，所谓“无创造性的个体”与公认的“富有创造性的人”，都在不同程度上具有种种创造特性。1949 年秋，吉尔福特当选美国心理学会会长。1950 年 9 月，他在宾夕法尼亚大学举办的就职典礼上曾做过一次题为《论创造性》的著名讲演，介绍了这一研究课题的社会背景和心理学方面的背景，同时也就某些有助于创造性表现的人的特征提出了一些假设。他在这次著名讲演中首次明确指出，在此以前美国对创造性及创造力方面的相关研究不多，很多与创新型人才培养相关的问题有待深入探讨，应该加强创造性方面的研究。

根据吉尔福特(1986)的观点，这一时期人们对创造性研究大感兴趣的质性证据，是美国创造学家、创造工程的开拓者亚历克斯·奥斯本(Alex F. Osborn，1888—1966)撰写的《创造性想象》一书，该书于 1953 年出版，十分畅销，重印了许多次，还被译成法、德、日等多种语言。该书探讨了创造性想象的重要性，分析了想象力的普遍性，对创造性的年龄因素、性别因素、教育因素、努力因素均进行了具体的探讨；分专门章节研究了“如何发挥我们的创造才华”“创造性解决问题的方法”等创造性研究方面比较敏感的问题。

吉尔福特还与合作者创编了一套适用于青少年及成人的测验题。后来(1959a)将心理测量方法应用于创造性本质的研究。同时，有别于传统的对具有公认的创造性表现的人的特征所进行的一些调查研究，吉尔福特采取了另一种研究方法，即运用多变数因素分析法对创造性人格特质进行了研究，注重可能有助于创造性思维和创造性表现的各种智力品质，认为一个人的人格是由一系列特质所构成的，如需要、兴趣、态度、气质、能力倾向、形态及生理机能。这种研究有别于当时各种流行的学说，不认为创造性才能是智力范围之外的某种东西，而是将探索从这样一种研究假设入手：存在着若干种可区分的有关能力。此外，吉尔福特(1959b)还提出了著名的智力三维结构理论，认为人的创造力、创造性就是通过发散性思维表现出来的。

也是在 1959 年，在美国马萨诸塞州科德角的一个小镇伍兹霍尔(Woods

Hole)召开了著名的“伍兹霍尔会议”,会议由美国全国科学院召开。这是一次极其重要、被载入史册的会议。会议旨在从基础教育抓起,深入研讨改革美国中小学数理学科教育。美国心理学家、教育家布鲁纳(J. S. Bruner,1915—2016)担任大会主席,为大会做了以“教育过程”为主题的大会总结报告,该报告于1960年以《教育过程》为名正式公开出版。

这一时期,布鲁纳还先后出版了研究创新型人才培养方面的著作,如1956年与人合作出版的《思维研究》,试图通过实验研究来揭示认识过程中归类或概念化之类的最简单而又最普遍的现象;1960年出版的《教育过程》,提出了美国未来课程改革和教育改革的主要指导思想,重申了自己的教育主张,对其时“认知主义”教育思潮占主导地位的美国教育提出了不同的观点,为美国20世纪60年代初的课程与教学改革起到了重要作用。1962年出版的《论认知》、1966年出版的《教学论探讨》等,也是颇有影响的教育论著。

这一阶段国外关于创新型人才的研究受到特别的重视,最根本的原因是第二次世界大战结束以后,当时全球范围的冷战思维,尤其是当时同为“超级大国”的美国和苏联之间的综合国力的竞争,反映在政治、经济、军事、科技、文化等许多方面,其时影响较大的事件是1957年10月苏联第一颗人造地球卫星的成功发射,使得美国政府在这个重要的科技领域产生了落后于人的压力和强烈的危机感,让许多人感到有必要尽快改革教育,培养足够数量的科技创新人才,以满足国家安全的基本需要,从而促使美国于1958年通过《国防教育法》,成为刺激美国加强创造性研究的重要动力之一,并促成了“伍兹霍尔会议”的召开。

在总结杜威、华莱士等学者早期关于问题解决模式的思维方法或创造性思维的阶段划分研究的基础上,吉尔福特于1967年出版的《人类智慧的本质》一书中,比较系统地提出了关于智力结构问题解决模式的相关理论。所以,从1950年到1970年的20年间,创新型人才的研究受到特别的重视。在这一阶段,与创新型人才密切相关的问题,如“创造性”“创造性人格”“创造性思维”等议题,在国外开始受到学术界及政府教育部门等的普遍关注,其相关研究受到支持。学术界陆续取得了一些研究成果,发表了一些学术论文,并进行了相关的实验研究和实践探索,不少有意义的成果为世人所重视,并应用于教育过程和创新性人才的培养。

(5)第五阶段,20 世纪 70 年代之后的发展阶段

在前期研究的基础上,20 世纪 70 年代以来,在此前电子计算机、原子能、航天空间技术给人类带来巨大影响的基础上,随着以微电子技术、生物技术、新材料技术等为标志的新技术的不断涌现,新技术革命将人的创新素质提到了前所未有的高度,并对其提出了新的更高的要求。与创新型人才素质培养研究相关的创造性等问题的研究越来越受到各国政府、科技界和教育界的重视,相关研究也日趋活跃。这一时期,心理学领域吉尔福特(1977,1986)的《超越智商》和《创造性才能》及其他研究者相关研究成果的出版,使创新型人才问题的研究日益成为社会关注的热门课题之一。吉尔福特等学者还设计了一些关于创造性思维的量表,在人才培养方面有较大的影响。与创新型人才研究相关的"创造性学习"及与之紧密相关的"创造性教育"的研究受到高度重视,这样的研究就是在发现学习及创造性思维等领域研究的基础上发展起来的,其理论渊源与美国学者布鲁纳的"发现学习"理论及吉尔福特的"创造性思维"理论密切相关。

罗马俱乐部(Club of Rome)是研究科学技术革命对人类发展影响的国际性民间学术团体,是以研讨全球性问题而闻名遐迩的全球研究机构,曾对人口、粮食、工业化、污染、资源、贫困、教育等全球性问题进行过颇有影响的系统研究,引起了各国政府和舆论的广泛关注。20 世纪 70 年代之后,其研究重心从外部物质增长的极限,转向社会问题和人类自身的问题,转向对人类自身的内在潜力。该机构于 1979 年出版的研究报告《学无止境:弥补人的不足》的问世便是这一探索的重要成果。这份由美国学者詹姆斯·博特金(James W. Botkin)等人完成的研究报告,遵循了罗马俱乐部的研究宗旨,系统研究了人类面临的又一个共同问题——如何通过学习来开发人的智力,发挥人的潜力,以提高人类解决复杂问题的能力,消除人类在对付各种全球性问题方面的差距,迎接未来日益严峻的挑战。报告中提出的消除这种差距的新方案,就是改革传统的、面向过去或现在的维持式学习,推行面向未来的"创新性学习"。

创新性学习有别于维持性学习的突出特点,就是系统地提出问题并把问题集中起来,其显著标志是整体性、综合性和开放性,其意义在于对来自各种不一致的内容的系统思考,并以必要的变化为中心,本质上它是通过重建整体而不是分裂现实来促进我们的思维(鲁兴启等,2003)。

2.2.1.2 国外关于创新型人才内涵的观点

如上所述，纵观国外关于创新型人才内涵方面的研究，最早是从心理学领域的研究开始的。不仅没有专门的与中文“创新型人才”意思完全相同的概念，甚至鲜有与“创新型人才”特别相近的概念，故而国外相关研究中没有关于创新型人才的明确概念界定。对创新型人才内涵的理解大多是针对创造性思维、创造性人格或者创造性、创造力等概念进行的探讨。相对来说，国外对创新型人才的理解比较宽泛。联合国教科文组织有关专家关于这方面的探讨主要有两种较有代表性的观点。

在国际上，联合国教科文组织是关注人的发展和培养、关注教育的权威机构，其相关报告都受到各国政府，特别是教育行政管理部门的高度重视。该组织的相关报告提出了培养人的创造性、人的创新精神，以及通过发展教育开发人的潜能，对具有创造性的人的培养目标，也就是在教育目的或受教育者培养目标的阐述上仍坚持“全人”或“完人”的培养目标。譬如，该组织在《学会生存：教育世界的今天和明天》的著名报告中明确提出了构成其工作基础的基本设想：一是在各个不同的国家和文化中，在变化的世界中，在教育与人才培养上有着共同的目标或同一目的行动；二是人有实现他自己的潜力和享有创造他自己未来的权利；三是人类发展的目标在于使人日臻完善，使其人格丰富多彩；四是唯有全面的终身教育才能够培养完善的人，传统的教育与社会关于杰出人才方面的观念是有问题的。实际上，创新型人才不是筛选的结果，而是培养出来的成果。从家庭教育开始，所有的教育都有使儿童和青年社会化的任务，都要培养他们的创造性。如果我们试图让我们的好奇心和首创精神不受挫折，那么在许多情况中，人们尤其是儿童和青年需要具有超出一般水平的力量，需要有一种克服困难的特殊能力，甚至需要养成一种不可动摇的坚强性格。而要将上述设想变成现实，不是靠一个人一生中某个人生阶段的某个层次（如大学几年）的教育就可以完成的，即使人们在学习方面十分刻苦，因为今天的时代环境下，学习知识已经很难一劳永逸。在今天这个知识激增的时代，人们要想保持创造性，不被时代淘汰，最重要的是终身学习，实施全面的终身教育才能够培养完善的人，这既是个体应该建立的基本理念，也是国家、政府、社会组织、学校和全社会都应知晓并创造条件才能实现的（联合国教科文组织国际教育发展委员会,1996)。

在“国际 21 世纪教育委员会”向联合国教科文组织提交的题为《教育——财富蕴藏其中》(1996)的报告中,特别强调了教育在社会发展和个人发展中的基础性作用,提出将德育放在突出地位,强调基于知识、思考和自我批评精神去了解自我,在此基础上,使每个人善于从了解其他人的个性和了解世界中走向统一。面对未来社会的发展,报告还提出了教育必须围绕四种基本的学习能力(四大支柱)来重新设计、重新组织。这四大学习能力是指:①学知,即掌握认识世界的工具;②学做,即学会在一定环境中工作;③学会共同生活,即培养在活动中的参与及合作精神;④学会发展,即学会适应和改造自己的环境。报告对终身教育做了进一步深入的诠释,不仅要重视其使人适应工作和职业变化的作用,而且还要与时俱进,重视其在塑造人格、发展个性、增强批评精神和行动能力方面的意义。换言之,创新型人才不仅要具备四种基本的学习能力,而且还要善于终身学习。

可见,国外关于创新型人才的研究中,无论是其对创新型人才的理解还是研究角度与国内的研究都是有一定差异的。国外学者的研究较多是在心理学视阈下,结合心理学领域的实验进行的。就目标设定来看,比较注重受教育者的长远发展,将终身教育的理念作为一种重要的思想深入人才培养的过程;将人的发展置于“认知”“做事”“生存”“共同生活”等超越某一学科、某一专业的要求、具有较高综合素质的现实的社会环境中;强调把当代社会对创新的需要及社会对受教育者关于创新素质的要求融入关于受教育者全面发展的培养理念之中;强调受教育者应该具备一个全面发展的人的一些重要的个性品质,如敏感性、流畅性、灵活性、独立性、独创性、执着、好奇心、幽默感等。

2.2.2 国内关于创新型人才内涵的探讨

目前,国内关于创新型人才的研究方面,有一些相关的概念,如“创新性人才”“创新人才”“创造型人才”等提法;《国家中长期科学和技术发展规划纲要(2006—2020 年)》中也多次提到了“创新人才”,也有文件提到“拔尖创新人才”。但是,对于创新型人才概念的明确定义,目前尚处在“百花齐放”的阶段,不同学科、不同研究背景和研究目标的研究者往往从各自的研究视角来定义“创新型人才”，虽说这样的概念写入了政府文件，但目前仍无权威的界定。因此，有必要对这方面的情况进行梳理。

2.2.2.1　国内关于创新型人才相关研究的分类

由于对创新型人才的界定存在较大的差异，国内学者对创新型人才的相关研究有不同的研究范式。根据王亚斌等（2009）的观点，目前国内学者的研究可以分为如下两类：第一类是针对性较强的针对特定行业、职业的研究对象的研究；第二类则将创新型人才整体作为研究对象。相比较而言，目前第一类的研究相对多一些；第二类研究则是相对难度较大，目前研究相对较少。

一般情况下，第一类研究因为选取的是创新型人才当中具有典型性、代表性的某些行业或类型，他们涉及的只是创新型人才中的某些特定的群体，研究对象有某些共同的属性，其特定对象往往性质相对单一、人才成长或工作环境比较类似，因而特定行业、职业的创新型人才，其内涵界定相对比较清晰。但是，由于是针对特定类型的创新型人才群体进行的研究，因而其结论也往往具有明确的适用范围，是相对有限的，不一定适用于创新型人才的整体。譬如，关于创新型企业家的素质与培养方面的研究成果，对企业家队伍的培养和建设具有很强的针对性，应该具有较高的参考应用价值；但不同类型的创新型人才，其培养方式也是有不同特点的，对于创新型教师来说，其参考应用价值相对来说就没有那么高。

而第二类研究的特点是研究对象范围广泛，其结论的适用范围较广，具有更加广泛的理论与实践意义。就其研究视角而论，有三种基本情形。第一种是基于人才地理视角的研究。如现代地质及地理学家丁文江先生（1923）早在 20 世纪 20 年代就在《科学》第 1 卷第 6 期发表了《历史人物与地理的关系》；梁启超先生（1924）在《清华学报》第 1 卷第 2 期发表了《近代学风的地理分析》，分析了 20 个省区的学风特色；朱君毅先生（1926）在《心理》第 4 卷第 1 期发表了《现代中国人物之地理、教育与职业的分布》，探讨了中国人才地理分布的特点。这些研究成为中国人才地理学研究的早期代表作。第二种研究是从创新型人才统计的角度出发的，主要是从各种差异较大的不同分布范围来比较创新型人才发展的现实状况和未来的发展趋势，这种类型的研究所涵盖的内容主要包括各种不同专业领域的创新型人才。第三种研究则从创新型人才本身的素质、知识结构、能力结构、非智力因素、思维特点等层面和成长的角度展开，从创新型人才的基本素质和成长环境等方面进行分析定义，并在此基础上进行深入的研究。

本书中笔者拟从第三类研究入手，侧重于第三种研究视角，将创新型人才的整体作为研究对象。

2.2.2.2 国内创新型人才研究的发展

改革开放以后，随着人才学、创造学等学科的发展，关于创造型人才或创新型人才的研究日益引起重视。党的十一届三中全会召开后，以经济建设为中心，形成了改革开放的基本国策，在此背景下，尽管当时还没有使用“创新型人才”这样的表述，但当时人才青黄不接的问题十分突出，各行各业都急需大批专门人才，尤其是拔尖创新型人才。针对经济发展需要和人才不足之间存在的突出矛盾，伴随着人才学研究的兴起，创新型人才素质与培养问题的研究作为一个研究领域开始进入人们的视野。

但关于创新型人才素质与培养的研究真正引起全社会的关注，是在 20 世纪 90 年代以后，特别是在江泽民同志 1995 年 5 月 26 日在全国科技大会上做出“创新是一个民族进步的灵魂，是国家兴旺发达的不竭动力”的科学论断之后。

步入 21 世纪以后，特别是 2003 年 12 月党中央、国务院召开了新中国成立以来第一次全国人才工作会议，逐渐形成了以“人才资源是第一资源”“人人都可以成才”“以人为本”等理念为核心内容的科学人才观。

此后，关于创新与创新型人才方面的研究进一步引起了人们的关注，相关的研究也较多地涉及创新型人才的素质与培养问题。

2.2.2.3 国内关于创新型人才内涵的不同研究视角

在人才问题研究中，相对于一般性人才的研究而言，国内目前关于创新型人才的研究相对较少，很多相关问题的研究还有待深化。就目前关于创新型人才内涵方面的研究而言，学术界还处在探索阶段，至今尚未形成一致的认识，从而使得针对创新型人才素质的研究与培养工作难以在有共识的前提下展开。不过，虽然就目前研究来看，没有对创新型人才进行科学、全面、准确的权威界定，但是顾名思义，创新型人才总是与“创新”相关联的，前文对“创新”研究的考察，对把握创新型人才的内涵不无借鉴意义。基于此，学者们对创新型人才内涵的理解也不尽相同，对创新型人才的定义可谓众说纷纭，各有侧重。分析现有文献，主要有以下几种观点。

（1）“结合论”的观点

该观点认为，创新型人才是一个“个人素质与工作环境结合的概念”（朱高峰，2007），在朱高峰先生看来，创新的领域可以概括成一个如图 2-1 所示的三维坐标图。

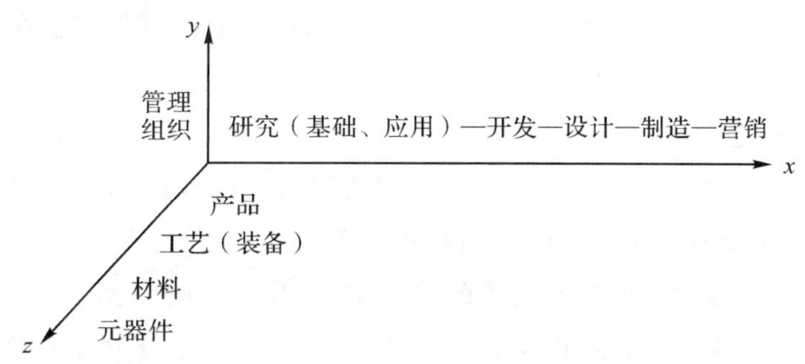

图 2-1　创新领域示意

x 轴所描述的是创新的不同阶段、过程或环节，从研究（基础、应用）、开发、设计、制造到营销。在源头上提出新思想，即基础研究上提出新思想是最根本的创新，也是难度最大、最能体现人类智慧的创新。在这个立体的三维结构中每个交叉点都可以成为创新的对象。根据这样的理解，可将创新型人才分为狭义的创新型人才和广义的创新型人才。狭义的创新型人才仅指在源头上提出新思想的创新者；广义的创新型人才则是指所有参与创新不同阶段、过程或环节的创新者。由于在基础研究方面的创新难度大，所以按狭义的理解，创新型人才只能是人群中非常少的一部分，他们不仅要有一定的天赋，还需要在后天的家庭、学校教育中有较好的培养方式和激励创新的氛围，他们步入社会后，在职业生涯中还应具备鼓励成功、宽容失败的良好的社会环境，这样才能有助于他们脱颖而出。如果用这样的标准来作为判断创新型人才的尺度，那么能够称作创新型人才的人就未免太少了，也往往很难成为各类学校教育培养中的主要任务；并且，如果仅有提出新思想的人，而没有实践新思想的人，使基础研究的成果进一步去实现产业化、商品化，那么，其结果很可能是虽然会有一些发明，甚至有些专利，但这些成果往往会停留在“发明”或“专利”的层面，难以产生经济价值或社会价值，用熊彼特的观点来分析，甚至根本不能称为创新。基于这样的分析，朱高峰先生认为，从我国面临的建设创新型国家的历史任务来看，应该把创新型人才理解为图 2-1 所示的所有创新不同阶段、过程或环节的参与者，按这样的内涵来把握和理解创新型人才，从而科学地进行人才培养体系的建设，并且与人才的使用和管理体系紧密结合，这样，创新型人才成长的路子就宽广了。但如果所在工作单位不开展创新活动，自己也没有进行创新，那么，无论有多么优秀的个人素质，也很难成为创新型人才。因此，“结合论”的观点强调创新型人才是一个“个人素质与工作环境结合的概念”。

(2)“素质论”的观点

从理论和实践上探讨创新型人才的相关素质，强调创新型人才必须具有一定的创新素质，如创新意识、创新精神、创新能力等。

张黎(2001)认为，创新型人才的素质包括：具有正确的关于世界的基本观点和看法；掌握科学的认识世界、改造世界的一般方法，善于科学地观察事物和处理问题；具有与创新领域发展相适应的合理的智能结构；具有团队精神和合作意识；具有坚忍不拔的意志和献身精神；对新事物具有较强的敏感性；具有健康的人格、良好的社会适应性，精力充沛；具有很强的创造性思维能力。

杨茂森(2006)认为，创新型人才的素质包括：有理想，有抱负，有强烈的事业心和高度的责任感；敢于标新立异、冒险进取；具有坚强的意志，有敢于提出问题的勇气；能够克服困难，面对挫折甚至失败，不改初心，不轻言放弃；有敏锐的观察能力和发现问题的能力，见微知著；思维具有前瞻性，善于科学地进行超前思维；具有合理的知识结构，既有深厚而扎实的基础知识，又有广博而精深的文化内涵；善于进行科学的创新实践。

陶富源(2017)认为，当前人们对创新型人才、创新能力、创新素质等概念的运用，存在一定的认识误区，即认为创新素质的培养，就是创新能力的提升，同时等同于创新型人才的造就。其实，创新型人才是在社会支持系统中造就的。创新素质实际上是构成创新能力的要素，其中主要包括知识、智力和人格。创新能力作为构成创新人才的条件之一，主要是由知识、智力和人格等创新素质有机构成的，成功完成某种创新活动的能力，它产生于创新活动中。创新能力不是知识、智力、人格等创新因素的简单相加，而是一个以解决问题为导向的，由知识、智力和人格所支撑的，并获得优化整合的创新动力系统。

与此相关，林崇德(1999)、叶山士(1999)、冷余生(2000)、卢宏明(2000)、黄楠森(2000)、刘泽双等(2005)、阮爱君(2007)、杨付华等(2007)、乔万敏(2010)、张辉等(2012)、陈军华等(2014)、吴鑫等(2016)也做过有关探讨。

(3)“创新成果论”的观点

持这类观点的研究者认为，创新型人才是指能够运用其学习和掌握的相关知识，通过对研究对象的调研或观察分析，从而揭示事物发展的深层次的机理，或事物之间某种内在的本质联系，提出新的科学理论、新的科学方法，最终能够提供创新成果，如新的产品或新的科学技术、思想文化方面的成果的人才，强调创新型人才必须做出有意义的成果或有价值的贡献。

赵惠新等(2001)认为，创新型人才除了必备的创新素质和创新能力外，能够做出创造性成果、有所建树是创新型人才的重要的判断标准。

刘宝存(2006)也认为，创新型人才应该具有创新意识、创新精神、创新思维、创新能力等相关创新素质，但仅具备这些素质是不够的，必须是在此基础上，能够取得创新成果的人才。

张蓓蓓(2007)从质与量的结合视角对创新型人才做出了概括性的表述。从创新型人才创新的质的要求上讲，创新型人才应该具有创新性和进步性；就创新型人才的创新性特点而论，其所做的工作应该是前人没做过，或是前人做过但没做成功的，其成果具有一定的突破性或超越性；就创新型人才的进步性特点而论，其所做的事情必须有益于人类社会，对社会发展能够起到一定的促进作用。从创新型人才创新的量的意义上讲，创新型人才是根据其提供给社会的创新成果和所做出的贡献来评判的。创新型人才的创新成果至少必须在一定范围内或某种程度上对社会产生积极的影响，具有历史进步意义。在这里，一个人的创新成果有大小之别或多少之分，但只要做出了创新成果，则不应因其成果的影响不大或因其取得成果的次数少而影响对其作为创新型人才的判定。

邹美美等(2009)认为，创新型人才，除了应具有一些基本的创新素质，如意志品质方面应该具有坚强的意志、百折不挠的探索精神；价值取向方面应该在某种程度上处理好小我与大我的关系，以服务社会为己任；现代社会不是人们凭着一支笔、一张纸单打独斗的时代，创新型人才应善于合作共事，团结协作；等等。此外，还有一个重要条件是具备上述创新素质者在创新活动中还应取得创新成果，且创新成果应该具有一定的经济效益或社会效益。

许静(2010)从知识经济时代大背景下基于企业层面的视角对创新型人才进行了探讨，认为创新型人才应该具备一些基本素质，如品质良好，专业才能卓越，具有强烈的创新意识，能够对所研究的相关问题提出具有创新性的解决方案。但仅具有这些素质还不能说是创新型人才，还有一个重要的评价标准是其是否取得创新成果。就企业创新型人才而论，如果从事科研或技术工作，则其在科研或技术方面的创新成果必须能为企业及社会带来巨大的经济效益；如果其从事管理工作，则其在企业管理创新方面的成果必须能为企业及社会带来巨大的经济效益。

此外，高宝立(2003)、朱洪波(2003)、郝克明(2003)、王亚斌等(2009)、吴松强(2010)、梁拴荣等(2011)、陈文敏等(2011)、王红军等(2012)、王元京等(2014)、崔丽等(2014)、谢丹(2015)、王星等(2015)、任飏等(2017)等也从不同角度对创新型人才进行过相关研究，认为创新型人才除了必须具备某些创新素质以外，还必须做出创新成果或创造性贡献，从各自的研究视角探讨了创新型人才的界定问题。

2.2.3 关于创新型人才内涵的界定

基于以上相关研究，笔者认为，创新是人类特有的素质，它表现为人类所特有的认识世界的认知能力和改造世界的实践能力，是人的主观能动性的集中表现。在人类社会的发展中，个体的创造性也是随着社会发展和科技进步不断发展的。从某种意义上讲，创新既是人的内在需求，又是当今知识经济时代对人的素质发展的客观要求。从创新型人才的素质与培养的角度来认识，可以从创新型人才内在的素质标准和外在的显性标准两个不同的方面进行综合评判。根据以上分析，创新型人才内在的素质标准是创新型人才个体内在的创新素质，包括创新意识、创新精神和创新能力等；创新型人才外在的显性标准是可以通过相关的评价方式进行客观衡量的，一般表现为创新型人才的创新行为和所取得的有关创新成果(和学新等，2007)。创新型人才的创新活动总是以人类为主体将自身的认识和实践不断推向前进的历史活动，它涉及创新行为，并生成对社会产生积极影响的创新成果，因此，创新型人才的创新活动是创新行为与创新成果的统一。

在创新型人才的创新活动中，由于创新是一个连续的、持续的过程，创新有不同的阶段，有不同的层次，这个过程中既有量的积累阶段，也有质的突破阶段，但都属于创新的范畴。从建设创新型国家的宏观层面讲，创新有不同的模式，既有原始创新，也有集成创新和消化吸收再创新。由于创新模式有别，创新型人才分布在不同的区域、单位和部门，其承担的任务、扮演的角色也各不相同。他们在创新领域、创新层次上有所差异，创新成果或创新贡献也有大小之别，但只要在创新活动中推动了创新事业的发展，都应作为创新型人才，纳入我们的研究范围，成为我们的研究对象。

从这样的意义上考虑，笔者认为，创新型人才可以这样来定义：创新型人才是指具有一定的专业知识和相应的专业技能，具有创新意识、创新思维、创新能力、创新人格和创新行为，能够通过创新性的探索，取得有价值的创新成果，并为社会做出一定贡献的人才。

在这一定义中，创新型人才本质上是由以下五方面来决定的：一是必须具有一定的专业素质，如知识、技能；二是必须具备创新素质，如创新意识、创新思维、创新能力和创新人格；三是必须在社会实践活动中进行创新性思维和创新性劳动，通过创新性的工作，将创新性思维或创新的具体想法付诸实施；四是能够将自己所学专业知识和素养与工作领域有效而合理地结合，取得有价值的创新性成果；五是在价值取向上为社会发展做出一定的创新性贡献。换句话说，这一表述从创新主体、创新起源、创新过程以及创新结果等层面对创新型人才的内涵进行了界定。就创新型人才而言，仅有创新意识、创新思维、创新能力和创新人格等素质是不够的，创新成果没有价值，没有为社会做出一定的创新性贡献，就不能称为真正的创新型人才。

2.3 创新型人才素质的探索

要回答创新型人才素质的问题,首先必须明确何谓素质。作为一个学术概念,“素质”一词较早出现在心理学和医学中,其含义是表征人与生俱来的某种生理条件,甚至称之为“禀赋”“天赋”或“天资”,如有的研究者就将素质定义为:人通过先天遗传而获得的品质,为后天能力的发展提供基础(林传鼎,1987)。可以说,这样的内涵界定是一种狭义的“素质”定义。随着社会和教育的发展,“素质”一词逐渐进入社会学和教育学等学科领域,并在社会生活中得到广泛应用,其内涵也不再局限于先天素质而得到扩展。广义的素质概念突出素质的后天性,教育、环境及人的社会实践在其中起着重要作用。

笔者认为,在创新型人才的研究中,素质是一个不能回避的重要内容,不仅要研究创新型人才的素质,还要研究创新型人才的素质结构,包括身体素质和心理素质:身体素质如人的体力、精力等,既有先天遗传,也有后天获得;心理素质如智能素质(含智力、能力、知识等)、人格素质(含品德、理想、信念、兴趣、意志、情感、个性等)等。创新型人才应是德才兼备,具有某种特长和创新素质的人,创新型人才除了具备一般人才的素质外,还应具备那些与人的创新活动相关的创新素质。

2.3.1 国外关于创新型人才素质的研究

从现有研究资料看,国外研究者关于创新型人才素质的研究,多以心理学为切入点,如早期研究中较有代表性的 Galton(1869)出版的《遗传的天才:它的规律与后果》,侧重于对遗传因素的探讨。还有后来美国学者 Cattell(1903)采用统计学的方法对美国科学家的人格特质进行的研究,以及 Rossman(1931)、Wallas(1926)、Roe(1952)、Koestler(1964)、Barron(1969)、Sternberg(1985)Sternberg 等(2002)等学者在这一研究领域的探讨。

在关于创新型人才素质的研究中,吉尔福特(1986)特别强调了以下几个方面:一是对问题的敏感性。这是存在很大个体差异的领域,在某种情境里,有的人会看到存在着一系列问题，而另外的人则不会注意到它们，换言之，发现新问题，是需要较强的敏感性的。二是观念的流畅性。创新型人才不是必须在时间的压力下工作并迅速产生结果。在其他条件相同的情况下，那些在每一时间单位内能够形成大量观念的人，会有更大的机会产生有重要意义的新观念，这种人思维敏捷，产生新观念少有障碍，反应迅速。三是心理定势的灵活性。个体心理定势的灵活性是指个体改变心理定势的容易性，而不是坚守某种刻板印象，形成心理上的定向趋势，形成惯性思维，善于根据问题情境采用与旧的思维习惯不同的新的解决问题的方法，在心理和思维上具有较强的应变能力或适应能力。四是观念的新奇性。富有创造性的人具有产生新奇、罕见、首创的观念的能力，甚至倾向于做出遥远的联想。五是综合—分析能力。创新要求把一些观念组织成一种较大的、统摄性更为广泛的观念类型，与这种通过思维来把握事物全貌的综合能力相联系，创新者在形成一种新的结构之前，常常必须打破原有的结构，在知觉和概念两类问题中探究各种综合—分析活动。六是重组或重新下定义的能力。许多发明创造都具有转化的性质，即把一个现存的客体转换成另一个不同形状、功能或使用方法的客体，因此，创新者存在着一种对有组织的整体予以重组或重新下定义的能力。

日本创新型人才研究学者、日本创才学园创办人的小林由树子(1990)在其著作《从英才教育到创才教育》一书中指出，现代的社会、学校都单调、刻板，偏重于知识，片面注重填鸭式的应试教育。她认为新型的教育，必须是能够造就真正富有创造性人才的教育。她甚至专门用了“创才”一词。其定义是：独立地探索未知，使心境具体化的才能。所谓独立，就是不受他人指点，仅凭借自己的力量。所谓探索未知，就是前人及自己都尚未明了的领域。所谓心境就是进行创造的心理要求：遵循权威的千篇一律的样式，不对其进行挑战，就不存在创新，盲从不可能创新，若想求得进步，就应该意识到盲从的危害性，并开始向未知领域进军，进行探索研究，这就是创新型人才所需要的心境。所谓心境具体化，就是要善于自然地记录下进行创新的心理要求，如果没有这种具体化的过程及客观的评价，不能将心境具体化，就无法知晓曾经有过什么想法，则与梦想无异。她以幼儿教育为例，有些人之所以能沉浸在创新的状态之中，是因为这些人有一些明显的创新素质特征，主要表现为以下几点：第一，自我提问。这是创造性的最大特征，它打破了问题由他人提出的一般常识。学习往往是对他人提出的问题做出不全面的解答，研究或创新是在解答了自己提问的基础上再引出下一个问题，使解答不断深入，形成无数的链环。第二，跨越障碍。不可能没有阻力就能轻而易举地取得成功。任何创新，都必须冲破各种艰难险阻，每跨越一次障碍，就会增添一份信心。第三，仔细观察。在人们周围，存在着无数发现"新大陆"与创造"新世界"的机会，如果心不在焉，则会视而不见。

关于创新型人才素质特征的类似研究中，学者们从不同角度提出了颇富启发性的观点，如 Csikszentmilialyi(1996)、McIntyre 等(2003)、Kelley(2005)、Ueoghegan(2010)、Tardif 和 Sternberg(1988)、Thorne 和 Gough(1991)、Montgomery 等(1993)、Lubart 等(1994)，国外的这些相关研究，对笔者研究这一问题也是不无一定参考价值的。

综合有关国外学者对创新型人才素质的研究，好奇心强、坚定努力、独立、有理想有抱负、兴趣广泛、自信、敢于冒险、幽默感强、洞察力、自控性强、想象力丰富、有质疑精神、果断、喜欢独处、喜欢解决矛盾、精确严格、有审美情趣、知识学识丰富、求知欲强、学习能力强、记忆能力强、精力充沛等方面受到不同程度的关注(盛晓娟等，2011)。另外，变通性、包容性、独创性等素质也受到一定程度的重视。

2.3.2 国内关于创新型人才素质的研究

与国外关于创新型人才素质的研究相比，国内起步较晚，有影响的实证研究成果相对较少，但也有一些值得一提的研究结果。

徐恩芹等(2005)认为，创新型人才必须具备一些特别的素质，抽象地说，就是必须具有丰富的创造性。具体讲，应该具有以下核心特征：一是高度的社会责任感。创新型人才应该是品德高尚的人，对创新型人才而言，品德高尚首先体现在他有较强的社会责任感，因此，创新型人才应该强化自己对社会的认识和了解，作为一个合格的公民和创新者，承担起各种不同社会角色所需要承担的各种社会责任。创新型人才还必须深刻地懂得个人行为具有社会后果乃至全球影响，能够作为人类社会的一员承担人类命运的共同职责中属于自己的那份责任。二是有自己独立的个性。知识社会是一个多元的社会，现实世界的发展充满变化和不确定性，要求有不同素质的创新者来解决各种不同性质、不同难度的问题。因此，创新型人才必然有其自身的特色，创新型人才不应该按照某种固定的模式去塑造自己，这个过程必然与个体的个性相联系。每个创新者都有创新的潜质，每个创新者都有其有别于人的独特的创新方式，所以，创新型人才必须有自己独立的个性。三是善于自主学习。信息时代人类面临着许多新的挑战、问题，甚至危机，要求创新者在变化发展迅速的时代环境下不断地创造性地处理和解决各种挑战、问题与危机，创新者不仅要了解过去和现在，还要思考未来，信息量的激增要求创新者必须学会对各种信息进行选择和判断，不断掌握新的知识和技能，培养自主学习的意识和能力。四是具备团队精神和协作能力。在信息时代，强调创新型人才有自己独立的个性，并不是鼓励他们不与人合作共事，恰恰相反，团队精神和合作能力在当今的创新活动中具有巨大的挖掘价值，是创新者必须具备的重要素质。当代许多复杂问题的解决不再是单独靠一个人所能完成的，需要多学科、跨学科、不同的知识，需要具有不同知识背景的人的合作。因此，创新型人才如果没有团队精神和合作能力，将会面临许多压力与困扰。创新型人才素质是信息社会和知识经济社会所需要的人才素质的集中概括。

阳春乔(2005)则强调创新型人才应具备智能素质(创造性的思维能力、丰富的想象能力、卓越的实践能力、独立获取知识的能力)、人文素质(以马克思主义哲学为指导，建立科学的世界观和方法论；多学科的综合知识结构，合理的知识结构是进行创新思维的硬件系统，是形成创新能力的基础；健全的人格和先进的精神素质；掌握处理问题的诸多具体方法)和身体素质(体力素质、耐力素质、身体协调素质)，分析了创新人才需具备的基本素质。

陈晶瑛(2012)认为，完整的创新型人才基本素质应涵盖创新人格、创新思维、创新意识和创新技能四方面的素质内容。

另外，甘自恒(2005)则从数十位有代表性的中国当代科学家的传记和相关文献中概括出中国创新型科技人才(科学家)创造性人格的10种基本素质。陈泽龙(2008)、林崇德等(2007，2009)、金盛华等(2010)、徐小洲等(2012)、冯芳(2012)、陈军华等(2013)也做了一些相关的研究。

此外，国内其他研究者从个性特征的角度对创新型人才素质进行过一些相关研究，这些研究者大多是从事教育实践及管理工作的领导或专家，其对创新型人才素质的探讨涉及如下方面：知识基础、思维能力、好奇心、认真专注、实践合作、坚韧不拔、求知欲、乐观、献身精神、人文文化、科学素养、智商高、个性自由、身心健康、兴趣品位、洞察力、判断力、冒险反叛、竞争意识等（盛晓娟等，2011）。

综上所述，国内外学者关于创新型人才素质的研究所涉及的面还是比较广的，尽管在研究对象、研究方法上各不相同，但却得到了一些或相同，或相近，或互补的结论，这些研究对关于创新型人才素质的研究是颇有借鉴意义的。

3　创新型人才的知识结构

20世纪80年代，日本学者堺屋太一就对知识价值革命和知识价值社会进行过较为深入的理论探讨，其在《知识价值革命：工业社会的终结和知识价值社会的开始》一书中，就对未来的新型社会，即他所谓的“知识价值社会”进行了综合的、系统的分析和预测（堺屋太一，1985）。美国未来学家约翰·奈斯比特(John Naisbitt)及著名学者丹尼尔·贝尔(Daniel Bell)、管理学家彼得·德鲁克等人也有类似的观点，认为信息时代知识的生产呈现系统化特色，并且在不断地丰富和充实我们的头脑。在信息时代，知识已经成为经济的推动力，甚至是生产力、竞争力和经济成就的关键（奈斯比特，1984）。这些学者的某些观点我们未必完全同意，但是，他们在当代知识经济条件下对知识重要性的大力提倡从某些侧面也确实给了我们不少的启发，有必要对这些观点做进一步的研究。人类实践活动随着社会的发展对知识的需求越来越强烈，在经历了漫长的“农业社会”和相对比较短暂的几个世纪的“工业社会”之后，人类正在步入另一个新的时代，这就是堺屋太一所谓的“知识价值社会”或其他学者所说的“后工业社会”或“信息社会”。其实，将这个新的时代称之为“知识社会”是比较合适的。在这个新的时代，社会的进步已经从对“土地”“能源”“资源”“资本”的依赖转移到对知识的推崇，知识已经或正在代替“土地”“能源”“资源”“资本”成为社会进步的杠杆，社会的发展正日益依赖于知识，知识生产、知识使用和知识创新推动着人类社会的全面进步，而这一过程的主体主要是各类创新型人才。为此，我们拟从分析知识观的发展入手，对创新型人才的知识结构与创新的关系及创新型人才知识结构的科学构建等问题作一些具体探讨。

3.1 知识观的历史发展

客观地讲，关于何谓知识的问题，其实，也许比我们想象的要复杂得多。一般情况下，人们较少从哲学或知识观的角度去关注这类问题，但无论人们关注与否，关于知识的本质之类的问题是值得认真思考的。其实，一个希望建立合理的知识结构的创新型人才要想对知识本身进行理性的思考，也许并非一件特别轻松的事情。

3.1.1 知识与知识观的发展

要研究创新型人才的知识结构，必须弄清楚什么是知识及不同知识观视阈下知识的内涵。为此，有必要探讨知识观的发展。自古希腊以来西方社会的人文知识传统具有两个主要的特征：重思辨及普遍而系统的表述形式；强调论述的客观性和一定程度上的可验证性（阮新邦，2005）。其间尽管有不同的知识观出现，但大抵都是顺应或比对着这两个特征而建构的。以最近数十年西方的社会和哲学理论为例，如诠释学、批判理论、各种后现代主义派别以及流行于英美的后经验主义，这些学派对知识本质所持的立场跟西方较正统或主流的学派，如理性主义、经验主义等差异较大。但另一方面，如果跳出西方的科学发展和学术路径，对比东方，特别是中国和印度的学术或文化传统，会发现诠释学和批判理论等学派的倡导者，在更深层次里显现出西方知识传统的特征，仍然以思辨立论为基本思路，也尽量保持客观的表述形态，并有意或无意地由此界定了知识应有的结构和形式。换言之，这些学派或文化传统仍然清楚地展现出这两个西方知识传统的主要特征。

在探讨近代自然科学的发展对知识观的影响时，不能不提西方的启蒙运动。在启蒙运动中，以英国哲学家弗兰西斯・培根（Francis Bacon，1561—1626）为代表的一批学者针对当时的情况，开始强调认识自然规律对于征服自然和改造自然的重要性，并倡导用实验方法研究自然，探寻各种自然规律。在培根看来，人的知识和人的力量是有机地结合在一起的，人类统治万物的权力是深藏在知识和技术之中的。人的知识和人的力量是合于一体的。这样的观点后来被提炼为今天人所共知的名言:“知识就是力量”(培根,2001)。

在美国经济史研究学者 Mokyr(2005)看来,培根这一观点的提出,从理论上对知识可及性起到了强化作用,可以从以下几个方面加以理解:第一,客观地讲,培根的知识观促使更多的实证知识被更为统一的术语记录下来,并在很大程度上催生了欧洲学术刊物等知识载体的出现,从而促进了知识的传播。这些早期学术期刊的交流与传播在很大程度上使当时人们获取知识的成本大为降低。第二,培根这一观点提出后,其直接而重要的结果是重塑了社会文化,在相当程度上改变了人们对知识的看法。第三,培根这一观点的提出也为知识的传播提供了很多新的途径和方式,催生了知识生产、知识创新和知识传播相关制度的构建。如欧洲的高等院校、学术会议制度等在这一时期得到了很大程度的发展。第四,培根的知识观激发了人们对知识的需求。人们开始更加尊重知识,变得更愿意分享有关的科学发现,积极鼓励同行学习相关知识,并愿意为获取知识付出代价。

培根哲学尤其是其知识观,对当代西方知识观的影响是深远的。从培根提出其关于知识的理论以后,西方逐步形成了一种传统的知识观。如笛卡尔(Rene Descartes,1596—1650)等人在这方面进一步做了不少有意义的探索。笛卡尔高举理性主义的大旗,坚决主张理性对知识的正当性,在其构建的“知识之树”中,还形象地用一棵树表达了对这种统一的知识体系的设计,由此我们不难看到这种关于知识统一的构想(吴奇,2005)。笛卡尔的基础主义认为,科学知识是唯一真正的知识,社会、文化和传统对于知识不仅是多余的,而且是有害的。

随着自然科学的发展,科学由于其客观的有效性,在改造自然进而改造世界方面取得了巨大成就。但自 19 世纪以来,知识领域的情况发生了很大的变化。到了 19 世纪后半叶,实证主义支配了整个科学界,只见事实的科学造就了只见事实的科学工作者。现代科技理性观代表着人类知性活动发展的高峰,并且突显出“知识”和“真理”的客观地位。现代社会的物质文明无不与实证科学取得的成就密切相关。

因此,20 世纪的西方哲学陷入了两种较为极端的情形。一种是主张科学(特别是数学和经验科学)是唯一可能的知识形式。逻辑实证主义可以说是其典型代表。逻辑实证主义者热衷于对科学知识结构的分析，而对科学变革的过程兴趣不大。它基本上接受了传统的归纳主义累进式的科学知识观，认为知识的增长是自动的，因而也就不必为科学的进步着想过多。他们把科学理论视为静止的、理想化的逻辑结构，力求给科学提供纯粹的理性重建，宣称科学哲学的任务是对科学语言做逻辑分析，并建立起一套"可证实性标准"。在具体实践中，他们只关心"理论演算及其结构"，不谈或少谈"科学事业及其问题"，忽视科学理论的演变和变革，特别是忽略了科学革命对科学发展的巨大推动作用，这是一个重大缺陷，因而与科学的历史和实际相去甚远。

20世纪上半叶的分析哲学，也在很大程度上强化人们对科技理性知识观的认知。维特根斯坦(Ludwig Wittgenstein，1889—1951)早期研究的命题如意义理论、逻辑实证主义的意义标准及其后来探讨的日常语言哲学等，都涉及知识观的问题，他甚至认为，像传统哲学的核心概念，诸如"知识""命题"等，并没有他所主张的哲学层面上的意义。日常的知识的获得需要一定的方式，我们称之为知识的东西有可能出错，所以知识并非绝对为真，是相对的，需要通过其他一些可能的方式来证实或证伪，或给出理论依据予以辩护。所以在维特根斯坦看来，知道、怀疑、证实、证伪、解释、出错、考察研究、真假判定等语言游戏其实都属于"知识"这个大家族(楼巍，2012)。

另一种主张极端反对单纯作为理智技能的实证科学，认为真正的知识必须从科学中解放出来，实证主义忽视了主体性问题，舍弃了有关价值、理性和意义的问题，对与此相关的问题往往无法做出有意义的回答。这种观点的代表性人物是现象学创始人、德国哲学家尼采(Friedrich Wilhelm Nietzsche，1844—1900)，他在科学知识观方面做了不少新的探索。尼采对宗教、道德、现代文化、哲学、科学等领域进行了广泛的探讨，对于以后的哲学，尤其是存在主义与后现代主义的发展产生了较大的影响。在知识观问题上，尼采宣扬权力意志，视其为一种哲学，完全否定了知识的客观性，认为知识之所以为知识，不是因为它是正确的认识，而是因为它能够满足权力意志的需要。这显然有悖于知识的本来意义。

针对逻辑实证主义科学知识观，在科学哲学界，英国哲学家波普尔(Karl Popper，1902—1994)较早发起了挑战。他于1934年发表《科学发现的逻辑》

(该书德文原版名称为《研究的逻辑》),直接挑战逻辑实证主义的教条;1963 年他又出版了《猜想与反驳——科学知识的增长》,重申了他的科学知识观;1972 年他出版了《客观知识——一个进化论的研究》。在波普尔看来,科学的本质就在于永无止境的探索。他后来将其探索表述为一种如下四段图式的科学知识的增长模式。

$$P_1 \rightarrow TT \rightarrow EE \rightarrow P_2$$

其中"P"表示问题,"TT"表示试探性理论,"EE"表示排除错误。波普尔认为,"问题"是科学探索的起点,对"科学始于观察"的传统理论进行了驳斥。为解答问题(P_1),人们去学习知识,进而进行探索性的解答,提出新的猜想即试探性理论(TT);经过批判性讨论及排除错误(EE),结果通过后会产生新的问题(P_2),新问题较之旧问题往往更有深度。

在波普尔看来,这里的批判性讨论主要是证伪。没有受到检验的科学理论是可证伪的,经受过检验的科学理论不管多么可靠,仍然可能找到证据证伪,可证伪性对于科学理论才是最重要的,这便是波普尔批判理性主义的内涵。显而易见,在波普尔证伪主义理论的视阈下,波普尔所说的理论是暂时的、脆弱的,它随时都可以被证伪。同时,波普尔的理论把文化因素和社会因素基本排除在知识研究的视野之外,使其完全脱离了人们的语言、文化背景及权力关系。这样,波普尔所说的理论就有可能陷入相对主义,让人无所适从,这并非科学知识增长真正的图景。

后来,西方科学哲学及科学史研究领域的探索者在这一领域也做了不少有意义的探讨。20 世纪五六十年代,美国科学史家、科学哲学家库恩(Thomas Sammuel Kuhn,1922—1996)等人展开了对科学社会学与科学史的研究。作为科学史家,库恩 1962 年在《科学革命的结构》一书中,描绘出一种大异其趣的科学观,引入了"范式"这一概念,以此为中心,系统地描述了科学知识增长的模式,即科学发展的动态图景,开辟了一种新的研究思路,重视社会、文化等因素对科学知识的影响,从而开拓了科学知识研究的新视野。

在后现代主义文化思潮中,致力于研究知识问题的哲学家首推法国哲学家福柯(Michel Foucault,1926—1984)。在福柯看来,知识与权力是密切相关的,人文科学与权力机制的关系更为密切。权力并不仅限于人们熟知的政府或国家权力，其实，社会中一切机构，譬如企业、学校、医院，甚至家庭等都普遍存在权力关系。从这个意义上讲，权力不给人以压力，或抑制知识，而是一种创生性的网络，可以形成知识，并产生言谈。传统知识观研究的视角主要是从主客体关系出发，而福柯与此不同，另辟蹊径，他切入知识的角度是话语实践（福柯，2003）。显然，福柯这种后现代主义的知识观有别于传统的知识观。

根据人类社会发展的先后顺序，大多数学者认可四种典型的知识观：原始社会的原始知识观、古代社会的古代知识观、现代社会的现代知识观以及后现代社会的后现代知识观，详见表 3-1（石中英，2001）。

表 3-1　不同发展阶段知识观的特点的比较

知识观的不同阶段	知识与认识者	知识与认识对象	知识的陈述	知识与社会
原始知识观	“巫”是当时的知识分子，享有认识的特权。但知识并非是认识者对认识对象的认识，只不过是起“转述”作用	知识并非是认识者对认识对象的认识，只是神秘力量自我的“显现”或“打开”。不存在客观的认识对象	神话知识型，神话与仪式是主要的知识陈述形式，具有“神秘性”“情景性”“叙事性”与“隐喻性”	为原始社会提供解释世界的模式以及形成原始社会的动力
古代知识观	“形而上学家”或“神学家”是当时主要的知识分子，享有认识的特权。知识是认识者理智或信仰的产物	世界本体或神所派生。真正的知识是有关实在本体或神的知识。《圣经》是中世纪唯一可靠的知识来源	形而上学知识型，范畴与命题是主要的知识陈述形式，具有客观性、绝对性、终极性和神圣性	为古代社会提供解释世界的模式及形成古代社会的动力
现代知识观	科学家和研究人员是“知识分子”，享有认识特权。认识者“反映”客观事物本质。观察、实验或推理是获得知识的主要途径	世界是客观的。知识是对客观事物“本质”的揭示，真正的知识是实证的知识，与客观事物的本质相符合	科学知识型，知识通过特殊的概念、范畴、符号和命题加以表述。数学语言和观察命题是其基本形式。知识具有客观性、确定性、实证性	为现代社会提供解释世界的模式及形成现代社会的动力。知识是价值中立、文化无涉与非意识形态的。知识是人类的公共财富

续 表

知识观的不同阶段	知识与认识者	知识与认识对象	知识的陈述	知识与社会
后现代知识观	“普遍的知识分子”消失和“具体的知识分子”出现，认识特权被废除，认识者的感觉和理性都是文化者的知识，陈述与知识信念密不可分	知识并非是对客观事物本质的揭示。知识是对人们所选择的认识对象特征及其联系的一种猜测、假设或一种暂时的认识策略。所有的证据都是不充分的	文化知识型，存在各种各样的知识陈述形式，它们彼此之间不可替代，具有文化性、相对性和多样性。概念、符号与范畴都是一定文化的产物，不反映事物的本质	知识/实践、知识/权力、知识/性别、知识/利益等之间存在着复杂的关系。没有“价值中立”和“文化无涉”的知识，也没有一种普遍有效的知识

可见，随着自然科学的发展、人类社会的进步，每个历史时期的知识观体现了不一样的特性和教育功能。

在原始知识观阶段，由于人们认识有限，知识具有“神秘性”“情景性”“叙事性”和“隐喻性”，知识往往隐藏在某些经验、故事或神秘“迹象”中，知识传播者主要是具有丰富经验的长者或是比别人更好地感知到一些神秘“迹象”的“巫”。知识的获得很少基于理性，主要靠观察、模仿和总结经验，知识传播方式以演示（仪式）、叙说（神话）为主。

在古代知识观阶段，知识被认为是具有永恒性、终极性、绝对性特征的真理，先贤圣人是知识的生产者，知识内容以人文科学内容为主，知识的获取方式主要是理性推理、思辨，知识传播则靠朗读、对话、辩论等方式。

在现代知识观阶段，人们认为知识具有客观性、确定性和普遍性的特点，科学家或研究人员成为享有知识特权的知识生产者，观察、实验、逻辑推理、归纳是获得知识的评述途径，知识传递依靠书本、报纸等印刷品以及讲授、演练、实验等教学方式来实现。

在后现代知识观阶段，知识被认为具有不确定性、境遇性、文化性和价值相关性，知识的特权被废除，任何认识者都可以成为知识的生产者。知识生产、获得的主要方式有质疑、猜测、交流与协商等，知识传播主要依靠电子产品、互联网等信息化途径来实现（江丽梅，2018）。

3.1.2 对当代知识的多视角思考

基于以上分析，在当代西方知识论中，“知识”这一概念的内涵已经被深化了，其外延也已经被极大地拓展了，不再是指传统意义上的客观的科学知识，而是有着更为宽泛的社会背景和文化意蕴，任何一个认识系统、信念网络都可以视作一个知识体系(刘郦，1998)。新的时代背景下，人们的知识观已经拓展到关于知识的本质、存在状态、属性、种类等问题的观点总和(姜勇等，2004)。需要指出的是，知识观也是伴随着知识积累而发展的(乔纳森，2004)。

因此，我们对知识观的演变可以从以下几方面来理解。

3.1.2.1 关于知识的本质：开始发生较大的变化，由绝对真理到认识和经验

知识是什么？如何理解知识的本质？从上述分析中不难发现，这其实是一个有一定难度的问题。按《辞海》(1999 年版)的定义，知识是“人类认识的成果或结晶”。

需要说明的是，从某种意义上讲，人们对知识本质的理解是有广义与狭义之分的。当我们将人们在社会实践中的一切经验的总和(成果或结晶)都视作知识时，此时知识的含义是广义的。而当我们将知识看作人通过感官获取的、可以输入大脑进行储存的信息时，知识的含义是狭义的。由于人类进入有语言文字等记录的时代的历史已很久远，所以现在日常生活中人们大量输入大脑进行储存的信息是用语言、文字、图形等形式来表现的，所以狭义理解的知识通常也特定地指书本知识。以至于与情报、信息、数据等定义相比，知识似乎是更高一筹的东西。知识常具有某种理性、科学的意味，所以人们喜欢从哲学的角度看待它。以数据为例，以前人们对其功能的认识是很有限的，可以说是很肤浅的，往往不会关注数据一旦释放出来将会产生的能量，甚至某些科学数据也未能引起足够的重视。而今天的情况完全不一样了，国际上很多科学基金会已经把科学数据视为与论文、著作同等地位的东西。诚然，数据本身也许不会产生力量，如同知识本身不会产生力量，它们或者存放在图书馆、资料室或保障柜里，或者以电子数据的形式存储在数据库里，或者散落在某些不引人注目的角落里。如果人们不去开发利用它们，放在那里，就一文不值，只有通过激活、再

利用，它们才能成为活的资源，而且还能产生新的资源。比如，当一家机构发布人口信息，另一家机构发布地理信息的时候，第三家机构就可综合上述数据发布人口密度信息，随之而来的将是各式各样的专业性数据开发和服务。这一开发与服务的过程就是知识和数据转化为生产力的过程。毫无疑问，知识和数据是尚待开发的具有重大价值的领域。所以，知识应该是人类实践经验的结晶和总结。从本质上说，知识属于认识的范畴，知识的体系就是科学。人的知识来源于实践，是后天才有的。唯心主义所说的先天知识是根本不存在的。知识体现在语言中，所以才能传诸后世（许征帆，1987）。

3.1.2.2 关于知识的种类：从知识的分层到知识的分类

其实，关于知识的分类，可谓自古有之，如亚里士多德关于知识的分类就颇有历史意义。亚里士多德根据其所处时代的知识发展状况，曾将人类知识分为三大类，即纯粹理性（如几何、代数、逻辑之类可以精确研究的学科）、实践理性（如伦理学、政治学等）和技艺（如手艺等必须通过实践才能把握的经验知识）。亚里士多德关于知识的分类对后世产生了很大的影响，为知识的积累和创新做出了贡献。美国著名的知识经济问题研究学者 Machlup（1962）把知识区分为实用知识、学术知识、闲谈与消遣知识、精神知识及不需要的知识。英国科学家及哲学家波兰尼（Polanyi，1958）把知识分为可言传知识与不可言传知识，可言传知识实际上是一种“显性知识”，不可言传知识实际上是一种“隐性知识”。后现代主义者倾向于从知识的分层走向分类，主张各类知识对于个体发展具有同样的重要性，故而不能按等级分层，而应按知识分类（Hass，Wiles，1966）。利奥塔将知识分为“叙事知识”和“科学知识”，前者是由原始口述方式深化而来的知识，后者是由叙事知识派生出来的，也可称为“元叙事”。后现代的知识状况已经发生了变化，元叙事的合法性受到怀疑（秦喜清，2002）。土著知识（indigenous knowledge）中也可能有某些科学的因素（游承俐等，2000），人们既需要科学知识，也需要道德性、宗教性等属性的知识，知识的丰富性与多样性让人们更加关注知识的分类。

3.1.2.3 关于知识的存在状态：从公众知识到个体知识

现代人强调无论在知识还是个人人格的建构上，都要尽可能跟有关的传统、社会规范、偏见和权威保持距离。这样有助于确切知识的建立和独立自主性格的发展。大概没有人会反对建立没有偏见的知识和独立自主的人格(阮新邦,2005)。波兰尼充分认识到了知识的个体性,于1958年在其代表作《个人知识——迈向后批判哲学》中提出他的"个人知识"(personal knowledge)理论,简言之,就是个体性和客观性的相互结合。科学发现离不开科学家个人的参与,"即使在最精密的科学运作过程中,也都有科学家个人必不可少的参与"(Polani,1958),这方面波兰尼后来也做过进一步的研究(Polani,1975)。Brownhill(1983)甚至认为所有知识都是个体参与的,即所有知识都必然包含着"个人系数"(the personal coefficient)。从某种意义上讲,显性知识能够脱离主体而存在,从而形成客观知识,客观知识要想实际地发挥作用,就必须内化于行动中的个人,成为由个人掌握的知识。客观知识内化于个人的过程也就是个人学习和掌握知识的过程。经过反复训练和不断重复使用,个人便能够掌握这些知识,并且能够不由自主地使用它或者遵从它,这时知识就会重新回到隐性状态,实际上这种从显性状态重新回到隐性状态的知识是藏匿知识。为了提高劳动生产效率,将一部分知识藏匿在个人的潜意识中,使人们有可能将自己的注意力集中在特别需要注意的方面,这无论是在物质生产中还是在知识创造中都是十分必要的。无论是对于一个社会还是对于一个人来说,那些主要属于个人的隐性知识,它们存在于个人的潜意识之中并支配着个人的行动。只有当个人无法摆脱这些隐性知识时才能真正地发挥作用,而不至于经常出现意想不到的例外。而只有当个人下意识地受其支配时,它们对于个人行动的支配才可能是没有例外的(杜月昇,2004)。

3.1.2.4 关于知识的属性:从价值中立到价值关涉

与传统知识观有别,后现代知识观主张,知识的中立性、绝对的客观性与真理性地位是不可靠的。知识是人们对客观世界的一种解释或假设,是由认知主体在与经验世界的对话中主动地建构起来的,研究者并非在知识之外旁观它,而是本身即处在这一系统之中(Doll,1992)。强烈价值介入论构成的知识观,指出了认知的本质和过程,在多方面受制于很难明言的隐性因素。如果以社会研究里的深度描述所达至的深层理解为例,无论我们能否明言促成此种理解背后的众多隐性因素,但有一点是可以较为肯定的,就是此种深层理解必然涉及或预设了相应的体验因素。思辨式或实证研究的探索路径,是不可能完全解释这些体验因素的，西方的知识传统，一直以来都把这些理解或体验活动排除在知识的范式以外(阮新邦，2005)。一些研究者在这方面做了不少有意义的思考，从不同的角度探讨了知识或认知的隐性层面，显示出理解和认知的活动涉及众多非理性的因素。换言之，人们在历史文化中所推崇的西方知识传统强调的所谓理论知识，其实是建基于一些不能作清楚表述的隐性因素之上的(阮新邦，2005)。在这个意义上讲，其他如透过直觉体悟而达至对社会和人文现象的理解，似乎也不应该被排斥在知识的范式以外。无疑，这类知识的生成建构意味是颇为明显的。法国当代著名哲学家利奥塔(1996)甚至认为，知识的本质发生了变化，当前的知识与科学所追求的已不再是共识。对这样的观点，笔者不敢苟同，但知识又确实不能简单地视为真理，更不是绝对真理，它是人们在社会实践中获得的认识和经验。

在很大程度上，西方知识传统的局限在实证知识观里清楚地显现出来。实证论强调的事实与价值之间的逻辑鸿沟、价值中立的社会和人文研究的路径，以及所谓客观的严格验证程序，是企图以自然科学的角度来建构社会和人文知识(阮新邦，2005)。客观主义强调知识的属性是不涉及价值判断的，即价值中立。因此，研究者要尽量保持价值中立的态度，才可以建构客观的社会知识。也就是说，社会知识不应该涉及主观的价值判断。而后现代知识观则认为，不仅人文学科、社会学科的知识是具有价值相关性的，而且自然科学的知识同样也有着价值属性(Polani，1958；伽达默尔，1986；包亚明，1997；Sassoon，1999)。在非实证论的各学派看来，在社会研究里或在社会知识的建构中，价值介入是不可避免的。只是这些派别并没有清晰展现出价值是如何介入社会知识的建构里的(阮新邦，2005)。因此，从价值中立到价值涉入反映了人们对知识的一种新的认识，也是后现代知识观的一个重要特征。现代人从“事实陈述不能推出价值判断”这一事实陈述，推出“尊重个人自决”这一价值判断。从逻辑上讲，这并非一个有效的推理，但却奇怪地成了现代人普遍接受的一种混杂着知识观和价值理念的信仰。这种现象或许可以解释为，现代科学技术的高速发展所带来的灿烂物质文明，给予现代人一个牢固的信念，即自然科学是一切知识的典范，其实际的效能使得现代人坚信这些知识是客观的和价值中立的，也以此来看待和评估其他社会和人文知识的结构和探索活动。这一误解在社会和人文学科领域内引致深远而失误的结果:研究者以自然科学的角度去理解社会现象的结构和社会科学的本质,因而看不到其间的道德价值要素(阮新邦,2005)。

3.2 创新型人才的知识观与知识结构

3.2.1 创新型人才的知识观

从高等教育发展的历程来考察,最早进入大学的知识是神学、哲学、医学和法学(克拉克,1994)。今天,多种知识都已经开始走进大学的课堂。虽说传统意义上的高深知识仍然是大学的理想与价值所在,但是,在社会需要和转型的新形势下,大学正在逐步改变它对知识的看法,并以囊括更多形式的知识来拓展自己的使命和任务。社会发展固然需要大学生产和传播高深的知识,也需要生产和传播并不怎么高深但是社会却十分需要的知识。并且,由于高深知识的界限也在模糊,虽说高深知识介于已知世界和未知世界,但是在已知世界和未知世界之间人们值得探索的范围扩大了,既包括理论上的,也包括那些经验层面的。因此,知识深化到今天,已经将大学的包容性扩大到了社会所需的一切知识层面(毛亚庆等,2010)。

就知识内容深化而言,当今的传统大学模式具有一定的局限性。新的知识生产和传播机制突破了时间和空间的限制,然而,传统大学模式以学科作为大学的基本单元,相对于目前以网络形式存在的知识发展,学科发展的线性模型限制了大学生产和传播知识的潜能。随着新知识的出现,而且新知识的学科组织越来越专业,“知识网”越来越复杂,同时,等级越来越细化,传统大学的运作和发展举步维艰。一些在高等教育中另辟蹊径的院校突破了学科的历史、拨款机制和社会合作模式,促成了新的知识,从而拥有了竞争优势。知识内容的丰富化,打破了大学竞争的“单一知识逻辑”。在“复杂知识逻辑”下,拥有比较优势是大学提升竞争力的重要策略。大学对自身知识内容的设定形成了大学的“知识认知”,这种“知识认知”以一种高度结构化的形式表现出来。在“知识认知”模式的基础上形成的知识图谱是大学竞争力的基础部分(毛亚庆等,2010)。

知识的内容既包括各个时代人们积累起来的各种观察和实验所发现的经

验事实，也包括在这些经验事实的基础上抽象出来的各种表达式、定律、定理和理论体系。前者可称为经验知识层次，后者则称为理论知识层次。无论是经验知识所包括的各项关于事实的陈述，还是理论知识所包括的各项理论陈述，都可以视作一个知识单元。最基本的知识单元一经结晶而形成，就将被纳入科学知识结构之中，作为一个结构要素而存在。大量基本的知识单元形成之后，就有可能利用形成科学知识的各种科学方法，使这些最基本的知识单元按照一定的思维规律凝聚起来。

诚然，知识有经验知识层次与理论知识层次之分：经验知识会不断积累、不断升华，不断上升为理论知识；理论知识也需要不断发展，并不断接受社会实践的检验。在这个过程中，人类的知识体系不断发展，不断完善。从知识观的角度对知识进行"显性知识"与"隐性知识"的区分，并进行深入的研究，相对来说是比较晚近的事情，20 世纪中叶之前，关于这类问题的系统研究尚不多见，学术界也没有就这两种知识的特点及关系做出令人信服而严格的逻辑分析(石中英，2001)。从历史的发展看，尽管波兰尼的探讨(Polanyi，1958，1975)中有些观点有待商榷(如某些哲学观点)，但其中关于知识发展及个人知识方面的探讨无疑是有一定意义、值得重视的。根据后现代知识观关于"元叙事(meta-narrative)"的理论，科学知识与人文知识之间的通道应该是畅通的，科学与人文应该是相通的。这方面，学者们从不同的研究视角、在不同的研究领域得出了颇为接近的研究结论。除了哲学家波兰尼的上述探讨(Polanyi，1958，1975)，英国科学家、文学家斯诺(C. P. Snow)也提出了要弥合两种文化"互不理解的鸿沟"的主张(Snow，1994)。美国科学史家萨顿(G . Sarton)在这方面的研究中也提出过颇为深刻的见解，他甚至认为没有同人文科学对立的自然科学，科学或知识的每一个分支一旦形成都既是自然的也同样是人的(Sarton，1989)。这样的观点颇为深刻，同样值得引起重视。

如上所述，知识与情报、信息、数据也有非常密切的联系。因在与此相关的知识观上曾一度陷入某种误区，日本各界曾反思本国为何在一定程度上落伍，指出 20 世纪 80 年代日本没有真正领悟技术革命的实质，而是着迷于技术力和经济力，从技术革新和市场战略的角度去理解信息化，对数字技术将给人类带来革命性变化尤其是对世界经济产生颠覆性影响的认识不足，造成索尼、松下等一批国际大牌企业落后于苹果和谷歌的局面。现在他们开始意识到，21 世纪初人类发展的地平不同了，这一新地平的关键词是知识和数据。为此提出日本要通过建设数据中心来重振日本的经济。从日本人的反思中我们应该得到一些启示。在创新驱动发展的大背景下，如果要问下一轮发展有价值的红利在哪里，毫无疑问，知识和数据资源就是一种红利，谁抓住了它，谁就掌握了新一轮发展的主动权。

我们过去对知识认识不足，总以为知识是用文字记录下来的东西，所以总是想当然地认为知识是书本上的知识，好像只有学习书本知识才是学习，读纸质书才叫读书，忽略了其他载体尤其是网络时代巨量的数字资源的作用。如今纸质数据、暗数据等许多曾经不起眼的非结构化信息资源在知识社会发展中扮演着越来越重要的角色，它们都是构成知识的基础资源。数字资源流动性强，并能与其他资源结合形成新的知识和价值，这一得天独厚的优势，为知识的流动和增值奠定了基础。要让知识流动并增值，从而促进创新型人才在这个过程中不断进行有效的创新，从理念到实践，是可以做许多新的尝试与探索的（吴建中，2015）。

第一，要让各种纸质数据、暗数据等从各自分散和独立的状态下释放出来，利用现代数字资源描述方式将它们揭示出来，增加与其他资源之间的关联，使它们处于可检索、可获取、可利用的有序状态，为开放和共享知识创造条件。

第二，要保持知识流动的通畅性，尽量减少人为的摩擦和损耗，不仅要有效地推动它们无障碍地开放和共享，而且要让其发布和传播具有流畅性。流动是其生命力的关键所在，也许我们可以某种程度地改变它的流向，但不能阻止它流动，改变它的流动性。保持通畅的渠道，才能让知识通行无阻地流动起来，不断创造新的价值。

第三，要创造合适的交流环境。知识流动需要良好的社会环境，使空间、技术和知识创造者、共享者等处于和谐状态。而人是知识传播的主体，即使在虚拟化的互联网时代，人们依然需要面对面地互动交流。交流需要借助某种环境，如空间、技术及工具。交流的效率与环境有关，要提升交流的效率就必须改善环境；而交流的质量与人有关，只有以人为本，注重人流在物流、信息流、资金流诸要素中的核心地位，注重人才流动在知识交流和传播中的关键作用，才能有效提升交流的质量，达成交流的目的。因此我们需要关注和研究空间、技术、人在信息交流与知识传播中的相互作用与影响。

第四，要促进知识交流与共享。分享是人类交流的本能，人与人之间需要交流和分享。在互联网诞生以前，人类交流、分享的能力和空间是受到很大限制的。互联网重塑了人与人之间的关系，不仅让相识的人联系更加紧密，而且为不相识的人提供了相互联系的可能性，让他们在同一个平台上分享经验和资源。在现实生活中，人与人相互联系的程度，远比人类需要的低。而分享经济的目的之一恰恰是在这道鸿沟上搭建一座桥梁。但分享也是有限度的，不加限制的分享将带来创新的衰退。同样，知识产权也是一把双刃剑，科学的知识产权制度能激励创新发明，而不当的知识产权制度则会扼制社会的创新。因此，把握好知识分享和知识产权保护之间的尺度有利于科技创新和经济发展。

第五，要推动知识最大限度地开放。孤立封闭的系统是没有生命力的。无论是一个城市，还是一家企业、一所大学，只有不断地从外部吸收物质与能量，与外界开展频繁交流，才能更有活力和竞争力。开放也是一种资源和红利，要克服封闭意识，增强创新能力，拓展开放规模，努力打造开放性、学习型、创新型组织。

任何创新型人才知识观的形成也是伴随着知识经验的不断积累、思维发展水平的不断提高、创新能力的不断发展逐渐形成和发展起来的，它是创新型人才在一定的社会、家庭、学校教育发展环境与个体从事知识活动的社会实践等多种因素共同作用的结果。在今天这样一个科技发展日新月异、知识文化急剧增长、社会交往日益频繁的时代，那种传统的一成不变的知识与权威在网络时代的知识社会将不复存在，情报、信息、数据、知识的交流与共享日益快捷、更加广泛，尤其是随着创新驱动战略的实施，“大众创业、万众创新”等相关政策措施的提出和落实，在很大程度上促进了人们动态的、开放的、创新的知识观的逐步确立。

从创新型人才的成长及培养的意义上讲，其应具备的知识观必须是与现代社会知识经济发展同步，自觉地从传统认识中拓展“知识”的内涵和外延，尤其是不可过于轻视传统的书本知识之外的经验知识、隐性知识及情报、信息、数据等非结构化信息资源。

3.2.2 创新型人才的知识结构

3.2.2.1 知识创新与知识生产模式的变化

当今的创新型人才在知识创新中是要扮演重要角色的。从知识管理的角度分析,今天的创新型人才总是隶属于一定的知识组织,如政府、大学或企业,等等,优秀的知识组织不仅在于其知识体系、人员素质,还涉及组织的价值观。对于创新型人才来讲,他既属于他所工作的知识组织,也属于他所属学科的科学共同体。就其所工作的知识组织而论,对创新有影响的因素是多方面的,既涉及现有的研究水平、人才资源、硬件设施,也有基于研究水平、人才资源、知识运营及组织管理等在知识组织内形成的组织文化等,这种与知识创新及知识生产能力密切相关的因素,并不单一存在于某一学科、某个或某些人才资源、某种管理技术或某种社会网络,而是分散于知识组织内外各个相关单位及其融合起来的集合,通过知识组织内部的协调和学习的整体模式彰显其知识创新与知识生产能力。知识组织知识生产与操作过程形成的学习机制包括操作规程、知识获取、发展及转化路径、嵌入知识组织内外各个行动者的价值观等(毛亚庆等,2010)。

以大学为例,创新型人才以往的知识生产模式是以大学学科为主导的,衡量大学竞争优势主要是看其学科力量的强弱,相应的学科知识的载体——大学教师和研究人员个体、承载学科知识的图书资料和相关课程以及以学科为类别进行的科学研究,所有这些质量和数量的叠加决定了一所大学的综合实力。在现代科学技术条件下,知识生产的模式已经发生了很大的变化,与传统模式相比,具备了一些完全不同于传统模式的属性(毛亚庆等,2010)。如果我们将传统的知识生产模式属性与新的知识生产模式属性的主要差异做一下比较(见表3-2)(卡赞西吉尔,1999)的话,或许能够获得一些启发。

表 3-2 传统的知识生产模式与新的知识生产模式属性的比较举要

相关属性	传统的知识生产模式	新的知识生产模式
知识生产的学科背景	单学科或多学科	跨学科
知识生产环境	认知环境	市场环境

续 表

相关属性	传统的知识生产模式	新的知识生产模式
组织形式	等级制、划一、稳定的组织形式	非等级制、多样、变化的组织形式
知识生产的范围	主要在大学	主要在大学外
知识生产的领域	基本限于学术	科学与非科学因素积极互动
负责的对象	更向同人负责	更向社会负责，对社会做出反应
质量控制的特点	科学的质量控制	更为广泛的质量控制标准
发现与应用的先后关系	发现先于应用	发现与应用合在一起
知识分布的情况	有限的知识分布	更广泛的社会分布

因此，创新型人才的创新活动与知识生产模式有着密切的关系，这与其所处的时代及其知识观是有关系的。

3.2.2.2 知识结构的科学内涵

关于知识结构的研究，研究者有不同的出发点和不同的研究角度。就个体知识结构而论，研究者较多地探讨个体知识结构与创新的关系，具体来说主要是研究个体知识结构对创新的影响(郭东强等，2015)。Anderson(1984)较早地对知识结构概念进行过探讨。Herderson 与 Clark(1990)提出知识结构包括元素知识和架构知识。此后，Chandy 和 Tellis(1998)等研究者也采用过元素知识与架构知识的概念。就个体的知识结构而论，知识结构包括“知识”和“结构”两个方面，就“知识”而言，至少包括如上所述的 OECD 关于知识所包含的四个方面的内容。就“结构”而言，情况可能更为复杂，从语义学的角度来说，结构有三层含义：一是构成知识结构的各个组成部分的搭配和排列；二是具体的构造；三是组织安排(杨能，2015)。如朱庆刚等(1994)就个体知识结构从长度、宽度和深度三个维度进行了探讨，提出了一个创新型人才的立体的知识结构模型的构想，类似的相关研究对科学地认识知识结构是不无一定参考价值的。

就个体而言，知识结构就是人类知识在个人头脑中的内化状态。就个体知识结构的形成来讲，在改造世界的实践中为实现某种具体目标，个体往往是在不断的学习和积累，在社会实践中成长的，其知识结构是一个动态、发展的概念，个体的知识结构描述的是其各种相关的知识之间的排列秩序和组合方式，无法精确计算具体个体各种知识的数量和比例，它往往是知识的混合体。从系统论的角度看，结构决定功能，故而个体的知识结构在很大程度上影响一个人在工作或事业上的成就水平。

3.2.2.3 知识结构的特性

美国著名的认知心理学家、教育心理学家布鲁纳(J. S. Bruner)的认知结构理论认为，人的学习都是以他原有的认知结构为基础的。如果输入的刺激与人们已有的内在认知结构的类别完全无关，那么它们难以构成编码系统，也是很难被加工的。人的学习就是不断地对信息进行分类和组合，输入到已有的认知结构中，使人们的认知结构不断地形成和改变。由此可见，理解学科结构、知识结构的特性对人们知识结构的形成具有重要意义(布鲁纳，1982)。由于人生经历、所学专业、职业及社会实践等因素的差异，个体的知识结构因人而异。从这个意义上讲，我们研究知识结构，不是要追求某种统一的知识结构，事实上，没有绝对统一的知识结构模式。但合理的知识结构的构建具有某些共同的特性。所以，研究创新型人才的知识结构，探讨其特性是可能的，也是必要的。通过对知识结构特性的具体研究，笔者认为，知识结构的特性可以由以下几个主要方面来描述。

(1)整体性

由布鲁纳(1982)上述关于认知结构的理论不难发现，就像认知结构一样，个体的知识结构是人们在学习和社会实践中形成的，并且是一个不断动态发展的具有很强个人特点的知识体系或知识系统。知识结构的重要特性之一是整体性，即个体知识结构的各组成部分、要素、层次的内部联系所形成的有机整体，如其中的显性知识，往往通过学科的基本概念、公理、定理、方法相互渗透、互相关联而形成相关结构，知识结构反映一个人头脑、思维中各种知识的关联；而隐性知识，往往不能通过语言、文字、图表或符号明确表述，而可能以个性化的个人经验等形式存在于知识结构中，所以个体的知识结构是一个有机统一的整体。知识结构的整体性是由各种显性知识和隐性知识组成的。正是由于知识结构具有整体性的特性，所以在各类学校的教学中才有可能对知识结构进行科学的解构，如在课堂教学中，通过知识系统化学习的方式，帮助学生将“碎片化”的知识“整体化”“系统化”，从而以知识结构的角度内化成学生自身的知识体系，形成学生的认知结构。

(2)动态性

知识结构具有动态性，是因为知识结构不是抽象的，当我们研究知识结构时，总是研究某个具体对象的知识结构，即使是一个小组(如课题组)、一个创新团队，其知识结构也是动态的、发展的。个体总是在不断的学习和经验积累中完善自身的，因此其知识结构不可能始终处在静止不变的状态。在社会实践中，各类创新型人才之所以能不断创新，就在于他们善于思考，勤于学习，对创新目标的实现由远而近，对问题的研究由浅入深。在这个过程中，他们的知识和经验不断积累，知识结构呈现出一种在动态发展中不断优化，层级不断上升的动态过程。这不是一种理想化的理论描述，而是当代社会发展的客观要求。如果个体或创新团队不能及时有效地更新知识，优化知识结构，就难以适应现代社会的发展要求。就当代人们知识结构的构成而言，其本身就处在一个人类有史以来发展变化最为迅速的时代，人们的知识结构就处在一个动态发展过程之中；就构成知识结构的各门学科知识的发展和人类的隐性知识层面的各种经验等的积累来看，各学科知识不断丰富、发展、变化，各种经验等隐性知识也日益丰富多样。其实，人的学习过程就是认知结构不断变化和重组的过程，其中，学习者的个体特征是决定性因素，环境也是非常重要的因素。

(3)层次性

层次性是由系统结构规律性和人的主观认识的尺度决定组成的。按照系统中各要素联系方式、系统运行规律的类似性、各要素的功能特点或人类认识尺度的不同，可将系统内各要素划分为不同的层次。创新主体无论是团队还是个体，其知识结构都是一个有机统一的整体，或一个知识体系或知识系统，作为整体或系统，知识结构的重要特征就是层次性。从个体来说，其知识结构中有许多不同层次的知识内容。知识结构层次由各学科知识结构层次及各种经验等隐性知识组成，各学科知识结构层次又由分类结构性知识组成，各种经验等隐性知识也不是整板一块，也是由各种类型的结构性隐性知识组成的，尽管它与学科知识结构在结构层次上有不尽相同之处。一个高层次的创新型人才，总有其特定的知识结构，其构成无外乎基础知识、专业知识、前沿知识，等等。实际上，知识结构中层次概念所反映的就是不同知识这种有质的差异的不同的系统等级或系统中的等级差异性(畅肇沁,2013)。

(4)有序性

序是事物的一种结构形式,是指事物或系统的各个结构要素之间的相互关系以及这种关系在时间和空间中的表现(董兵等,2008)。知识结构的有序性是指,要实现某些创新目标,人们的知识结构需要进行有序的构建,譬如,按照人的成长规律,一个人在知识结构的构建中,随着年龄的增长,科学知识不断增长,经验不断丰富,要想得到理想的发展,必须循序渐进,在幼儿园、小学、中学阶段打好知识基础,如果有条件继续接受本科、研究生(硕士、博士)教育,这种知识结构的建构顺序一般是不应该倒过来的。当然,如果人们的创新目标是跨学科发展,成为复合型创新型人才,那么,知识的学习除了从低级到高级的纵向发展以外,还可以从核心扩散到外围。譬如,一个系统科学家要研究人口问题或经济问题,他学习一些相关领域的本科或研究生课程的知识既是必要的,也是应该的,这也是知识结构的有序构建。

这里特别需要指出的是,知识结构的有序性要求人们不可好高骛远,眼高手低,在未掌握低层次的知识时,就去钻研高层次的知识,那样做只能徒劳无功,知识的有序性还要求我们不可忽视任何一个层次的知识。

3.2.3 个体合理的知识结构与创新

创新与人们的知识结构具有密切的关系。创新型人才往往是在知识结构方面比较有特色的人。创新型人才的知识结构构成其相应的有特色的知识系统,其中各要素都有稳定的联系,如果缺乏稳定的联系,知识系统的结构也就不存在了。一个人受过一定层次的教育就能较好地掌握与所学专业相关的各种知识,这种知识所形成的知识系统的结构,在脑子里往往处于相对稳定的状态,随着知识的迁移,知识系统的结构可能长期受用。如果一个人掌握的知识不牢固和不全面,当然就谈不上知识之间的稳定联系,当然也就没有知识结构可言。创新型人才的创新大多来自他们的知识结构所产生的整体功能。一个人的知识结构有特色,是指他既有精深的专业知识,又知识面广,具有与创新目标相关的广博的相关知识背景,有特色的知识结构往往能使人产生新颖的观点。许多专门研究也证实了这样的观点。安德森(Anderson,1983)的研究表明,在许多专门领域,将“专家”与“新手”做比较后,都证明解决问题的能力取决于个人所获得的有关知识的多少及其性质和组织结构。知识结构体系存在正确与错误、完善与残缺、深刻与肤浅、清晰与模糊、抽象与具体等品质问题(张庆林,1997)。因此,要增强能力,就必须改善知识结构体系的品质。综合已有的研究,良好的知识结构应具备以下几个特点。(周希贤,2007)

(1)可利用性

教育心理学家奥苏伯尔认为决定知识结构品质的第一个重要变量是可利用性,即在知识结构中应当有适当的起固定作用的观念可以利用。这些观念应该在知识结构中处于较高概括水平,这样才能充当联系新旧知识的“认知桥梁”,为新的认知活动提供相应的关系和固定点。因此,在创新型人才的培养中,要善于用科学理论来武装人。只有科学的知识才能转化为人的力量。而那些似是而非的谬论偏见或歪理邪说只能误导人、欺骗人、损害人。

(2)概括性

教育心理学家布鲁纳认为必须使学生在某种程度上获得一套概括了的基本思想或原理。这些基本思想或原理构成一种最易理解的知识结构。这些基本思想或原理具有较高的概括性、包摄性以及强有力的解释功能,更利于记忆、理解新知识并在实践中迁移。正确的世界观可以给人们的行为提供正确的导向,提高人的行为选择能力。而人的世界观是以丰富的知识为基础的,是在一定知识基础之上形成的对世界的根本看法。从人类知识的体系结构看,概括程度最高的知识应该是哲学,哲学是系统化、理论化的世界观,能正确反映自然、社会以及思维普遍规律的科学,因此,创新型人才应该自觉地学习好马克思主义哲学。

(3)条件性

如果学到的知识不知道在什么情况下使用或者在一个有限的背景中才能提取出来,尽管这些知识本来可以应用于更广泛的各种各样的场合,但现在这些知识变成了僵化的知识。为了避免知识的“僵化”,有必要在大脑中储存知识时,将所学知识与应用该知识的“触发”条件结合起来,形成条件化知识,即在头脑中储存大量的“如果……那么……”的“产生式”。许多学者现在认为,当人面临问题时,能在大脑中检索、提取和应用与任务有关的知识,是能力发展水平高的一个重要标志。因此，为了提高知识在解决实际问题中的可接近性和活跃性，有必要在呈现知识时，使人们同时考虑这些知识在学习场景之外的背景中的应用条件，其实质就是理论要联系实际，知识的掌握要联系具体情况、具体事件或具体背景。

(4)结构化

研究表明，"专家"与"新手"在知识结构上存在的差异，不仅在于其所获得的有关知识的多少，而且更为重要的是其掌握的知识的性质和知识结构体系，"专家"往往具有大容量的知识功能单元(亦称知识组块)，即一组在内容上、逻辑上具有必然联系的信息，并执行着某种功能。即按某种功能而形成的图式，这种图式更具有针对性，从而实现创造性地解决问题。

(5)自动化

著名的教育家和心理学家布卢姆认为，技能的自动化是"天才的四肢"，特别是听、说、读、写的交流技能自动化和人—机关系自动化，是成为英才的重要条件。既然技能的自动化是"天才的四肢"，而技能的自动化不仅需要勤奋练习和实践运用，更需要具备与此相关的知识作基础，这就更加印证了"天才在于勤奋"的真理性。

(6)策略化

策略化是指人们头脑中要储存关于如何学习和如何思维的策略性知识，并且在"执行的控制过程"之中运用策略性知识去监控自己的学习和思维的信息加工过程。从创新和解决问题的角度看，方法论就是最高的策略，它为人们观察问题、分析问题、解决问题提供应遵循的最一般的方法，比如唯物辩证法、实践论、矛盾论以及历史唯物主义中经济分析、阶级分析与利益分析等方法，这些具有哲学意义的方法论都成为人们认识纷繁复杂、千变万化的自然、社会以及思维问题的锐利武器。

从创新的形式上讲，有"原始创新""集成创新"和"消化吸收再创新"三种方式。毋庸置疑，原始创新很重要，只要有苗头、有可能的都应大力扶持。正如朱高峰院士(2007)所言，原始创新需要条件，从事原始创新的只能是少数人，大部分都是集成创新和消化吸收再创新。一般来说，一门新的学科或某个新的学说，其中纯粹新的东西是不多的，那种全新的发现和独创的见解所占的比例往往不是很大。在知识发展中，不论是量的积累，还是质的飞跃，任何知识体系，我们之所以觉得它新，根本原因就在于它对旧材料进行了新的排列组合，在于其理念、方法、结构、形式等各方面都有新意，尤其是可能由于新的理念、新的研究方法的引入，导致知识体系呈现全新的结构，从而产生新的功能，并表现出不同的形式来，有时对原有的知识或理论可能是突破性甚至是颠覆性的。

历代著名的科学家对前人的科学成就都非常重视，例如，哥白尼的“日心说”在当时可以说是一个新的知识体系，但它绝不是对以往知识的全盘否定，而是继承了在错误理论占统治地位时期所积累的观察和实验资料。实际上，从托勒密提出“地心说”后，差不多延续了上千年，不少天文学家在这个理论规范下观察到不少天体运动的资料，暴露出它的许多矛盾，哥白尼看到了这些矛盾，在批判托勒密的错误的同时，肯定了托勒密“有规律的绕动”这个观点，并吸取了古代塞莫斯的阿利斯塔克等人的研究成果。正是在这样的基础上，经过哥白尼创造性地将天文学知识进行合理的逻辑重组，包括继承、改造、移植、综合、深化等方式，最后提出“日心说”，引起了近代科学的革命，即“哥白尼革命”。

在科学技术发展高度综合化的今天，“综合就是创造”，任何一项创新活动都不是独立进行的，不仅要与其他诸多领域的专家合作，还要善于吸收其他领域专家的优势与特长，综合运用众多学科的研究成果，完成整个创新活动。美国 1961 年提出了“阿波罗计划”，其规模之宏大举世罕见，经过八年的艰苦努力，终于取得辉煌的成功。该项目本身无疑是一个创举。然而，负责该计划的总指挥韦伯说过一段引起世人普遍重视的话：“今天世界上，没有什么东西不是通过综合而创造的。阿波罗庞大计划中就没有一项是新发明的自然科学理论和技术，都是现有技术的运用。关键在于综合。”(蒋光宇，2003)

因此，在当代科学技术条件下，创新型人才应当充分领会“综合就是创造”这个命题的深刻含义，不仅要构建合理的知识结构，还要有合作意识、团队精神，善于合作共事，在创新团队中扮演好自己的角色，从理念、方法及知识结构等诸方面培养综合素质。譬如，对于学术的争议、分歧，要兼收并蓄；对于不同的学术观点、学术派别，要破除门户之见，兼容并包；对于持反对意见者，要兼听则明。所以，从耗散结构理论的意义上讲，创新型人才必须远离平衡态(王继明，2004)，善于站在巨人们的肩膀上，打造有差异的、非均匀的、非平衡的知识结构系统，通过各种非平衡产生的势差，为创新创造条件。

创新型人才仅有知识是不够的，还必须建立合理的知识结构，并根据科学的发展和自己的研究课题（领域）的深入或研究方向的转移，在动态中求得知识结构的合理化。知识结构决定着知识的功能，知识结构合理，各种知识可以相互增值，提高整体的功能。反之，知识结构不合理，可能形成不了整体效应，甚至影响整体功能的发挥。

知识结构的构建不是简单的知识积累，而是要根据创新目标掌握有用的知识。显然，这不是反对人们博学多识或博览群书，用培根的话说，"我们必须决定知识的相对价值"（贝弗里奇，1979）。这个道理，柯南道尔笔下的福尔摩斯体会得再深刻不过了。对他的知识结构进行调查，结果常使人感到"莫明其妙，加到一起更让人困惑"（柯南道尔，2004）。原来他的知识结构是一个一般的侦探难以想象的：文学、哲学、天文学、实用园艺学等方面的知识很贫乏，对政治学知识知之不多；植物学知识很不全面；但对莨菪制剂、鸦片及毒药等化学知识却相当渊博……某些领域知识的贫乏程度与另一些领域知识的渊博程度一样让人惊讶。这便是柯南道尔笔下的"大神探"。

福尔摩斯并非把什么都记住，对知识先经过适当的选择，有所取舍，然后记住，这是他吸收知识的特点。《血字的研究》中有这样一段话是值得引起重视的："一个人的大脑像一座空阁楼，你不能把随便什么东西都往里搬，弄得真正需要的东西到时候搬不进去，就算搬进去了，和乱七八糟的东西为伍也不便日后的使用。会布置的人，从一开始就有选择地往里搬，这样条理清楚，次序井然，使用方便。那种认为阁楼可以无限扩大的观点是错误的，你学习了一些新知识可能就要忘掉一些旧知识。所以不要把没用的东西放进去，这会把有用的东西挤出来。"（柯南道尔，2004）因此，福尔摩斯把不必记住的东西，就让给辞典、一览表和案卷去"记住"，存列在贝克街的房间内。所以在福尔摩斯的书架上排满了《大英百科全书》《美国百科全书》《人物百科全书》《地名辞典》等参考工具书。

尽管如此，对于必需的知识，福尔摩斯则绝不吝惜时间和精力去记住它，他反复通读《伦敦监狱分类报》，并力图记住。在《恐怖谷》案件中，福尔摩斯还推荐人们到麦克唐纳警署闭门三个月，每天花十二个小时阅读犯罪记录。

这与现实中极富创新精神的创新型人才颇为类似。曾有人问爱因斯坦："从纽约到芝加哥多少英里?"爱因斯坦略加思索后答道："只要查一下《铁路指南》就行了。"那人又问："不锈钢是用什么制成的?"爱因斯坦答道："这只要查一下《冶金手册》就知道了。"(张春莉,2009)假如爱因斯坦把大量精力用在记忆铁路里程和不锈钢构成之类的问题上,可能就不会提出相对论了。我们或许应该从柯南道尔笔下的福尔摩斯及现实世界中的爱因斯坦那儿悟出一些道理:一个人的精力有限,必须分清主次,不论见到什么都记下来,那我们大脑中的知识就可能杂乱无章,那是不可能建立合理的知识结构的。

一个人学习新知识,知识输入后的合理储存,要围绕创新目标的核心层次进行储存。什么知识要内存,什么知识要外存,应该有所选择,因人而异。一般而言,基础知识、专业性知识、学科前沿知识,往往是与自己知识结构相关的重要知识,应该内存。有些知识,知道在哪里,需要时能随时获取就可以(王铭礼,2004)。一个人的知识真正做到有用,就必须形成适合于客观需要的合理的内在结构。严格说来,人们的具体目标不同,相应的知识结构也就不尽相同,就是同一专业的人在知识结构上也是各具特色的。

3.3　创新型人才知识结构的科学构建

在当代科学技术条件下,一个人知识结构的构建或形成并非朝夕之事,很难一蹴而就,它要经过多年的学习和积累,从早期的家庭教育,到幼儿园、小学、中学、大学,还要结合职业生涯发展的需要,不断地培养自己的学习能力,终身学习,方能形成。从知识结构的构建或形成的角度讲,那是一个人的知识从无到有,从少到多,由浅入深,从简单到复杂的过程。对于特定的工作目标或创新目标来说,一个人的知识结构总会存在某些短板或不足,从不适应到逐步适应工作需要或创新目标的一个过程。

3.3.1　创新型人才应具备的关于知识的理念

对于创新目标而言,一个人合理的知识结构总是处在一个发展的、动态的、相对的状态，不是一劳永逸、一成不变的。这是时代发展对创新型人才知识结构的客观要求。进入20世纪90年代后期，社会文明的主要标志开始聚焦于人的现代化和社会的现代化，具体体现为人自身素质尤其是创新素质的不断提高。人获得素质尤其是创新素质的新生，使得人们必须在有限的时间内吸收人类进步和文明的一切成果和营养。所以，正确地对待知识，正确地继承人类一切文明的成果，不论是直接的还是间接的，都非常重要，无疑是推动人类社会向前发展的重要基础，是人类进化的前提。

20世纪中叶，人类开始有了计算机，到现在计算机应用于印刷技术、科学计算、检索、储存、信息共享诸多领域，为人类的进步起到巨大推进作用。而计算机的产生、发展和运用无一不是借鉴和应用前人知识，在有效地掌握、运用的基础上创新而达到目的的。正因为如此，正确地对待知识显得尤为重要。当然，人类特别是希望有所创新的有志者往往是在享受科技成果之后才能发现知识的价值，而在打基础阶段和获取知识阶段，往往又是单调的，有时是机械的，甚至在某种意义上讲是痛苦的。这就要学会培养对待知识的态度，有正确的关于知识的认识。因为只有掌握知识、构建合理的知识结构，才能拥有创新能力。阿基米德说过：给我一个支点，我可以撑起整个地球。成功之路往往是由一个支点支撑起来的，创新型人才的创新之路也是如此。

有的研究者根据时代的发展及不同时代的知识状态，将知识分成1.0、2.0及3.0几个不同的时代（高焕堂，2018）。知识1.0时代是科学知识处在经验观察与归纳的经验科学时代，知识2.0时代是以爱因斯坦为代表的理论科学时代，知识3.0时代是以当代人工智能为代表的新科技时代。在当代科技条件下，改变知识结构，可带来不同的视野，看到更美好的未来。对于创造型人才来说，所谓改变知识结构，就是根据创新目标构建自己的知识结构，使自己的知识结构在动态发展中不断优化。

处在知识经济时代，对于创新型人才来说，知识的力量是巨大的，甚至是无穷的。因此，创新型人才应该培养自己获取知识的本领，不停地向着理想的目标奋斗，即使每天工作很多、很累，也不停下学习的步伐，善于不断地、创造性地学习，不断地努力增加自己的知识，增加自己身上的“能量”。这也正是创新型人才成功的秘诀之一，因为他们相信知识的力量是无穷的。学习知识，将知识转化为前进的动力，那么，远大目标就会近在咫尺，离创新成功就会越来越近，我们应该时刻牢记：知识就是力量，知识的力量是无穷的，只有用知识武装自己，才能够取得事业上的成功！

如果客观地分析知识的本质，便不难发现，在日常生活中，人们大量地输入大脑进行储存的信息是用语言、文字、图形等形式来表现的，所以狭义理解的知识通常也特定地指书本知识。与情报、信息、数据、资料等相比，知识似乎是更高级的东西。其实，对个体而言，只有可以指导自己行动、对自己有用的情报、信息、数据或资料等才可能成为自发知识结构的一部分。换言之，那些对自己没用的东西只是一些信息。因此，学习是一个高度个性化的过程。学习的过程是把外部的“知识”(包括情报、信息、数据、资料等)架构在自身原有的知识结构上，与其融合，成为自己的知识。Nancy M Dixon 所阐述的个人意义结构的发展过程(如图 3-1 所示)，较为客观地揭示了这一学习过程(辛铁樑，2004)。

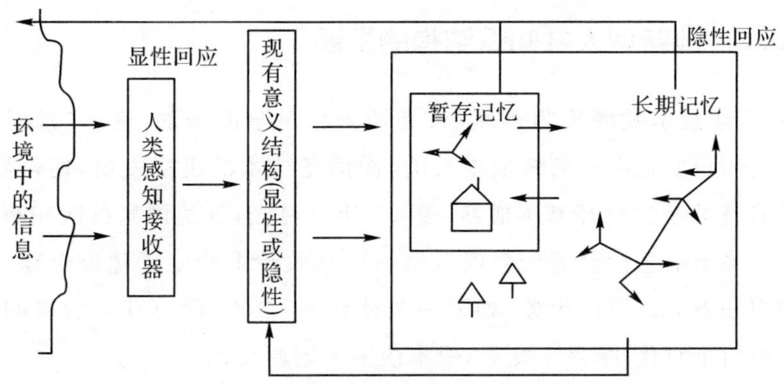

图 3-1　个人意义结构的发展过程

在 Dixon 看来，人类只能获取环绕在我们周围的信息的一小部分，它们通过人类的感官被辨识出来，然后被选择性地注意、汲取或忽略。例如，我们在看电影时会忽略环境中的杂音。这种选择性的过程并不是故意的，选择本身往往是在不经意间产生的。

人类必须通过了解资料及其与现有“意义结构”的关系，让这些资料产生“意义”。意义结构指的是组织数据的方式，并使接收到的数据有意义。人们会以刻意或不经意的方式产生结构。当我们有目的地想去了解或学习某件事物时，我们就会以刻意的方式去产生意义结构，这被称之为“理解力活动”；而不经意地产生意义结构则发生在我们自觉性的认知之外，是一种隐性的理解力。

理解力活动发生于一个被称之为“暂存记忆”的隐喻性处理空间中。在这个空间中，我们会发展出所获得的资料之间的关系；而我们过去已经发展出来的意义结构，此时也被萃取出来，并被赋予新的含义；之后，这个被重新构造的资料便被存储到大脑中的“长期记忆”空间中。当然，这些资料不是以口语的结构存储的，而是以一种类似延伸性的关系组合形态存储的，如同网络一样，资料与资料之间具有各种关联。其实，人们在现实生活中的行动受制于意义结构。这里所称的行动包括了语言、肢体动作、对别人的指导等。

因此，要想改变人的行动，必须首先转变其导致这些行动产生的意义结构。为此，必须给他一些新的经验（信息），使他能以不同的方式来解读或者修正原有的经验，从而建立起新的意义结构。

3.3.2 创新型人才知识结构的发展

现代科学技术发展极为迅速，人类知识总量急剧增加，进入“知识爆炸时代”。人类知识量是以几何级数增长的，而信息技术的迅猛发展，使得发展“信息社会”的技术条件已经基本成熟。1995 年 2 月底，发达国家首次在布鲁塞尔召开“七国集团信息社会部长会议”，第一次从政治上确定了建设全球“信息社会”的构想和方向。可以想象，如果一个社会、一个人，没有获取信息的科技手段，必将落后于时代，落后于社会，根本谈不上创新发展。

过去曾有过一个形象的比喻，把学校学习的知识比作“干粮”，把学习方法和学习能力比作“猎枪”，因为“干粮”是会吃光的，而有了“猎枪”就可以自己去“猎取”新的知识，这是很有道理的。计算机科学领域的初代专家，他们得以很快掌握计算机科学知识，除了依靠广阔而扎实的基础知识，另一重要原因是具有进入新领域的科学方法和学习能力。现代科学技术发展的一个重要特点，是新的科学领域不断出现，交叉学科、边缘学科等就是在原有科学知识的基础上不断整合，形成的新研究领域。对于每个创新型人才来说，只有广泛了解并随时有能力深入创新的专业知识领域，善于学习，不断地进行知识积累和更新，才能有所创新。

人们的知识结构，一般情况下较多指个体的知识结构。根据知识的来源可分为两部分。第一部分知识来源于书本知识，是通过书本、课堂等途径获得的前人实践经验的总结和升华，它是个体知识结构的基础部分、主要部分，一般往往以学历、学位等作为基本的判断标准。第二部分知识是个体通过社会实践，与第一部分结合，对所获信息进行思维加工后得到的知识。有了第一部分知识，在工作或其他社会实践中围绕特定目标，可以借助图书情报信息、网络信息资源、特定数据库资源、实验数据等，或自主，或参与相关组织、团队，进行某些创新活动。而第二部分知识在个体知识结构中是颇有特色、个性化的，是个体知识结构中的精髓，更是社会发展、科技进步的潜在动力（陈东玉，2003）。创新型人才应该具备的合理知识结构，应由基础知识、应用知识和专业知识三部分组成（李嘉曾，2002）。不过，需要指出的是，创新型人才的三部分知识之间既有区别，又存在有机的联系，如果知识结构构建得合理、科学，其整体功能就可以得到充分的发挥。

每个人的知识结构都有核心结构和外围结构。“欲为一代经纶手，须读数篇要紧书”，这数篇要紧书构成了不同类型人才的知识结构的核心。就个体知识结构的发展而论，对知识教育大体上有三方面的要求：一是理论体系的完整性；二是实际需要的现实性；三是科学技术发展的动态性（朱高峰，2007）。

创新型人才知识结构的发展中，有一个重要环节是创造型人才知识结构的自我调节。季羡林（2005）曾经讲过，世界在千变万化，社会在飞速前进，特别在今天所谓“信息爆炸”的时代，我们的知识结构，必须随时更新、随时调节。一天不更新，一天不调节，就可能被时代潮流抛在后面。这种主动的自我调节的过程，实际上是一种不断的自我优化、自我完善、自我超越的过程。有的人认为，大学一毕业，或者研究生阶段的学业一完成，就算学到头了。这完全是一种错误的认识。从知识结构上来看，它绝不可能是一成不变的，需要随时变动，随时调节。

系统科学有一个基本的理论：系统结构决定系统功能，个体的知识结构也是一个有机统一的整体，一个系统，所以一个人的知识结构在很大程度上将决定其能站得多高，看得多远。

合理的知识结构的形成需要一个长期的学习过程，人们对客观世界的认识不是一次即可完成的,学历只能表明一个人学习的历史,只是一个过程。与以往任何时代相比,当代科学知识的发展都呈现出新的特点。一方面,科学知识呈现全面繁荣之势,不断地在拓展深度和广度;另一方面,各门学科知识在高度分化的基础上走向综合,呈现综合化的趋势。这两个方面的发展看似各有特点,实质上则是以不同形式共同反映了当代科学知识的整体化趋势:很多领域收获了不同学科知识之间相互交叉而产生的新学科、新研究领域。在当代科学知识发展的这种趋势不断加强的大背景下,任何一门学科都很难单科独进、孤立发展,要想发展,都不得不更多地依赖其他相关学科的知识和方法。

知识结构的构建还应适应科学技术发展的需要。目前国外高等教育发展中出现了两个特点:一是调整专业的设置和学科构成,从而使学科队伍知识结构更为合理,以适应经济发展和科学技术发展的需要;二是突出了文科和理工科的协调发展。外国高等院校的主要要求是:第一,由于企业管理体系改进的需要,应培养学生可以广泛地选择职业,善于分析和解决各种问题的能力;第二,增进学生的政治、经济、哲学、人文、历史等知识,使他们有广阔的视野,能看到不同科学领域间的相互关系;第三,接受文科教学的熏陶,能发现崭新的社会事物,能开拓灿烂的精神世界,以利于提高学生的创造能力;第四,普遍认为现代科学技术的发展广泛地涉及有关社会、伦理的问题,根据科学技术和社会经济发展的需要,必须在高等专业教育中加强智能教育、伦理教育、管理教育等,培养学生高尚的伦理道德情操,使其具有较高的政治素质,以适应现代社会发展的需要。

从创新型人才成长的意义上讲,知识结构不能过于单一,知识面不能太窄,譬如学习理工科的,也要学点社会科学与人文科学知识;学习社会科学或人文科学的,也要学点理工科知识。所以,当代的创新与创新型人才的知识结构有着密切的关系。

3.3.3 创新型人才知识结构的构建原则

一个创新型人才,没有知识,那是不可想象的;不仅如此,仅仅有一定的知识,而不知道有意识地把握现代科学知识发展的特点,进而构建合理的知识结构,同样是难以有所创新、有所作为的。在知识社会,创新型人才还应建立正确的知识观,善于根据变化的情况进行知识结构的调整和优化。

尽管人们的知识结构千差万别,各有特色,但是,只要我们仔细分析,便不难发现,在构建知识结构的过程中,确实存在一些共同的一般原则,这是任何创新型人才都应自觉或不自觉地遵循的,这些原则主要有如下几种。

3.3.3.1 定向构建原则

在人类历史上,出现过不少在多个领域做出过巨大贡献的通才式创新型人才。但是,当代的科技条件下,一个人只有先在某个学科领域有所作为,取得突破,才谈得上向其他领域拓展。故而在知识结构的构建上首先应该遵循定向构建原则。在知识结构的构建中,最为重要的是要有目的性和方向性。创新型人才的创新目标不同,知识结构就不一样。要围绕创新目标建立知识结构。

创新必须以专业知识为基础,知识结构应该定向构建。人天生好奇,但是,只有好奇心而缺乏必要的知识,那么好奇心对于个人创造性的发挥是不会产生作用的。好奇心只有在知识的指导下才能引发和激励创新。一个人的好奇心对于他所不熟悉的专业是没有意义的。任何人都不可能在自己所不了解的专业中进行真正意义上的创新。创新总是离不开对于文化知识甚至学术传统的继承,因此,不从事专业知识的学习,缺乏起码的专业知识基础,无论具有怎样的好奇心和创造性,也不可能在有关的专业领域取得创造性的成果。从这个角度看,创新还依赖于对传统的遵从。"一般而言,有创造性的人都被认为具有叛逆性和独立性。但如果不首先去学习、熟谙某个文化领域,就不可能具有创造性。为了学会某个专业的规则,你就必须相信该专业的重要性,于是,你就必须在某种程度上成为一个传统主义者。因此,如果一个人不是同时既有传统性和保守性,又有叛逆性和反偶像性,他就很难表现出创造性。"(奇凯岑特米哈伊,2001)遵从传统的取向,对于个人来说,同样是一种以隐性形态存在的知识,它对于有效的知识创新同样是不可缺少的。

3.3.3.2 整体构建原则

客观世界是一个相互联系的整体,知识也不例外。知识的整体性要求我们建立的知识结构具有相对完整性,不能残缺不全。知识结构的整体构建还要注意知识的整体相关性。"我们现在把青少年时期的学习划分为幼儿园、小学、中学、大学、研究院等阶段,而且每一个阶段,都规定了具体的学习任务、具体的要求。看来阶段与阶段之间的界限，似乎十分分明。其实，这只是一种不得已而为之的办法，为了计算方便、工作方便。事实上决不是这个样子。从宏观上来看，一个人一生的学习，是一个浑然不可分割的整体。哪一个阶段学习完，也不等于整个学习任务完。"（季羡林，2005）

系统论认为一切事物都处于一定的系统结构之中，并以多种多样的形式相互联系着。阶段学习与终身学习是部分与整体的关系。这对我们了解知识体系，构建合理的知识结构是不无启发的。一个人的知识结构是由人生中不同时期、不同学习阶段所学习的各有关学科知识组成的。要弄清各有关学科之间的关系，各个学科与整个知识结构之间的关系，以及整个知识结构与创新目标之间的关系。在构建个人的知识结构时，应当明确创新目标，将创新目标的实现作为知识结构系统的整体功能要达成的目标来确定知识结构的各个组成部分及其相互之间的关系。如果不注意知识结构各部分之间的联系，孤立地钻研某一门学科知识是难以奏效的。创新型人才要想在某一领域有所创新，知识结构必须形成一个整体，这样才能握成拳头，才能显示出进攻性，以发挥知识的最佳动能。当然，创新型人才知识结构的整体性构建要从客观需要出发，不能盲目地构建。

知识结构的整体构建中也要善于鉴别知识的相对价值。坦率地说，这是一个既非常重要又难以把握分寸的问题，并无某种固定的模式。但是，启发性原则还是有的，就是必须善于判断某种知识相对于自己知识结构的整体来说有多大的价值，然后根据这种相对价值的大小来进行知识的取舍。在这个问题上，特别值得一提的是，创造型人才不应是某些目光短浅之辈，而应是具备发展观点和未来意识，有意识地培养自己的战略眼光，对自己的主攻领域的未来发展应能做出正确的估价和判断，从而实现知识结构整体构建的有识之士。

3.3.3.3　动态构建原则。

不可否认，一个人的知识结构一经形成，就有一定的稳定性。但是，系统结构的稳定性是相对的。现实的具体系统都是一个个动态系统，即系统的状态随时间而变化，静止的、一成不变的系统是没有的，人们的知识结构也是如此。这个观点正反映了知识自身的发展规律和人们对知识的认识规律。知识发展的无限性表现在纵向和横向两方面。就是既有纵向的延续，又有横向的拓展。合理的知识结构，必须是能够不断进行自我调节的动态体系。从个体知识结构建构和发展的客观进程看，人们并不能预先设计一种最佳的理想的知识结构模型，让大家一齐向它瞄准，奋力建造，而在于结合自己的创新目标，主动地设计自己与众不同的知识结构。这个过程往往是一个随机的动态调节过程。譬如，对于正在读书的文科大学生来说，一般而论，院系排定的课程表，就是其核心知识与辅助知识的基本范畴，也就是我们常说的专业课（必修课）与选修课以及课外阅读知识。但这是一般化的、共性的东西。有志于在某方面有所创新的同学不能局限于此，需要结合自己的具体目标去进行主动的设计，积极创新进取。

一个人的知识初具规模之后，就处在不断变化发展之中，经常自我更新和调整，各部分知识之间经常相互渗透、交叉和易位。任何优秀的创新型人才在面对某个具体的创新目标时，一旦确定了课题，深入下去就会发现，原有的知识不管多么丰富也往往还是不够用，自己的知识结构多少会有某些不足之处，存在某些短板。如果换一个课题，另起炉灶，那情况就更严重，必须调节自己的知识结构。这种调节往往是螺旋式上升的。开头，所知甚少；随着研究工作的深入，随着调节的加多、加快，知识也越来越多，知识结构也调节得越来越能适应研究工作的要求。这反过来又能促进研究工作的深入和提高（季羡林，2005）。正是在这种循环往复之中，创新型人才的素质才得以不断提高。

其实，从另一个意义上讲，处在当今快速发展的知识社会，终身学习是每个希望有所创新的人必须经历的过程。区别只在于有的人意识到了这一点，有的人没有意识到。而意识到这一点又主动去学习的，其效果往往高于没有意识到的人的学习效果。从知识结构的构建上讲，“学无止境”也是富有深刻的哲理的。

知识结构的动态构建，其实是一种主动的创造性调节。从方法上讲，这种调节主要是通过反馈方法和预测方法实现的。所谓反馈方法即是主体在学习、研究过程中，通过实践，了解自己的知识结构存在什么缺陷，并主动进行及时的调节、补充。知识结构的动态构建，除了反馈调节之外，还有预测调节，即通过分析现有资料和有关信息，把握学科发展、经济发展、社会发展的大趋势，不断审视未来的各种可能性，通过综合分析各种情况，做出如何调节个人知识结构的决定。所谓预测调节法，是建立在“主动”基础之上的，较之“反馈调节”更为高超。显然，要做到这一点，需要掌握足够的信息，了解社会。

任何一个人的知识结构都应具有相对的稳定性，否则很难适应一定的工作。但是，这种稳定性并不是绝对的，绝对化了，就凝固不变了。在这里，主动的适应性是最为可贵的。我们说，一个人的业务素质好，无非指其有两个长处：一是根基扎实，二是适应性强。适应性强，用知识结构理论来表述，就是能够比较自如地、主动地适应已经变化了的客观情况，进行知识结构的动态构建，从而创造性地完成工作，直到问题解决，实现创新目标。因此，结合自己的创新目标，从而决定如何调整自己的知识取向，以弥补自身在知识结构上的某些缺陷，并扬长避短，使自己的知识结构不断地在动态调节中趋于合理，才能适应知识社会的发展需要。

3.3.3.4 显性知识与隐性知识相结合的构建原则

创新型人才在知识结构的整体构建中，还应该特别注意显性知识与隐性知识的结合。现行的教育只关注显性知识的传授，对隐性知识的教育和传授还较为欠缺。翻开我国的教科书，不难发现，教学内容主要是显性知识，隐性知识十分薄弱(黄荣怀，郑兰琴，2007)。因此，为知识寻求确证的标准所依据的“完备知识”只是一种理论上的逻辑“假设”而已，同时也是一种“理性的僭越”。我们每个人除了只拥有与我们的生活计划直接相关的一点点“个人经验知识”之外，都处于不可避免的“经验不及”的无知状态(顾林正，2010)。这种状况值得引起我们的重视。显性知识与隐性知识相结合，或许可以从几个方面来认识(杜月昇，2004)。

首先，人们在进行创造和发明时出现的思想飞跃，也需要以隐性知识的充分利用为前提。在知识创新的过程中，创新者体验到的那种“灵感”突现或“顿悟”，也是人们感觉得到但又说不清楚的感受，在灵感和顿悟形成的过程中，大脑对于知识的利用有时是下意识的。也就是说，要进行创新，仅仅擅长逻辑的演算和推导是不够的，“悟性”对于创新来说也十分重要。也许正是出于这种原因，创新才是独有的，每一次创新都是独特的。

其次，隐性知识是知识创新的重要生产条件。在知识创新中，知识生产要素并不都是显性形态的，有相当一部分是隐性形态的，即使是原来那些以显性形态为人们掌握的知识中，有一部分在知识创新的过程中也以隐蔽的形态出现。习惯和传统是隐性知识，它们在实际的生产活动中起着不可替代的作用。也就是说，某些显性知识从原来的显性形态回到隐性形态是知识生产的基本要求。对于任何一种知识创新来说，必须将一部分明晰知识回归到模糊状态而变成明晰后的模糊知识，这是提高知识创新效率的基本前提。在理论分析上，未曾明晰化的模糊知识和明晰后重新回归到模糊状态的模糊知识是两种不同的模糊知识。始终处于明晰状态的明晰知识就是波兰尼所说的"焦点知识"，而从明晰状态回归到模糊状态的模糊知识就是波兰尼所说的"附带知识"。在知识生产中，两者的作用是不能相互替代的。对于知识生产过程中"焦点知识"和"附带知识"以及它们所起的特殊作用，必须有一个正确的认识和区分。只有正确处理这两种知识，才能实现知识创新并提高其效率(波兰尼，2000)。

再次，隐性知识主导着创新的选择。在知识生产和创新过程中，显性知识和隐性知识各自发挥着不同的作用。创新始终离不开选择，比如创新对象内容的选择、方向的选择、原则的选择，这里的内容、方向和原则都是显性知识。而在创新的主要阶段和关键环节上，选择活动是非言语的和非逻辑的，甚至是潜意识的，这种默会性的选择依赖的是个人的隐性知识和潜在创造力，对于这时的创新来说，显性知识是处于接受选择的位置，它是被选择的对象，而隐性知识是选择的支配因素，或者说，是隐性知识在主导着创新的选择。

4 创新型人才的能力结构

在社会实践中，一个人不仅要掌握一定的知识和技能，还应注意培养必要的创新能力。从世界发展趋势来看，培养人的能力的重要性日益引人注目。世界上一些发达国家非常重视创造型人才的培养，通过各种教育手段及教育措施，充分发挥青少年及国民的潜能，提高他们的各种能力，尤其是着重培养他们的创造力。对创新型人才的研究，在许多国家已经成为国家行为，成为国家意志的体现，而不再仅仅是学者的个人或群体的行为。世界各国都很重视培养能力，特别是一些科学技术发达的国家，在这方面更是投入了大量的人力、物力和财力。30 多年前，美国著名未来学家约翰·奈斯比特在《大趋势:改变我们生活的十个新趋向》一书中就有一段很值得人们深思的话:随着工业社会向后工业社会的转变，知识越来越密集的社会，即信息社会的来临，一种令人忧虑的反常现象正出现在人们面前:年轻的高中生，甚至有些高等院校的毕业生都不能写出像样的英文，甚至简单的算术题都不会，尤其是技术能力令人担忧。在奈斯比特看来，学校培养的人才，如果没有基本技能，如在新的信息社会，没有电子计算机技能，就像漫游在国会图书馆面对海量的藏书而束手无策一样，在那里，馆藏图书资料不是按照杜威的图书十进分类法存放的，没有卡片目录——当然更没有友好的图书管理员为你的需求提供服务(奈斯比特，1984)。奈斯比特不愧为有洞察力的未来学家，他所关注的是美国社会创新型人才的能力尤其是创新能力的问题。

其实，如果我们客观地反思过去我们在创新型人才培养中的不足之处，或许不难发现，在我们的创新型人才培养方面也存在一些值得思考的问题。有人认为，我们现在的幼儿园和小学教育是“听话教育”，让学生听话守纪律；中学教育是"分数教育",一切为了高考分数;大学教育是"知识教育",主要是传授知识。这种说法未必全面,笔者也不能苟同,但也确实在一定程度或某种意义上提出了一些值得我们思考的问题,如创新型人才应该具备什么能力、能力的内涵如何科学界定、知识与能力有什么关系、创造型人才的能力结构应如何构建等。

4.1 关于能力内涵的科学界定

4.1.1 能力研究的基本背景

"能力"是一个使用范围非常广泛的概念。能力一词在日常生活中虽然被普遍使用,可谓无处不在。但由于其隐匿性和非单一性,客观来说在一定程度上增加了能力研究的难度。何谓能力?不同学科,不同研究领域,不同研究视角强调的侧重点是不一样的。根据韦塞曼(W. Weiseman)《智能与能力》(1967)一书的观点,许多教育家、心理学家为了探究能力与能力培养问题,利用不同的研究方式,从不同的视角进行了许多有意义的探索,付出了极大的努力。尤其是第二次世界大战以后,关于人的能力与能力培养问题的研究,开辟了很多新的研究领域(崔相录,1999)。如差异心理学重点聚焦在个体的差异上,特别关注一般人才培养理论认为较难培养的个体能力,将注意力放在个体能力的培养上。教育和行为心理学的研究则有别于差异心理学,往往侧重于动态视角,关注人的发展,研究重点在如何去塑造人、发展人,从而使人取得成功。教育和行为心理学方法的倡导者和实践者往往注重研究对象的学习和工作环境,相信环境对人的行为的影响比基因和遗传更大。而对坚持差异心理学观点及方法的学派来讲,他们的观点是相信基因和遗传因素对人的行为比环境更具有决定性,强调工作中人的独特表现和展现出来的天生能力。

什么是能力?在汉语中与在英文中的意义是有一定差异的,换言之,汉语中的"能力"在英文中并非一个固定的单词,而是有若干个相关的单词,在不同的语境中都具有"能力"的含义,在翻译上也要视具体的语境来选择不同的表述。当然,这也与研究者给"能力"一词所下的定义有关。当人们将能力理解为人类与生俱来的潜能时，其在英文中往往用“capacity”来表述；当人们将能力理解为熟练和技能的综合时，在英文中往往用“ability”来表达。还有诸如“competence”“competency”等单词，也具有汉语中“能力”一词的意义。但是，这些不同的英语单词所表达的含义往往是有一定差异的。

4.1.2 不同学科视角的能力内涵

在不同的学科或研究领域，对能力的内涵有不尽相同的认识，归纳起来，不同的学科或研究领域主要存在以下视角。

4.1.2.1 心理学的视角

在心理学领域，对能力主要有如下三种典型的理解。

第一种观点，认为能力是人们顺利完成某种活动所必须具备的个性心理特征。如心理学家斯米尔诺夫等(1957)在系统研究了人的能力以后就明确地提出了这种学术观点。克鲁捷茨基(1984)也认为，能力是人的心理特点。国内心理学领域的研究者大多也认为，能力与人们的气质和性格等同属于人的个性心理特征，这种个性心理特征有别于知识、技能、价值观等(叶奕乾等，1997)。

第二种观点，认为能力是人的性格、动机、知识、技能等多种心理特征的组合，并倾向于把人的能力与相关活动联系起来。张春兴等(2003)在这方面作过有益的探讨。另外如李孝忠(1985)、袁贵仁(1988)、夏国新(1994)、刘晋伦(2001)等均持有类似的观点。

第三种观点，认为能力是人们完成某项任务所需要的心理能量。“能量说”源自弗洛伊德关于人的生命力的描述，认为人的本能力量表现的方式就像物理学中的能量。其后，心理学家荣格将这些本能力量称之为“心理能量”。第三种观点借鉴了弗洛伊德及荣格的表述，认为能力是完成某项任务所需要的能。这种能有别于物理上所说的能，如动能或势能等，而是指心理能量(李孝忠，1985)。著名心理学家彼得罗夫斯基(1981)关于能力的观点也与此类似，即属于完成某项任务所需要的“心理能量”。

4.1.2.2 组织行为学的视角

最近几十年，随着能力问题日益引人关注，组织行为学及其相关研究领域，如工业心理学和人力资源管理等学科对人的能力进行了不少富有成效的研究，这些学科领域所指的“能力”通常是指一种特定职位的胜任素质或胜任力，在英语中一般表述为“competency”或“competence”。

美国著名管理学家、科学管理理论的代表人物泰勒(Taylor,1911)较早涉及能力方面的研究，其关于“时间—动作”的研究，是在对完成工作任务时优秀工人与普通工人的差异进行分析的基础上，为了提高工人工作效率而展开的，科学地设计标准化的动作，让企业采用系统的培训与开发活动来提高工人的工作绩效，改变工人的工作行为，进而提高工人在这些方面的能力，以工作效率作为区分优秀工人与普通工人的尺度，实现提高组织效能的最终目标。客观地讲，泰勒已经涉及“能力”问题的研究，只不过他并没有像后来的心理学家那样直接使用“competence”或“competency”等词，没有明确提出“能力”的概念。

泰勒的工作无疑是很有意义的。泰勒本人的经历也让其意识到能力培养的重要性。1878 年，22 岁的泰勒来到费城的一家钢铁厂，经过短短 6 年时间，他由普通工人提升为机工班长，再到车间工长、总技师，进而升任总工程师，这也为其日后的科学管理理论探索奠定了基础。不过，到了 20 世纪初，心理学界提出了智商理论。智商理论作为一种新的理论，开始由教育领域影响到企业领域，在西方工业企业作为预测工作绩效的一项工具，智力测验曾受到重视。直到半个多世纪以后，20 世纪 60 年代后期，人们通过大量的研究发现，智力水平的高低与人们所取得的工作绩效和成就并没有此前人们认为的那么显著相关，于是人们不得不重新思考和研究影响员工绩效的根本原因，以美国心理学家麦克里兰(McClelland)为首的研究小组经过调查研究，于 1973 年在《美国心理学家》杂志上发表了“Testing for competence rather than for ‘intelligence’”(McClelland,1973)一文，主张从第一手材料入手，直接发掘那些能真正影响工作业绩的个人条件和行为特征，为提高组织效率和促进个人事业成功做出实质性的贡献。麦克里兰还提出用能力(competence)测验代替传统的智力(intelligence)测验，并受到广泛关注，从而为能力(胜任力或胜任素质)理论的诞生奠定了基础。

自从能力理论提出以来，研究者们纷纷对能力的内涵及其应用展开广泛研究，除了麦克里兰的观点外，比较有代表性的关于能力的定义还有：①胜任力是足以完成主要工作的一连串知识、技能与能力(Mclagan,1980);②一个人所拥有的能够在工作岗位上取得出色业绩的潜在的特征(Bovatzis,1982);另外,Spencer 和 Spencer(1993)、Spencer 等(1994)、Yeung(1996)及 Dee(2001)等学者的探讨也是值得关注的。

4.1.2.3 企业战略管理学的视角

20 世纪 80 年代以来,一些反映资源能力、财力、能力、技术能力、技能、核心竞争力、核心能力等与能力相关的英文单词或词组如 resource、capability、technological competence、skill、core competencies、core capability 等不断出现,在新的经济学和企业管理研究中出现的频率颇高,这是因为在理论和实践上基于能力的竞争(competence-based competition)的兴起和日益引人关注(王毅等,2000)。可见,在企业战略管理研究中,英文文献中“能力”一词除了“competency”,还有一些与“能力”相关的表述。

企业战略管理学视角的能力研究有别于心理学及组织行为学视角的研究。梳理研究重点的时代脉络,20 世纪 90 年代以前,不少研究者往往将企业之间竞争力所折射的企业间在工作绩效、业绩方面的差异归因于企业所拥有的资源。

20 世纪 90 年代以后的二十多年,企业战略管理学领域研究能力的学者开始关注企业的核心能力,以能力为基础的战略管理理论发展较快,其相关研究引起学者们的极大兴趣和广泛关注(王毅,2001)。以 Prahalad 和 Hamel(1990)发表的《企业核心竞争力》一文为起点,“core competencies(核心竞争力)”一词在管理理论和企业管理实践中受到前所未有的重视,该文明确指出,核心竞争力是企业持续竞争优势(sustainable competitive advantage)的源泉,这一观点被广为接受和传播。并吸引了一批学者投入核心竞争力的研究,从不同的角度对能力提出了各自的学术观点,如 Prahalad 和 Hamel(1990),Leonard-Barton(1992),Meyer 等(1993),Durand(1997),等等。

4.1.2.4 哲学的视角

从能力研究的现状看,从具体学科尤其是心理学、组织行为学、企业战略管理学等学科研究的相对较多,而从哲学与人学的角度来研究或理解能力的相对较少,这样的现状在客观上低估了“能力”的意义和价值。根据有关研究(郭立新,2003),能力具有以下八个方面的基本内涵:能力的基础、能力的内容、能力的水平、能力发挥的合理性、能力发挥的效果、能力发挥的载体、能力发挥的价值、能力发挥的作用。另外，吕勇江(2006)等亦对此作过相关探讨。

从创新型人才素质及培养的角度分析，相关学科或研究领域对"能力"的研究，有多种不同的理解，表述上也有不同的关注点或侧重点，应该说，目前尚处百花齐放阶段。

4.1.3　关于能力内涵的科学理解

在人类已经步入知识经济时代的大背景下，创新型人才创造性地解决问题的能力对我国建设具有中国特色的社会主义事业具有巨大的实践价值。从理论上讲，我们的制度安排与培养模式应使每一个人的潜能得到最大限度的发挥，而要做到这一点，我们必须了解如何去发现和发展这些潜能。因此，要真正实现创新型人才个性的全面、和谐的发展，让大批创新型人才脱颖而出，需要对创新型人才从事社会实践活动的能力有一个科学的论述。

在日常生活中，我们常常会看到：有些人在各方面都表现得很出色，有些人则在某一方面表现突出，如学生中有的人数学成绩好，有的人语文成绩好，有的人画画得很好，有的人歌唱得很好。在现实生活中，这说明这些学生具有不同的能力。

一般来说，能力是完成一项目标或者任务所体现出来的综合素质，是直接影响活动效率，并保证活动顺利完成所必需的个性心理特征。

在实践活动中，有些能力是从事各种社会实践活动所共同要求的、都必须具备的基本能力，这些能力叫一般能力，也称为认识能力，即通常说的智力。由于人们所从事的活动五花八门，对个体的要求来说，所需要的能力也是各不相同的。这种从事特殊活动所必需的能力叫作特殊能力，又称为专门能力。

4.1.3.1　关于一般能力的认识

一般能力，即智力，是人的一种较为复杂的心理机能。心理学家、教育学家对它有各种不同的解释，至今没有形成一个公认的、统一的定义。但一般来讲，比较多的研究者倾向于这样一个说法：智力是人的基本的、核心的、稳定的心理能力。

从教育学的视角，究竟应当如何理解智力的结构呢？智力在教育学里中一个基础性的概念，因此，智力的结构必须是基础性的。所谓基础性，是指具备这样三种性质：必备性，原初性，普适性。就“智力的结构”而言，所谓必备性，是指构成智力的所有因素中，每一个都是智力必须具备的因素，缺了某一个就不完整了。所谓原初性，是指构成智力的这些因素，经过组合，可以构成并发展成各种各样的智力（广义的）、能力和才能（特殊能力），就像可见光有千千万万种色彩，但可见光的原初色彩只有三种（红、绿、蓝）一样。所谓普适性，是指构成智力的这些因素，必须是每个人都具备的（赵卿敏，2002）。

那么，哪些因素具有这三种性质呢？众所周知，人在认识客观事物时，总要用眼睛看，用耳朵听，用鼻子闻，用手摸，这些统称为“观察”。除了用眼睛、耳朵、鼻子、手等感觉器官观察以外，人在认识客观事物时，还会通过记忆、思维、想象等方式来用脑。人在认识客观事物时，还要经常去摆弄、操纵、改变它，以便深入探索它的结构和属性，这种活动实际上是“操作”。这些活动是人们都具备的最基本的认知心理活动，符合如上所述的“必备性”“原初性”和“普适性”要求，因此，智力一般由下列五方面因素构成：观察能力、记忆能力、思维能力、想象能力、操作能力。这也是从事所有社会实践活动所共同要求的一般能力。

发展心理学家巴尔特斯（P. B. Baltes）等人提出智力发展可区分为两种过程，第一种过程也叫基础过程，与思维的基本形式密切相关，它的主要功能在于负责信息加工和问题解决的组织，所以又叫智力技能。儿童青少年智力发展是以第一种过程为主，尤其是通过正规学校教育儿童与青少年不断获得各种各样的解决复杂任务的技能。第二种过程是智力技能和情境、知识相联系的应用，所以又叫实用智力（林崇德，1995）。

斯腾伯格（1999）提出了成功智力理论，认为成功智力是一种能够用于达到人生目标最后成功的智力，是一个人在进入社会后能够真正起到作用的智力，所以“成功智力”是一种与我们日常所说的智力完全不同的智力。斯腾伯格将我们日常所谈的智力称为“惰性化智力”，这种智力一般会在学生的学习成绩上起到一些作用，但是在现实生活中与人们的事业成败较少发生联系，并且这种智力发展比较缓慢，很大一部分是取决于先天的因素。而成功智力则不一样，它是不断发展的，是决定一个人能否成功的关键因素。

该理论直接指出智力并不能简单地用于追求学习上的成功，而要涵盖现实生活中的成功，从而赋予了智力新的理论框架，创造性地扩展了智力的内涵，更加注重智力的社会实践性，让人们能够重新认识智力。具体来说，“成功智力”包含三个方面：①分析性智力，该智力是一个人能够有目的、有意识地引导自己的心理活动，去寻求相应问题相关解决方法的能力，该智力的评估取决于涉及问题和判断思维成果的质量，着重于比较、判断、思维等能力的质量。②创造性智力，指的是能否冲破原有思维的束缚，进而提出一些更为新奇且有价值的思维的能力，这一智力涉及发现、创造、想象和假设的能力，它对于社会的发展十分重要。③实践性智力，此智力是指人们运用平常生活中积累的经验技巧处理实际生活问题的能力，通常表现在生存能力和常识的运用方面。

成功智力所包含的三种智力可以说是一个有机统一的整体：在现实生活中，我们可以运用分析性智力去寻找解决问题的好方法，用创造性智力准确地找到问题的关键，最后再用实践性智力去解决问题。一个创新型的成功者往往具有这三个方面的智力，并且能够将它们熟练地运用，他知道什么时候该运用什么智力，用什么方式更有效率地使用这些智力。因此，成功智力可以使一个人写的小说或报告不仅技巧娴熟，而且给人耳目一新、与众不同的感觉。它可以从根本上改变读者的思考方法，它也可使所制定的商业计划不仅可行而且能在充满竞争的环境中取得商业上的成功。

具有成功智力的人认识到，他们所处的环境可能促使也可能妨碍他们将其才华发挥到极致。他们努力寻找一种不仅可以胜任工作，而且还能干得与众不同的工作环境。他们创造了自己的机会，而不是让机会受他们自身所处环境的制约。

还有人提出将一般能力区分为“没有练习的能力”和“最大的练习能力”(白学军，2004)。“没有练习的能力”通常是指神经系统的基本反射功能，例如液态智力或非文字测验所得到的智商。“最大的练习能力”主要指健康的个体通过练习而达到的最大能力，例如解决问题的能力和言语能力就属于这类能力。

可见，创新型人才的一般能力只是创新型人才能力的一个组成部分。其区别在于两者的发展是不同步的，其实，一个智力水平(智商)高的人，他的能力尤其是创新能力不一定很强；同样，一个能力尤其是创新能力很强的人，他的智力水平(智商)也不一定很高。例如，很多著名的学者、科学家，他们的智力水平

(智商)很高,但他们如果从事管理工作,其中的有些人在组织能力、管理能力等方面并不一定表现出特别的优势,有时,组织能力、管理能力等并非他们的强项。同样,一个组织能力、管理能力很强的领导者,其在工作中可能表现出了非凡的组织管理能力,但他的智力却不一定能使其成为著名的学者或科学家。

当然,两者也是互相促进的。智力与能力紧密相连,相辅相成。发展智力有助于能力的提高,提高能力有助于智力的发展。专门能力是在一般能力的基础上发展起来的,而一般能力又往往作为专门能力的重要支撑。所以,有的学者提出把两者结合起来使用,并将它们统称为智能。

4.1.3.2 关于专门能力的认识

如上所述,在对能力进行分类时,按照能力所表现的活动领域的不同,可将能力划分为一般能力与特殊能力(专门能力)。专门能力是指完成某种专业活动所必须具备的能力,而某些能力结合在一起可称为才能。正因为如此,各行各业中各类创新型人才表现出不同的能力素质。所以,心理学家克鲁捷茨基(1983)曾深刻地指出:“能力问题是个别差异问题”。

这是不难理解的。人类的个体差异是客观存在的。在能力问题上的表现也不例外。倘若每个个体在各方面的发展和从事每一种活动都具有相同的潜能,那么,能力问题的研究意义就要大打折扣了。当人们讨论能力时,首先必须客观地面对现实,正视人与人之间存在着某些个体差异。没有一个人对任何事情都是无能的,也没有一个人对任何事情都是全能的。每个人总有善于做某件事情的能力,但人们对同一件事所具有的能力在程度上总会有所不同。每一个人对某些类型的活动的能力较强,而对另一些类型活动的能力可能不那么强,甚至较差。认为某个人在某一方面能力可能不那么强,并不意味着他是低能的或毫无能力的,这不过是说他的能力可能在其他方面。而且更不能因此就认为没有必要去发现能力和重视能力问题的研究。

以学校教育为例,在正常的教学条件下,一个学生在某一方面的进步会比其他方面来得顺利和迅速;而在某一特定的方面,有些学生会比别的学生更有成就。毫无疑问,这些成就在很大程度上不仅取决于学生的兴趣和爱好,而且也取决于他们的能力。某个学生在较短的时间内并未付出特别的努力就获得极高的成就和巨大的进步;而另一个人,虽然顽强地尽了最大的努力也达不到这一水平，或者很难达到这一水平。在这个意义上，我们确实可以说在某些方面有些人的能力比较强，而有些人的能力不那么强或比较弱，而且完全可以用这些术语来描述人们在相关活动中的个别差异。两个人都有潜能，并都能掌握某些课程的知识，但是他们的能力是有差异的。

因此，我们说有必要发展和培养人的能力，但却不能精确地预测人的能力发展所能达到的程度。但是这些情况并不意味着否定重视进而研究“潜能”，以求了解这些“潜能”的性质和设计发展这些“潜能”的科学方法。

人们的特殊能力或专门能力，在现实生活中其实是非常具体的。如音乐能力可称为音乐才能，甚至不排除其中有音乐天资的成分。心理学家捷普洛夫(1990)认为，可以把顺利从事音乐活动的可能性所依据的各种能力的质的独特结合称为音乐天资。在着手分析音乐天资的时候，首先要从中分出比较一般的和比较特殊的因素。可以根据两种观点来划分：第一，我们可以把音乐活动所要求的一些个体因素（如音乐听觉）同既是音乐活动又是其他许多种人类活动所要求的个体因素（如注意的某些特点）区分开来；第二，我们可以把音乐活动所要求的这些特点再划分为所有音乐活动所要求的特点和某些音乐活动所要求的特点。音乐活动的基本类别可以认为有如下几种：①音乐欣赏；②音乐演奏；③作曲。例如，音乐听觉是其中任何一种音乐活动都需要的，而自我控制或“演奏意志”（善于使听众服从自己的意志）则只是演奏活动所需要的。

根据这两种观点分析音乐天资的时候，发现两种场合的一个共同结果。有些特点对不同于其他任何活动的音乐活动来说是特殊的，而同时却又是任何一种音乐活动所必需的。例如，音乐听觉既是一种“特殊能力”，因为音乐活动不同于其他任何一种活动；又是一种“一般能力”，因为不同类别的音乐活动彼此相通。

这样就从音乐能力中分出了一组个体心理特点，这些特点既是从事不同于其他任何活动的音乐活动所必需的，同时又与任何一种音乐活动有关，这一组能力，实际上可以称之为音乐感。显然，这正是由音乐所应有的性质决定的能力。

需要指出的是，将能力分为一般能力与特殊能力（或专门能力），是从能力研究的角度所做的一种相对的划分。实际上，一般能力是各种特殊能力或专门能力形成和发展的基础，一般能力发展得越好，越能为特殊能力或专门能力的发展提供有利条件；同时，特殊能力或专门能力得到了较好的发展，也会促进一般能力的发展。但不存在绝对的相互促进关系。在生活中，我们常常发现这样一种现象，尽管有些人比别人要更聪明一些，但他们的工作、学习、实践以及创造等能力上却不如别人，甚至相差甚远。这种现象就印证了一般能力是专门能力的基础，但不能简单地将这一结论绝对化。这是不难理解的，一般能力对于人们认识事物并运用知识与技能解决实际问题是很重要的，也是影响人们创新能力的重要因素之一，它同遗传因素有着密切的关系。一个人的行为和创新能力部分地受制于他从父母那里获得的遗传状况，先天禀赋为人们提供思维的物质基础，即个人先天的思维器官的构造、质量、功能状况以及由它们决定的记忆能力、理解能力、动作灵巧程度等。这种认识绝不是什么天才论，而是唯物论。因为人的大脑和神经系统的生理结构是一种物质结构，它赋予生命体特别是作为高级动物的人以特定的生理结构、神经系统和思维功能。一般能力的发展与先天禀赋有较大关系，而特殊能力的发展更多地取决于后天环境和训练。个体的某种天资或禀赋是客观存在的，人们应尽量发挥这种潜能，但不能被天资或禀赋所束缚；倡导人们利用后天环境和训练发展其潜能，或利用后天环境和训练，通过必要的学习机会以弥补天资的不足，使能力得到极大的发展。换言之，能力是由先天禀赋与后天教育相结合而形成的。

在现实生活中，人们完成任何一种创新活动都需要个人多种能力的结合，需要一般能力与特殊能力（或专门能力）共同起作用。例如，一个学生干部要组织集体活动，他要具备多种能力，如领会任务的能力、分析现状的能力、估计困难的能力、设计方案及步骤的能力、实施的能力、分派任务的能力、洞察学生情绪和排解纠纷的能力等。

由于人们所从事的活动多种多样，对个体在能力上往往有着各种特定的要求，因此个体能力也经常面临一定的挑战。一个人不可能在一般能力和特殊能力（或专门能力）方面样样都很出色，作为个体有时甚至还会存在某些缺陷，但是，只要善于发挥自身的优势，并有意识地发展自身所具备的能力来弥补存在的某些不足，同样也能迎接挑战，顺利地完成任务，甚至超水平发挥，从而表现出创新能力。这种现象实际上就是能力的补偿作用，即人的能力之间具有补偿作用。

例如，盲人缺乏视觉，却能依靠异常发达的听觉、触觉、嗅觉及想象力和判断力等行走、辨认钱币、识记盲文、写作或弹奏乐曲。美国学者海伦·凯勒年幼时因病成了一个盲聋哑人，失去了视觉、听觉，在老师的帮助下，依靠触觉、嗅觉、味觉和振动感学会了用手指“听话、读书、写作”，并学会了说话，学习数学、自然、法语、德语，以优异的成绩考取了哈佛大学，最后还获得了博士学位，出版了 14 部著作，表现出非常惊人的创造才能。可见，在补偿作用下，可以挖掘的能力空间是巨大的。

4.1.3.3 关于能力探索的展望

人类对人体“体外文明”的研究已进入星空，在宇宙学及航空、航天等领域已经取得了辉煌的成果，对“体内文明”，包括对心理发展能力的研究也有了可喜的成绩。现代心理发展能力得益于科学技术的突飞猛进，而心理发展能力的拓展又直接促进了科学技术的进一步演进。如认知能力的发展与电子计算机的问世密切相关，而认知心理能力的拓展又顺利地使电子计算机不仅具备计算功能，而且具有较强的智能。早在 20 世纪 50 年代初，计算机科学家、人工智能之父艾伦·麦席森·图灵(Alan Mathison Turing，1912—1954)就曾预言：计算机下棋是可能的，关键在于编制程序。按当时的技术水平，编制下棋程序需要 60 个人工作 50 年。由于认知心理学的长驱直入和认知心理能力的及时运用，结果只花了 8 年就实现了图灵的预言。

随着科学技术的发展和人类研究触角不断延伸到人体、人脑、人的思维，心理学、脑科学、思维科学等与人的能力发展研究相关的学科取得了长足的进步，已形成跨学科、多层次、高起点、动态推进的探索网络。思维科学体系已形成基础科学、技术科学和应用科学三个层面，这从理论上指导人们提高在思维王国的涉足、探奇能力。

现代人善于借助电子计算机、人工智能等科学技术，利用互联网、大数据等各种有利因素，积极培养统摄、想象、概括综合、辩证分析等能力，以更好地进行联想、类比、类推，更有效地激发创新思维，发展思维能力。心理学家及其他许多学科的学者探讨了许多与创新型人才能力相关的创新思维领域，如整体思维能力、横向思维能力、纵向思维能力、辐射思维能力、辐合思维能力、越轨思维能力等，明显地体现了现代人关于能力研究的深化。

与以往相比，现代人的能力已大大增强了。今天，思维能力具有新的动力系统，形成了新的时代特征，出现了新的发展轨迹。从心理学的角度，对能力结构、影响能力的各种因素和能力发展问题的研究，对能力差异以及能力测量的探索，无疑有助于人们心理发展能力的拓展。心理发展能力包括观察能力、注意能力、记忆能力、想象能力、操作能力，以及元认知能力、认知能力、直觉能力、领悟能力、模仿能力、比较能力、心理能动能力等，为人们关于能力的探索提供了广阔的视野。

4.2 创新型人才的知识学习与能力发展

4.2.1 学习知识与发展能力的关系

4.2.1.1 仅注重学习知识并非成长之道

学习知识在创新型人才的成长过程中是一个极其重要的问题。学校教育首先是随着社会生产力的发展，私有制的产生，以及脑力劳动和体力劳动的分离而产生的，这个过程也是与知识的不断积累和增加，以及在此基础上的逐步理论化和系统化相联系的。知识的传授主要是学校通过教学过程中的各个环节完成的。在古代，教学的任务就是传授现成的知识。传道、授业、解惑是老师的唯一任务。

诚然，学习知识对于一个人的成长和成才来说，无疑是非常重要的，然而当这种对重要性的认识超过了一定的、合理的水平以后，也会带来消极的后果。我国历来就有“死读书”“读死书”“读书死”之说，也有许多照本宣科、纸上谈兵从而导致惨败的事例。

在人才培养方面，一般说来，从中学升入大学，是众多中学生梦寐以求的愿望。高考，作为高校选择优秀中学毕业生的一种手段，更多地从高考分数，即知识这个意义上去衡量和把握某一学生的素质，而无法准确地量度一个人的能力，所以，往往存在人们常常讨论的“高分低能”现象。有的学生智力水平中上，思维敏捷，学习成绩优秀，但有些能力却存在重大的缺陷，如表达能力、独立生活能力、社会交往能力、逻辑思维能力、判断能力、组织能力、实际操作能力，等等。

在社会生活中，我们会看到一种相当普遍的现象，即不少在学校里成绩很好的学生，步入社会以后的各方面却不尽如人意，有的人甚至在经历一些坎坷曲折后就消沉下去了。这些现象都足以说明过分地注重知识、强化"读书"是会走向反面的。

为什么会出现这种现象呢？就是因为尽管这些人在学生时代能够很好地掌握书本知识，但却不具备在社会上生存、发展、获得成功所需要的最基本的能力。由此可见，社会对人的素质要求并不仅仅是具备丰富的书本知识。这就十分严肃地告诉我们，大学期间学好基础知识的同时，注重能力的培养也是十分重要的。

随着社会的发展和人类的进步，人们逐步认识到发展学生的能力也是教育的一个重要任务。其实，睿智的先贤早就认识到这个问题的严重性。春秋战国时期，我国古代著名教育家孔子就曾深刻地论述过读书与思考的关系。孔子说："学而不思则罔，思而不学则殆"（《论语·为政》）。正确地阐明了学习与思考的关系。只是一味读书，死记硬背，而不思考，就会因为不能深刻理解书本知识的意义而不能合理有效利用知识，很难做到活学活用、融会贯通。而如果一味空想而不去进行实实在在的学习和钻研，即使逻辑思维能力再强也会因为知识积累的匮乏而陷于失败，终究是沙上建塔，一无所得。在《论语·子路》中也记载了孔子这样的观点："诵《诗》三百，授之以政，不达；使于四方，不能专对，虽多，亦奚以为？"孔子的意思是说，熟读《诗经》三百篇，交给他以政务，却完成不了；叫他出使外国，又没有独立地谈判筹措的本领，读得再多，又有什么意义呢？

无疑，孔子的观点是不无道理的。死读书，读死书，读书死，这不是创新型人才的成长之道。

4.2.1.2 关于知识与能力的关系分析

创新型人才的成长离不开必要的知识，但知识并不简单地等于能力，两者之间存在差异，从创新型人才培养的角度分析，知识与能力主要存在两个差异。

(1)所属的范畴不同

如果说知识是人类认识的成果或结晶,那么,无论是用语言、文字、图形等形式来表现的显性知识,还是那些难以用语言、文字、图形进行表述的默会性知识,或是存在于个人头脑中,不能通过正规的形式(比如教育、媒体等)进行传递的个体性知识,以及通过直觉、顿悟获得的非理性知识,依托特定情境存在的情境性知识,与文化特征有关的文化性知识等隐性知识,客观地讲,知识属于认识的范畴,知识是人脑对客观事物的主观表征。而能力则一般是人们对所学知识和技能经过内化后顺利完成有关活动起稳定调节作用、直接影响活动效率的个性心理特征,在本质上属于实践的范畴。

(2)作用方式不同

知识是在对客观现实的反映过程中对相应经验的高度概括的结果,包括主体对客体现实的本质属性和非本质属性的反映。知识本身是观念形态的东西,作为对某类成功活动与实践的社会化定势,这样的认识往往来源于实践,但又高于实践,同时能够作为理论化的产物指导人们的实践,作为人类认识的成果存在于概念、命题、理论的逻辑结构之中,是相对静止的、抽象的、分析的,知识是潜在的力量;而能力则是调节行为、活动的相应心理过程的高度概括的结果,即现实主体对自身的调节行动和活动的相应心理过程的结果,对人的任何活动都具有调控和保证的功能,是决定活动效率的最直接现实的心理条件,存在于解决问题的实际活动与实践之中,因而是动态的、具体的、综合的,能力是现实力量。

以上分析表明,知识与能力之间的差异是客观存在的,是明确的。但两者之间的差异并不意味着知识与能力之间不存在联系,事实上,知识与能力是紧密相关的,知识的积累与能力的发展是可以统一起来的,具体表现在以下几个方面。

(1)知识是能力发展的基础

尽管一个人形成能力的前提和基础是多方面的,但不可否认,知识是形成能力的诸多因素中最基础性的因素,它是能力得以形成和发展的重要前提,个体的知识积累到一定程度,才能转化为能力。要想在某一领域有所创新,必须掌握一定的专业知识,参与相关的社会实践,并满足其他的相关条件,才能有所建树。任何知识都来源于实践,都是前人认识世界和改造世界的实践经验的凝结和升华。有知识不一定有能力,但有能力必须有知识,这里讲的“能力”,实际上就是指一个人的潜在素质。能力受知识、技能、智力等因素的影响和制约。若想具有较强的能力,必须注意知识的学习和技能的训练。一般说来,创新型人才的知识越丰富,对事物的观察就越敏锐、深刻,思维活动就能在更广阔的领域中进行,因而才有可能机动灵活地提出问题、分析问题,并创造性地解决问题,进而开展学科研究和创新活动。离开知识,能力的发展就成了无源之水和无本之木,能力的发展总是以知识为基础的。

知识学习对能力发展具有重要性。一个人掌握了有关科学观察方面的知识,才会提高观察能力、分析能力和判断能力。例如,如果一个不识字的人要想成为作家,那么他(她)首先要做的可能是扫盲,学习一些必要的知识,这是不可回避的一个环节。譬如,要提高创新型人才的政治鉴别能力,即政治上辨别方向、把握大局的能力,则至少要掌握三种能力:一是基本政治知识和政治理论的理解能力;二是现实形势的政治判别能力,即善于从政治上判断形势、观察思考和处理问题;三是抵御腐朽思想侵蚀的能力,即要具有正确的世界观、人生观、价值观和是非观。实际上,学习任何一门基础课程,不仅要学习这门课的基础知识,而且还要在学习基础知识的过程中,学习处理问题、研究问题的基本方法。这样才能不断提高学习能力、分析问题和解决问题的能力。对于任何专业的人来说,没有广博的多学科交叉的知识,要创新性地解决某些有难度的当代跨学科的问题,将会困难重重,力不从心。因此,扎实且不断更新的知识储备、合理的知识结构是人们进行创新及能力发展的基础。

(2)能力发展与知识积累不是必然具有同步性的

一个人能力的发展与知识的积累有着密切的关系,但二者发展的水平不是必然同步性的(王忠武,1990),能力的发展以一定的知识为基础,但能力不是永远随知识的增加而成正比地发展的。这里需要指出的是,知识学习不是要将我们变成书呆子式的人物,不是为学识渊博而成所谓饱学之士。当知识积累到一定程度之后,仍一味地毫无目的地增加知识量,对创新型人才实现创新目标的推动也许并不十分明显。更何况,无论哪个领域的创新型人才也不可能把人类已有的相关知识都储备得完整无缺。从这个意义上说,庄子的话颇耐人寻味:

“吾生也有涯，而知也无涯。”意思是说，我们的生命是有限的，而知识是无限的。为了解决这“生也有涯”和“知也无涯”的矛盾，培养和发展能力是一条必须经过的途径，也是最好的途径，是提高人生价值，创造有意义的人生的最佳方法。

事实上，一个人知识积累的数量，不代表转化为能力的质量或高度。换言之，我们说一个人知识渊博，是指其知识具有精深而广博的特点，“精深”与“广博”兼具，就具备了一种较为合理的知识结构，具备这样知识结构的人往往善于把前人知识（包括某些前人积累的经验等隐性的知识）创造性地转化为自己的知识和能力，从而站在前人的肩膀上，进行科学的创造性探索，并实现在某些学科领域有所创新、有所超越。由此我们也应该得到一些启发，知识的学习或积累不能盲目，也不能漫无边际，而应在一定的具体目标下有意识地定向积累，要有利于进行创新。特别是在当代科技条件下，知识的学习或积累还要在正确的知识观指导下科学地积累和吸纳，要明确创新目标，在学习中探索，在探索中学习。

（3）能力是知识的外在表现

一般情况下，一个人的能力一般是其对所积累的知识和技能经过内化后的外在表现，这种外在表现也可以通过教养、气质等外在表现反映出来，而这种教养和气质往往是自然表露出来的。苏轼在《和董传留别》中曾写道：“粗缯大布裹生涯，腹有诗书气自华。”大意是讲，虽然身穿简陋的粗衣劣布，有学问的人气质自然高雅、光彩夺人。这里所讲的是知识能够涵养人的气质，从而外化为一种由知识转化而来的素养与能力。不过，知识与能力毕竟不是一回事，知识是人类对客观世界认识的结晶，而能力是掌握和运用知识的力量，是运用知识解决问题的实际本领。因此，在强调素质教育的今天，创新型人才既要注重科学文化知识的学习，又要注重科学文化素质的培养，特别要注重将知识转化为素质及能力的训练过程，只有这样才能真正做到知识与能力的有机统一，实现从知识到能力的转化。

（4）能力是掌握知识的必要前提

第一，因为只有具备了能力才能更好地掌握知识技能。例如，不具备感知能力的人就无法获得感性知识，如盲人摸象，有的人认为大象像柱子，有的人认为大象像棍子，有的人认为大象像扇子。总之，由于缺乏准确的观察能力，盲人很难感知正确的大象形象。又比如，某个学生的理解能力和计算能力比较强，他在掌握数学知识、解数学难题等方面就会非常顺利。可见，具备了能力，人就可以更好、更快地学习知识技能，掌握了知识技能又可以更好、更有效地促进能力的发展。第二，能力的大小会影响人们掌握知识技能的状况。尽管一个人知识积累的多少不能完全决定其能力的大小，但能力的大小却会影响一个人掌握知识技能的深度和水平。现实生活中，人们不难发现，具有同样知识背景的人，他们的能力水平可能不同，甚至差距很大，能力强的人在学习知识技能时可能比较轻松自如，能力弱的人就得花一番力气，下一番苦功。第三，能力的大小影响人们将知识转变成能力的水平。譬如，在个体知识中，经验是一个人亲身经历的从实践中得到的知识或技能，往往是人们在实践基础上获得的对客观现实的感性认识，或是生活常识的总结和提升，经验只有上升到理论变成理论知识进而成为智慧，才能再转变成能力，有经验并不等于有现实的真正的能力，但能力强的人却善于将个人经验提升为知识，进而转化成能力。当然，能力只是人们获得知识的基本条件，除这个基本条件外，人们原有的知识基础、学习态度、学习条件、个性特征等都制约着人们获得知识的速度、深度及巩固程度。

以上分析表明，知识和能力是有内在联系的。由于知识构成了人的能力的基础，所以我们培养人，提高人的素质，发展人的能力，无不是从传授知识、获取知识开始的。随着人所获取的知识的增多，随着人所掌握的知识水平的提高，人的能力当然也就取得了相应的提高和发展。

能力是通过知识的学习和运用来培养的，能力又能促使学习知识效率的提高。因此，创新型人才要提高自己分析问题和解决问题的能力，必须在学习知识的同时，注意能力的自我培养。

从创新型人才培养教育的角度看，掌握知识与发展能力，是智育的两个主要目标。但掌握知识的最终目的是拥有能力，如果一个人拥有很多知识，却不具备能力，这与教育及当代人才培养目标是有出入的，而具有能力也一定要具备相关的知识。掌握知识容易为人们所理解，发展能力则至关重要。

4.2.2 在实践中培养创新型人才的能力

纵观各类创新型人才，一般都是通过培养教育和社会实践的锻炼成长起来的(林崇德，1995)。就创新型人才的一般能力发展模式而论，随年龄增长，青少年的智力水平呈单调上升趋势，要么是高一级阶段的智力取代低一级阶段的智力，要么是智力测量分数随年龄增长而提高。中年人的智力发展模式是晶体智力继续上升，流体智力缓慢下降[①]；智力技能保持相对稳定，实用智力不断增长。既然能力可通过活动习得，而且那些习得的晶体智力或实用智力会随着人的实践活动的增多而“不断增长”“继续上升”，那么绝大多数人就没有理由为自己的行为找类似“自己天生愚笨”的借口了。因为绝大多数人尽管不是很聪明或者一开始能力不强甚至很笨拙，但只要不断通过实践练习，经过充分积累，也可以增强晶体智力或实用智力，变得越来越有能力。其实，在实践中培养创新型人才的能力，是一条行之有效的途径，具体包括以下几个方面。

(1)人的能力离不开培养和社会实践

人通过学习而获得的间接知识，是别人通过亲身实践而获得的。轻视社会实践，一味热衷于啃书本知识，就会流于纸上空谈。针对当代许多复杂的问题，个体只有身临其境，亲身实干，才能产生真知灼见，才能取得新的直接知识。只有把书本上的理论知识与要解决的具体问题结合起来，深入了解问题背景，才能将书本知识系统化为自己的知识。在知识爆炸的知识经济时代，一切新的知识从根本上讲都来源于为满足现实的社会需要所进行的社会实践。物质世界的事物、现象不会自动地反映到人的头脑中来。如果人们不对物质世界的某一对象进行改造，就不会接触它，它就不可能作为人们认识的现实对象。当然，一个人的知识早期大部分来自间接经验，主要通过教育获得。因为有知识积累基础上的知识传播与交流，知识才可以被分享，认识才可能发展。但是，从人类认识的发展来看，间接经验是“流”，而不是“源”。归根结底，认识开始于直接经验，来源于实践。因此，知识经济背景下的当代创新活动，一切新知识都起源于满足现实的社会需要所进行的社会实践，实践是主体和客体联系的通道，只有

---

① 美国心理学家卡特尔(R. B. Cattell)依据智力发展与生理和文化教育的关系，认为智力由两种成分构成，一种是流体智力(fluid intelligence)，是以神经生理为基础，随神经系统的成熟而提高，相对地不受教育与文化的影响的能力，如知觉、速度、机械记忆、识别图形关系等。另一种是晶体智力(crystallized intelligence)，即主要是后天获得的，是人们通过掌握社会文化而获得的智力，是由经验而习得并应用于问题解决情境中的信息、技能和策略的积累，如词汇、言语理解、常识等以记忆储存的信息为基础的能力。

通过实践，才能把客体引入主体认识领域，并在再实践中加以进一步认识。实践发展到什么程度，认识也相应发展到什么程度。创新型人才应该敏锐地了解社会需要，自觉地投身于满足社会需要所进行的社会实践，在实践中培养自己的能力。

(2)实践是创新型人才能力发展的动力

实践不仅是创新型人才能力形成的途径，而且还是创新型人才能力发展的动力。创新是为了改造世界，改造世界是为了满足社会需要。自从人类出现以来，创新活动总是在满足社会需要的环境中通过创新实践的推动而发生、发展的。有些创新活动，表面上看来似乎不是由实践需要直接推动的，而是由理论发展的需要推动的，甚至有些创新活动的成果看起来并不能立即满足实践的需要，这是因为其理论与实际应用之间还需要一些中介环节。社会愈发展，分工愈细密，这种情况愈容易出现。但这仅是表面现象而已，只不过是创新与实践的联系被一些中介环节暂时阻隔而已。从总体上看，创新活动归根到底还是在社会需要的推动下发生发展的。

(3)实践是检验创新型人才创新成果的唯一标准

创新型人才在创新活动中所获得的创新成果，不论是物质性的还是精神性的，都需要拿到实践中去检验。有人说，既然创新活动本身就是在实践中进行的，创新结果就是从实践中来的，为什么还要拿到实践中去检验？笔者认为，同真理需要实践检验的道理相似，一项具体的创新活动究竟是不是获得了成功，这项创新活动的结果达到了什么水平，具有什么样的价值，都还是未确定的，或者说是不能给出肯定答案的。这就需要用某种比照标准来检验它，而这个比照标准只能是实践。

对某项具体的创新成果的检验，即判断某项具体的创新活动是否获得成功，创新活动的结果是不是创新成果，需要拿到实践中去检验。检验的结果可能有几种情况：一是该项创新活动是成功的，其结果是创新成果；二是该项活动的结果不是创新成果；三是该项活动在研究方向和路线上是正确的，也获得了一定程度的成功，但还存在着许多没有解决的问题。针对这样三种不同情况，可以采取不同的措施来处理：或者总结经验，加以应用和推广；或者吸取教训，另谋新路；或者制定修改方案，继续研究，进一步完善。目前，检验的形式，在科学技术领域，常常采用“成果鉴定会”来做判断，但某项创新活动的成果具有什么样的价值，最后还是需要拿到实践中去检验。

以比较明显地反映创新型人才创新能力的发明专利为例，世界知识产权组织发布的《2018年世界知识产权指标》报告显示，2017年中国在商标、工业品外观设计、专利等各类知识产权的申请量上均位居第一，2017年国家知识产权局受理的专利申请数量达到了创纪录的138万件。但我国专利质量总体水平还不高，专利所属领域在结构上也欠合理，对产业转型升级和经济社会发展的有效支撑力度还不够(陈煌琼，吴凡，2018)。另外，一些低质量专利问题仍然存在，某些领域的发明专利尤其是依赖于试验数据的发明专利，质量不高，专利性不强，个别甚至存在造假行为(李燕，2018)。对这些专利质量方面的检验，最终还是需要拿到社会实践中去，不能通过社会实践检验的专利是难以转让的，也是难以产生社会经济效益的。

4.3 创新型人才的能力结构及其构建

创新型人才的重要特点就是创新，然而，创新的关键不是“想不想”的问题，而是“能不能”的问题。其实，希望创新者众多。然而，又有多少人能够创新、善于创新呢？也就是说，只有创新的精神或意识是不够的，还必须落实到创新的能力上去(辛自强，林崇德，2006)。能力的培养依赖于知识的积累，但能力的获取绝不是简单的知识堆积。不同类型的能力之间有相关性和联系，所以把获得的能力分门别类优化组合，形成合理的能力结构是人们在学好基础知识和培养能力的基础上的一次飞跃。能力结构指为有效地从事某一科技创造领域的工作而建立起来的各种能力要素的统一有机整体。能力结构的研究是学术界比较关注的领域。因此，创新型人才的能力结构是值得认真研究的。

4.3.1 能力的冰山模型和洋葱模型

在人力资源管理研究中，“能力”一词大多使用“competence”或“competency”，其中含有“胜任素质”或“胜任能力”的意思。从现有文献看，比较有代表性的关于“胜任素质”或“胜任能力”的模型有两个：冰山模型（iceberg model）和洋葱模型（onion model）。

4.3.1.1 能力的冰山模型

Spencer L. M. 和 Spencer S. M.（1993）提出的冰山模型由麦克利兰于1973年提出的能力概念发展而来，如图4-1所示。

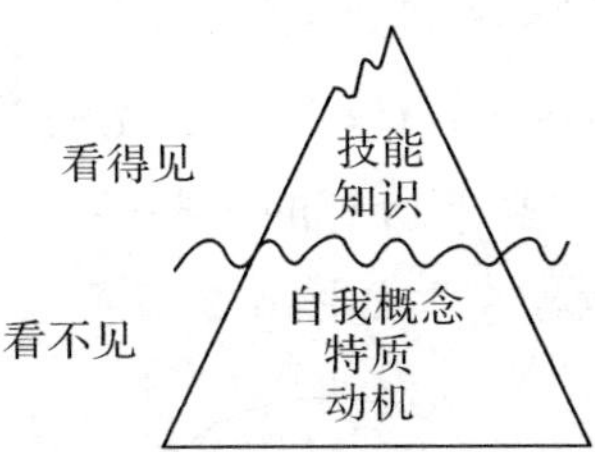

图4-1 能力的冰山模型

根据能力的冰山模型，能力包括五个方面的内容：①动机（motives），即决定个人去发起某项行为或动作的内部因素；②特质（traits），即个人所具备的特征，是个体行为层面相对稳定的特征，如坚毅、果敢等；③自我概念特征（self-concept characteristics），即个人对自己的身份、个性和价值观的认识，个人对自我地位的评价等；④知识（knowledge），即员工为了完成某一项工作而必须具备的专业知识、技术知识或其他方面的知识，这些知识往往可以通过学习而获得；⑤技能（skills），即个体在工作中或实践中所形成并积累的能够完成工作职责的技巧。

按照这个模型，“知识”和“技能”处于海平面以上看得见的部分，是外在表现，是容易被人们觉察、了解与测量的部分，相对而言也比较容易通过培训来改变和发展。其他要素隐藏在海平面以下，因而不容易被人发现。隐藏得最深的是个人“动机”，“特质”和“自我概念特征”也潜藏于海平面以下，不易触及，往往也最难改变或发展。同时，隐藏得越深的能力要素越难培养，但它却与人所取得的成就有较高的相关性。也就是说，“知识”“技能”相对于“动机”等来说容易获得和改变，而“动机”等是人内在的、难以测量的部分，一旦形成就不太容易通过外界的影响而改变，但它们相比其他任何能力要素，对人员的行为与表现起着关键性的作用，更能有效预测一个人能否取得成就。

在麦克利兰看来，个体的素质分为两部分："知识"和"技能"，为基准性能力；"自我概念特征""特质"和"动机"，为鉴别性能力（胜任力）（McClelland，1973）。"冰山以上"部分比较容易掌握和测量，称为显性能力，是传统人力资源管理比较重视的素质；"冰山以下"部分则是内在的、难以测量的部分，称为隐性能力，是员工取得高绩效的关键，在现代人力资源管理中起关键作用。

4.3.1.2　能力的洋葱模型

美国学者博亚特兹（Boyatzis，1982）对麦克利兰的素质理论进行了深入和广泛的研究，认为能力是个人身上所有的一些能够导致并影响工作表现的潜在特征，并提出了能力的"洋葱模型"，如图 4-2 所示。

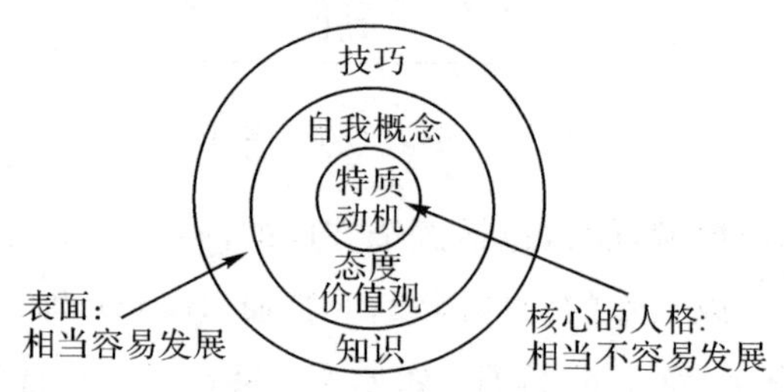

图 4-2　能力的洋葱模型

博亚特兹将能力模型比喻为层层剥开的洋葱，十分形象地展示了各能力构成要素由外而内、由浅入深地逐步被观察和衡量的特点，既深刻又生动直观地揭示了能力构成的特点及其核心要素，深入地诠释了能力各相关构成要素在个体活动中不仅具有容易观察和衡量的外显特征，还具有不易观察和衡量的内隐特点，将一个反映个体整体能力倾向的复杂的个人综合素养由内到外概括为层层包裹的结构，认为其中最为核心的部分是引导、激发和维持个体活动的内部动力，即人的特质与动机，这是最不易观察和衡量的内隐的内在心理过程。然后依次向外展开为人的自我概念，以及态度与价值观，再到容易观察和衡量的外显的知识、技能。越是处在洋葱模型外层的能力要素，越容易评价和培养；越深入到内层，越难以习得和评价。不过，深入比较分析，不难发现洋葱模型与冰山模型在本质上是相同的，但更突出层次性（Boyatzis，1994）。

4.3.2 广义的能力成长结构模型

洪荣昭(2003)在研究学习型企业知识创新问题时指出,企业人才的知识成长主要是通过自我启发,即个人为学习的主体,这个理念正可说明学习型组织的运作方式。在企业人才的岗位训练、岗位外训练及自我启发三者之中必须强调自我启发才能推动学习型组织的发展。实际上,这个理念是一种趋势,但仔细分析企业员工,会发现他们对于学习有不同的认知。有认为是企业责任者,亦有认为是个人责任者,还有认为是部门责任者。事实上就早期人力资源发展的工作而言,个人的“学习机会”首先必须配合企业需求,其次才是满足个人需求。另外,个人“学习资源”也是先配合企业所提供的资源,再自行寻找学习资源。其学习机会与学习资源的应用,可以分为几种类型:①企业提供学习者学习资源(如师资、教材、金钱),企业安排学习课程(含时间、地点);②企业提出学习的需求,如根据职能、职位的差别应考虑不同的学习内容),由学习者自行寻找学习资源,如在职外学习或自我启发;③企业提供学习者学习资源,由学习者以自助式的理念安排自己选择的学习课程;④学习者以能力本位的理念,为发展自身的职位、职能的技能而安排自己在不同场合随时学习资源。

学习型企业的经营需要一个标杆,即知力(intellectual capacity)的提升。一般来说,知力经营有三个要素:①知识累积;② 知识转换;③ 知识创造。其关系如图 4-3 所示,三个基础共构组织的知力经营。换言之,要建立学习型企业,首先要知道如何累积知识、转换知识及创造知识。

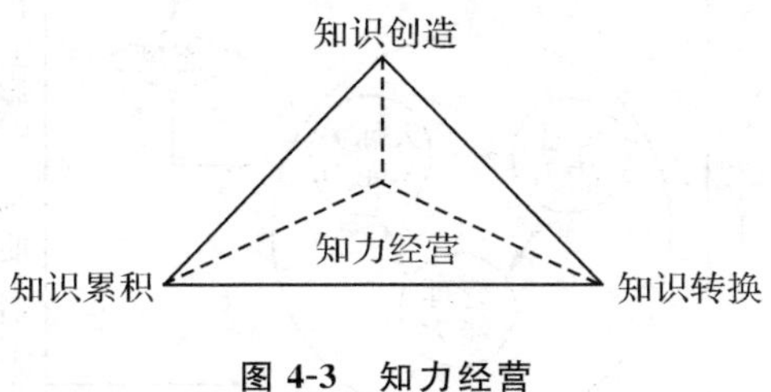

图 4-3 知力经营

(1)知识累积

实际上,知识累积是在企业与客户的互动中得来的,这是仅限于“知识产品化”的知识累积。事实上,个人终身学习可由知识资源化层级来累积知识,具体地说,知识累积是个人有意愿去“处处留心”学习。对企业人员而言,可以分为:① 向同仁学习;② 向外学习;③ 向客户(上、下游工作伙伴)学习。而学习的机制与形式又可分正式和非正式的学习。除非一个人拒绝成长,遗世独立,否则只要个人与他人互动,都会产生知识累积及转换。在洪荣昭看来,广义的能力成长,包含隐性能力,即心智能力与价值;显性能力,即态度与管理处理、人际关系能力与专业,可以作为个人知识累积的不同层面。亦即,个人能力成长不仅要着重专业能力、人际关系能力及管理能力的培养,而且也要重视心智能力及价值分析能力的培养。具体说,这些能力的内容及关系如下:

心智能力:发现问题、解决问题的创造力、记忆力等。

价值:对事情重要性、紧急性等长、短期效应的抉择与判断。

态度:积极主动、执行力、自我改善。

管理能力:时间、档案、目标及优先管理的企划、执行的知识与技术。

人际关系能力:口语、书面沟通及领导、团队等知识与技术。

专业能力:行业的知识与技术(如会计、电子或机械)。

上述六项能力中,心智能力是其他能力及价值态度的基础。价值与态度可以间接影响专业能力、管理能力及人际关系能力,也能直接影响知识与技术的累积或转换。而将所谓隐性能力与显性能力的关系组合,其关系可以用图 4-4 所示的能力关系模式来表示。

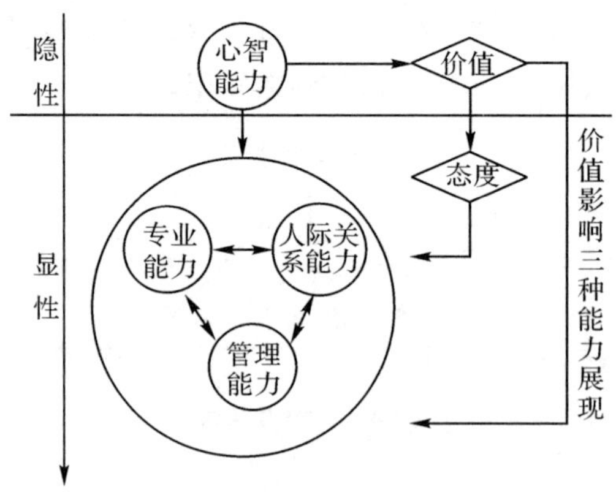

图 4-4 能力关系模式

隐性能力与显性能力乃一体之两面。个人与企业要成长，缺一不可。而其中的隐性能力，更是显性能力的基石，学习型企业的运作，更需要开发这方面的能力。

(2)在知识累积的基础上，进行知识转换

简单而言，知识转换就是知识分享，属于集体性的互动，包括教育训练所划分的企业人才的岗位训练、岗位外训练及自我启发。知识转换除了有关措施的应用外，如何落实措施就必须在企业内架构知识转换的模式，包含工具与时机的提供。在终身学习的理念下，每个个体要有系统化的学习，并不一定所有的学习都必须在面对面的时机下进行，大部分的情况下是要能随时随地的学习。而随时随地的学习其学习工具的应用，则是以学习材料为本的学习模式。

就学习的内容而言，技术内容学习可以考虑定点定时与面对面的学习等有许多不同的学习方式；而多点多时则是现场辅导包含企业内部的技术交流活动及读书会等形式；随时随地的学习，则是以通过多媒体或网络的形式学习为主。

(3)知识创造

知识创造在知力经营中算是最重要的一环，企业唯有不断地进行知识创新，知识创造，才能提升竞争力，企业人才——作为个体的学习者才会有成就感，而知识与知识的意义联结就是一种知识加工，也就是知识创造。而如何才能有效地实现将知识有意义地联结，对企业人才、对个人而言是知识的整合，对创新团体而言则是知识的互动激发，都是能力提升的一种表现。而如何做好知识整合与激发，对个人来说，培养图表化思考的习惯是很有意义的。

客观地说，“知识就是力量”这句培根在启蒙时代的经典名言在当代社会应该有新的诠释。在知识经济时代，知识本身充其量只具有潜在价值，但是，通过创造性的加工后知识就会变得更有价值，而知识加工的基本工具就是图表，有了图表许多经过分解后的知识再整合会更容易理解。从这个意义上讲，所谓“知识加工”就可以分为四步骤：分解→例解(例子解释)→图解→理解。如此周而复始，知识创造就会源源不断。事实上，图表化思考在知识加工过程中对心智模式的应用的作用或许可以从下列诸方面来认识：

表：分类资料、对应层级关系，可培养资讯抽象化或简化的能力。

图：寻找与定位资料间质或量的变化，可培养资料分析与应变能力。

流程图:辨知资料的次序关系,可培养资讯组织力与联想力。

图谱:辨知资料的来历或时空变化,可培养资料观察力。

图像:辨知事物的形态与关系,可培养想象力。

心理图像:模拟事物间的关系,可培养概念联结力及记忆力。

若学习型组织的成员养成将吸收的知识图表化,时日一久心智模式就更为活跃,将创造更多的知识。

其实,在知识经济时代,构建知识创新团队,建设知识创新系统是很多学习型组织追求的目标。通过知识创新系统的构建,可以实现知识产生、创造和应用的统一。这样,学习型组织就可以通过追求新发现,探索新规律,积累和创造新知识,实现创造知识附加值,从而获得竞争优势。

4.3.3 创新型人才解决问题的基本模式

从某种意义上讲,创新型人才的一个重要素质就是“问题意识”,由于研究角度的不尽相同,对问题意识通常可以有以下几种不同的观察视角:其一,由于意识到问题的存在,人们对与某一问题相关的事实或客观现象产生了解释或处理的心理欲望。其二,问题作为人们感知和思维的对象,在个体心里形成一种要解决而又未能解决的求知的状态。其三,人们思维上的怀疑精神,在认知过程中产生疑惑的一种心理状态。问题意识的强弱是创新型人才与普通人的主要差别之一。问题意识较强的人可以快速地发现问题,直面问题,并积极主动地分析问题和解决问题,从而取得一个又一个突破;问题意识较弱的人往往与重要的、有价值的信息擦肩而过却浑然不知,久而久之,得过且过,碌碌无为,难有太大、太多的作为。创新型人才的突出表现,就是善于创造性地解决问题。因此,探讨创新型人才的能力结构及其构建,有必要对创新型人才解决问题的基本模式作必要的分析。

在认知心理学关于问题的描述中,问题是指个人面临的,不能用已有的经验直接处理的一种情景。换言之,所谓问题是一个人在有目的地追求某种目标(工作目标或创新目标)过程中尚不了解或尚未找到适当的解决方案、方法或手段,尚不知道如何扫除给定状态与目标状态之间的障碍时所产生的心理困境。因此,问题的存在在很大程度上取决于问题解决者已有的认知能力。

针对问题的创造性解决，斯腾伯格(1999)认为，问题解决是一个循环周期，其中有一些相继的步骤，一般需要经过如下六个基本的步骤：问题确认→定义问题→形成解决问题的策略→信息表征→分配资源→监控与评估。这六个基本的步骤构成了一个问题解决过程的循环。之所以说是一个循环，是因为问题是层出不穷的，一般情况下一个问题的解决，并不是问题的终结，而构成新问题的基础。尽管在现实中虽不一定都完全按照相同的次序发生，但这里所描述的次序应该说是最为典型的。

4.3.3.1　问题确认

问题解决者要想创造性地解决某个问题，首先必须意识到该问题的存在。在创新型人才创造性地解决问题，开拓创新的道路上，问题确认这个步骤对于具体地解决问题来说，是很重要的，是基础，应该是最为重要的环节。因为如果问题解决者不能意识到问题的存在，也就无所谓花精力去对问题进行创造性的解决。

那么问题解决者又如何知道自己有了问题呢？虽然没有一个固定的程式或一成不变的判断标准，但仍然有许多共同的征兆。例如，事情进展不如期望的那么顺利，觉得别扭；原先可以达成一系列结果的技术现在却造成了另外一些不完满的结果；问题解决者的竞争地位日趋下降，等等，不一而足。若问题解决者不能敏锐地感知，往往会坐失及时采取行动的良机，要么就是只有采取极端的解决办法才能奏效。对问题端倪视而不见或喜欢一拖再拖的人就是这方面的例子。

一般说来，创新型人才作为问题解决者不会等到事到临头才匆忙上阵，往往在问题初见端倪或其雏形阶段就已觉察到问题所在，感觉到某种心理困境，并准备着手去解决它们，从而扫除问题雏形阶段与目标状态之间的障碍。创造性的问题确认后，问题解决者就基本确立了研究的目的和主攻的方向，也就基本明确了研究过程的主要方式和方法。因此，对于创新型人才的创新或创造性地解决问题而言，最关键的是能不能自己发现和提出问题，即科学而有效地进行问题确认，这往往是创新型人才重要的创新素质之一。

4.3.3.2　定义问题

创新型人才在创新或创造性地解决问题的过程中，问题的有效确认，这还只是进入第一个程序或环节，问题确认后仍然需要对问题加以科学的认识，进行准确的定义，包括对问题深刻的理解、清晰的辨别、准确的表述。比如，当今的创新型人才，基本上不再是像牛顿时代那样靠一张纸、一支笔，加上自己的勤奋就可以成就一番创新性的事业。创新型人才常常是某个创新集体或团队的成员，要与大家合作共事。因此，处理人际关系也是很重要的创新素质。在很多情况下，人们或许都能意识到自己在创新集体或团队中的人际关系出了某种问题，但却往往又不能清楚地意识到并准确地指出问题的所在，有时甚至错误地对问题进行描述，不善于准确地对问题加以定义。定义问题往往需要运用逻辑思维方法，对问题的本质进行分类、归纳和评价，确定某个问题是否具有研究价值。

其实，这里的关键是人们必须意识到问题的所在，并正确地对自己所面临的问题加以准确的定义，否则就会浪费大量的时间和精力，去解决那些并不存在的未被准确定义的问题。一般而言，在创造性地解决问题的过程中，人们花在了解自己究竟面临什么样的问题上的时间越多，真正解决问题时所花费的时间往往就越少，从而达到事半功倍的效果。

在很多研究领域里，譬如物理学研究中，这也正是专家和新手的差别之处。专家们会审慎地思考所面对问题的实质，而新手们在搞清楚问题是什么之前就已忙于解决问题了。社会经济领域也是如此。现实生活中有不少人走马灯似地调整工作环境，以期寻找一个他们乐意为之工作的就职单位，而事实上问题可能不在于就职单位而在于其从事的工种；还有很多人一再变换工种，而实际上问题却正是出在其服务的就职单位。所以准确地定义问题，找到问题的症结所在，就可以在创造性地解决问题的过程中少走许多弯路。

创新型人才在创新或创造性地解决问题的过程中，往往能较好地把握机会，对问题进行准确的定义，所以他们所解决的都是真实遇到的，相关领域中有意义、有价值的问题，而不是把宝贵的精力和时间浪费在无关紧要的问题上。

4.3.3.3 形成解决问题的策略

在创造性地解决问题的过程中，一旦问题明确，经过科学的分析和准确的定义，就需要根据解决问题的目标，创造性地提出解决问题的策略。客观地讲，在许多场合，譬如社会经济活动中，绝大多数企业都会认同策略企划的重要性。

但问题是，对于在实际实施中他们是否按策略要求去做了，做的情况如何，做到什么程度，往往关注不够。

创新型人才在策略规划上一般都会投入相当的精力与物力，并颇见成效。他们思考的是长远的而非眼前的利益，而且更愿意延迟收获成果。研究表明，在儿童时能够很好地延迟满足的人，在青少年时认知能力测验的得分也相对较高。这很难说是什么造成了什么：是延迟满足导致了较高的认知能力，还是较高的认知能力造成了对满足的延迟，抑或关系更为复杂，同时包含了以上的几种选择？但有一点却是清楚的，聪明人总是更愿意并善于做长远的打算。

从各类创新型人才在创新或创造性地解决问题的过程中所表现出来的倾向看，他们往往会非常仔细、认真地为问题解决制定相关的策略，特别是他们更倾向于注重长远的规划，而不是将主要精力放在对付眼前某些无关紧要的琐碎事务或价值不大的东西上匆忙行事，使真正有价值的问题得不到创造性的解决，而等到之后出现了又不得不重新想办法、提出新的策略。

4.3.3.4 信息表征

通俗地讲，解决问题中的信息表征，是指问题解决者的大脑对信息的存储、加工和表达方式。一般来说，解决问题中的信息表征方式既存在知觉符号表征，也存在命题符号表征。知觉符号表征是信息内部表征的早期状态，它是认知的基本材料，人脑中信息的最终表征形式主要是命题符号表征（王瑞明等，2005）。创新型人才在创新或创造性地解决问题的过程中，如何对信息进行表征，对于是否能顺利解决某一问题具有潜在的影响。同时，对最终的解决方法也有潜在的效应。

信息表征的重要性在创造性地解决问题的过程中是值得引起重视的。无论要解决的问题是哪类问题，信息表征都是非常重要的。譬如，在当代全球问题中，存在一些问题，有的“冲突”可谓引人注目，一方对另一方在认知上倾向于其言论不能相信，当然，另一方也以同样的眼光看待对方。这些人的观点是否正确并不是我们要讨论的话题，但是，如果双方继续以这样的方式来表征对方的有关信息的话，那么解决问题或谈判的结果是可以想见的。其实，在商业谈判中的情形也是如此。如果一方将另一方看作“敌人”的话，那么就很难在谈判中达成太多的共识。

创新型人才对于一个有待解决的问题的信息表征，总是尽可能地谋求科学、客观和准确，他们基于创造性地解决问题的初衷，往往着重于在问题确认、定义问题及形成解决问题的策略中有效地利用这些信息。

4.3.3.5　分配资源

在创造性地解决问题的过程中，问题解决者必须确定在解决该问题上怎样分配资源。这一决定非常重要，因为在有限的时间里我们总是有许多事要做。在关于一般能力的研究中，我们常常发现，无论用什么标准去衡量，善于分配资源者一般都比较聪明。

错误分配资源的例子不胜枚举：有人胡乱使用信用卡而使欠款达到令人吃惊的数字；企业兼并了毫无产出的公司。这些机构似乎从来不会回过头来问问自己，他们是如何投入资源的。创新型人才往往都有斯腾伯格(1999)所说的成功智力，成功智力不仅仅是一种认知能力，更是一种对生活以及个体生存状态的反思。具有成功智力的人，也如众人一样，有时也会错误地分配资源。但不同的是，每隔一段时间，他们会回过来考虑一下结果。如果得不到预期的结果，他们就会重新分配自己的资源。不具有成功智力者却往往会在其自掘的泥潭中越陷越深。

创新型人才在创造性地解决问题的过程中，往往会从短期及长远上统筹考虑，仔细思考如何在解决问题上分配资源。他们善于系统斟酌和权衡风险与回报的比率，然后选择相对来说效益最好、回报最多的资源分配方式。

4.3.3.6　监控与评估

监控就是在问题解决过程当中保持对解决进程进行的监测、督促、管理和掌握，使问题解决结果能达到预定的目标；评估就是问题解决者对问题解决进程及所得的解决结果质量的评价、估量和判断，即对问题解决方案进行评估、论证，以决定是否采纳。根据智力发展的理论，随着人们年龄的增加，那些智力上真正成熟的人会认识到许多问题的答案并非非此即彼，而是开放的，真理的进程往往是辩证的。我们从一个极端迈向另一个极端，然后就会发现一种中间立场可将两极的对立协调到完美。打个比方，我们可能为了达到某个远大目标而努力工作，当我们失败时，也许会认为没有什么目标值得追寻，于是就简单地放弃了。只有那些更具辩证思维能力的创新型人才才能学会设定现实可行的目标。

在创造性地解决问题的过程中,如果问题解决者不能对进程和结果加以监控和评估,常常会导致产生不实用,甚至是错误的答案。在测验的领域中,有不少人习惯于惯性思维,拘泥于他们已获得的解决办法和做出的决定,由于思维定势,他们不愿意承认实际上问题依然存在,而且还有更好的解决方法。

其实,完整的解决问题的流程还包括问题解决之后的反思与交流。

4.3.4 创新型人才合理的能力结构

由于创新团队是由创新团队成员组成的群体性的创新组织,创新团队成员个人能力在很大程度上影响到创新团队能力并折射出创新团队能力。根据有关研究(刘权,2003),个体能力根据其来源可分为五个层次,如图 4-5 所示。

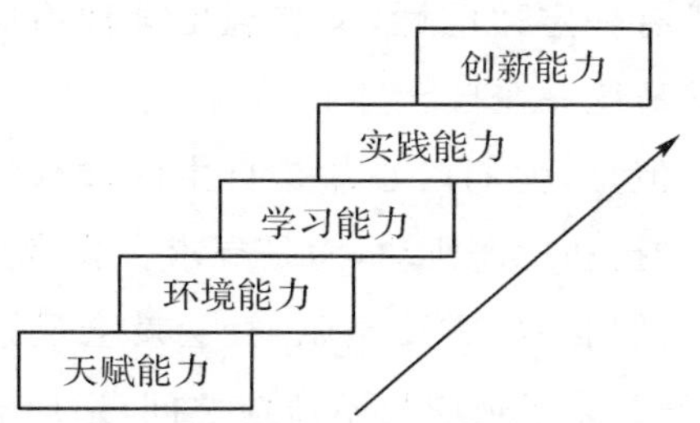

图 4-5 个体能力层次模型

(1)第一层是天赋能力

天赋能力是指人生来所具有的生理特点,它包括一个人天生的性格、智力、体质等因素所决定的能力,是一个人后天能力发展的基础。

(2)第二层是环境能力

环境能力包括环境对个人的能力形成产生的影响和个人对环境的利用这一对相互影响的能力,个人能力的形成和发展离不开必要的环境,但个人能力的发展又不能完全被环境所左右,个人对环境的利用过程中,有适应环境的一面,也有发挥其主观能力性,即改造环境的一面。因此,环境对个人能力形成产生的影响和个人对环境的利用是一个互动过程。

就适应环境来讲,它也构成创新型人才的一种能力,即适应能力。适应能力对应的英文单词是 adaptability，也有人将其译为“适应力”或“适应性”，如 social adaptability 常被译为“社会适应”“社会适应性”或“社会适应能力”。适应能力往往是通过适当有效的环境应对行为表现出来的。

适应能力是社会对创新型人才素质的基本要求。具体说，创新型人才适应能力的构成要素主要包括独立思考能力，如具备自主自立、自我管理、自我调适和善于独立思考、独立判断等方面的能力；人际沟通能力，创新型人才不是离群索居者，应该善于营造良好的氛围，建立和谐的人际关系，具有信息表达能力、理解他人的能力、交往能力，等等。另外，反思能力、应变能力也是创新型人才适应能力的重要组成部分。

不过，对个人而言，完全适应社会则意味着失去自我，很难有重要的创新；而完全不适应社会，则根本无法生存，也谈不上任何创造，除非能产生重大创新，改变社会，让社会来适应自己。客观地讲，这样的人是极少数。更多的创新型人才是那些对社会既有一定适应性，又表现出某种不适应的人，他们把适应与不适应这对矛盾和谐地统一在自己身上，他们表面上可能与其他人无任何差异，也无太多异常举动，但是，他们内心却是自由的，较好地保持了自己的个性和独立性，不为社会的赞扬和批评所动，而是寻求自我肯定，与社会文化保持相对的独立性。他们一旦做出一些重要贡献，社会就会反过来适应他们，这就是创新的实现。因此，创新产生于适应与不适应之间，适应有利于生存，而不适应则导致创新。

创新型人才的适应性体现了矛盾的对立统一：一方面，他严格遵守法律，这保证他能够在社会上生存；另一方面，又不墨守成规，不拘泥于社会的行为规范和道德习俗，敢于坚持自己不适应社会的方面。这种个体对社会某些方面或某种程度的不适应，增强了个体的创新性。从社会角度而言，增强社会的包容性和多样性，能够为不适应者提供生存环境和发展个体创新性的空间，也为创新型人才成长提供各种条件，社会才能成为创新性强的社会。

(3)第三层是学习能力

学习能力是人们认识事物，形成各种能力的基本途径。所谓学习，大致可区分为“学”和“习”两个过程。学，是个体知识建构与重构的过程；习，则是个体提高行动能力的过程。如果对个体学习能力要素进行进一步的分析，可总结出个体学习的一般模型(如图 4-6 所示)(辛铁樑,2004)。

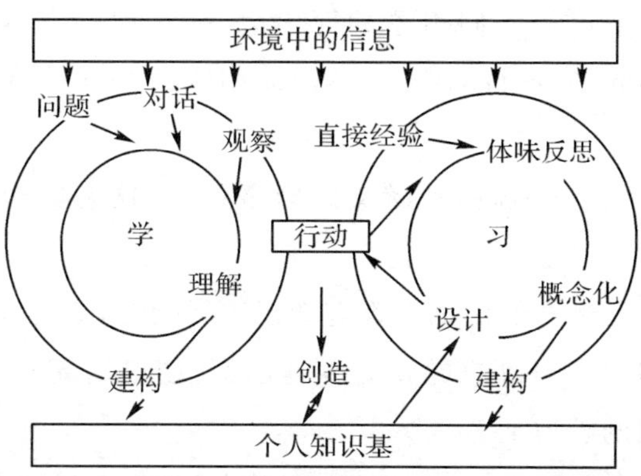

图 4-6 个体学习的一般模型

图 4-6 所示的个体学习一般模型,包含三方面构成要素,它们也是影响个体学习效率的关键要素:一是学习主体,即学习者,个体的学习动机、热情、态度、情绪、方法等都会影响学习效果。同时,学习者能看到多少、学到多少,在很大程度上取决于"个人知识基"的大小。只有学习者思考,脑细胞之间才会发生联系,同时为更深入的思考创造通道。因此,一个人用脑越勤,创造的思考通路越多。二是学习的客体,即环境中的信息与知识,这是学习不可缺少的。三是环境,包括物理环境以及不同学习者之间的互动、特定文化氛围等构成的个体学习所必要的组成部分。

就"学"而论,主要是从观察开始,提出问题,并设法解决问题,通过对话、行动、理解、知识建构以及知识创新等方式,获取环境中的信息,并根据个体的现有意义结构(个人知识基)进行理解、诠释,实现知识建构或重构的过程。一般情况下,影响个体这一过程的关键因素包括:

1)观察——学习往往是从观察开始的。观察是需要练习才能掌握的技能。从个体学习的机理可知,选择性观察是人类感官系统一项基本反应特性,它也有可能是我们高效学习的障碍。

2)发现问题并解决问题——发现问题,提出问题,并设法解决问题是学习的重要起源,本身就是一个学习过程。

3)对话——对话是学习过程中的交流,是我们获取信息的一个主要渠道,是激发群体智慧的必要手段。

4)行动——学不再是人们想象的简单地、一味地啃书本,而是要动手、操作、实践,逐渐行动起来,从行动中学习,形成相应的执行能力,这是一种重要的学习方法。

5)理解——对信息的解释和赋义。毋庸置疑,这是能否高效学习的关键要素。

6)知识建构——将新的信息与现有知识进行融合,这是学习的中枢环节。

7)创造新知识——学习的更高境界是创新,创造出新的知识,而不只是仅停留在对已有知识的学习上。

就“习”而言,主要是根据所学知识,结合特定情景,进行知识应用,通过亲身实践或体验,形成对事物规律性的认识,形成概念,并进行实验、练习,提高行动能力。这个过程包括如下关键因素:

1) 设计——筹划未来行动的景象,设计行动方案与知识应用的模式。

2) 直接经验——掌握一项技能需要亲身实践或体验。

3)知识运用——将学到的知识结合特定情景加以应用。

4)体味反思——对照结果,结合自己在行动过程中的思考和感受,对建构的知识进行反思。反思为积极主动地去着手处理或改变一种情况奠定了基础。当人们行动并再次反思时,又会获得新的经验,而这些经验会使人们以新的眼光来看待世界。同时,反思和积累经验,也使人们得以改掉坏习惯,建立新习惯。

5)概念化——在反思的基础上,形成对事物规律性的认识和一般概念。

6)巩固——确认学到的知识和习得的技能,通过不断练习加以巩固。

对于创新型人才来说,学习能力应该侧重于学习的方法与技巧,《淮南子·说林训》早就讲过这个值得人们深思的道理:“临河而羡鱼,不如归家织网。”后来广为流传的“授人以鱼不如授人以渔”,讲的也是这个道理。学习能力是创新型人才其他能力的基础。

(4)第四层是实践能力

从创新型人才个体的能力层次来说,实践能力是保证创新型人才个体顺利运用已有知识、技能去解决实践活动中的实际问题所必须具备的相关的生理及心理特征，这些特征对创新型人才个体解决问题的进程及方式直接起稳定的调节和控制作用，它体现出创新型人才个体认识事物能力转化的过程。其实，对作为个体的创新型人才来说，任何一种能力的发展都离不开实践活动，换言之，不同的实践活动可以促进相应的不同能力的发展。所以，作为个体的创新型人才，为了能够更好地适应社会和创新，应广泛地参加各种各样的实践活动，如学习实践、生活实践、劳动实践、科学实验，等等。在实践活动中，提高自己各方面的能力。实践对个体能力提高的机理是实践能力的内化，如感悟（感知）能力；归纳（整合）能力；反思（理论和实践）的协调能力，等等。

(5)第五层是创新能力

创新能力是创新型人才根据一定的学习、工作和社会实践的目的，运用已有的知识和技能，通过创新思维，产生新认识，提出新方案，创造新事物的能力。创新能力主要包括：信息能力（善于进行创造性的洞察，具有对信息的捕获、消化吸收、分析归纳、综合运用、有效输出、最佳运用的能力）；预见评价能力（具有超前意识，善于进行创造性的想象，具有把前瞻性与现实性有机结合起来的能力，能够从纷繁、复杂的事物与现象中预测事物发展趋势和有效判别事物价值的能力）；探求发现能力（善于将必然性与可能性有机结合起来，从复杂和难以发现联系的众多事物与现象中发现事实的本质规律，抓住问题症结与要害的能力）；实际完成的能力（具有务实的态度，既敢创敢闯，又善于总结经验，具有综合运用各种能力，统筹决策具体实践，有效实现奋斗目标的综合能力）。

创新能力是创新型人才个体能力的最高体现，是天赋能力、环境能力、学习能力和实践能力积淀而成的结果，也是创新型人才能力结构中的核心部分。创新能力是一种具有社会属性的能力，是在一定的自然禀赋的基础上，经后天的教育训练、社会实践培养和发展起来的。

5　创新型人才的非智力因素

根据心理学的研究，人的智力差异是客观存在的。但是在人群中智力极高或极低的只占少数，大多数人属于中等智力水平。人的智力水平呈现正态分布，即两头小中间大。进一步的研究还表明，智力水平高的人只是具有较大的从事创新性工作的可能性，但是否能成为有作为的创新型人才，还涉及许多非智力因素方面的心理品质。美国著名心理学家、斯坦福大学教授推孟(Terman)等人从1921年开始对1528名(其中男孩857人，女孩671人)智力超常(平均智商为150左右)的儿童进行了长达50年的追踪研究，推孟逝世后，相关研究仍在继续进行。相关研究之所以长期进行，是因为研究者希望揭示看似简单但其实十分艰深的相关学术问题的机理：①探索智商高的儿童有什么特质，或者说，什么样的儿童是所谓的天才儿童；②通过长期跟踪研究，找到影响天才儿童后来有所成就的相关因素，或者说尽可能长时间地跟踪研究他们，看他们成年后可能成为什么样的人；③如何更好地培养天才儿童。通过长期不懈的跟踪研究，推孟认为，相对智力因素而言，非智力因素对成就影响很大。推孟在对成年后成就评级最高的150人(甲组)和成年后成就评级最低的150人(丙组)进行对比后发现：他们之间差别最大的因素是四种非智力因素，即取得最后成果的坚持力、为实现目标不断积累成果的能力、自信心和克服自卑感的能力。他还认为成就评级最高者与成就评级最低者之间最大的差别是非智力因素方面的感情和社会的适应能力以及实现目标的内驱力(Terman et al.,1959)。换言之，某些非智力因素的差异往往对个体之间职业成就的差异起着重要的影响作用。通过对创新型人才非智力因素的分析，不难发现，非智力因素是创新型人才重要的创新素质。下面不妨做一些具体探讨。

5.1 非智力因素的现实表现及实质

在某些流行的民间说法中，人们常把那些非同寻常的、特别具有创新性的成就，认为是以某种超乎寻常的非凡能力或者某种特殊的说不清的机制为基础产生的，因此常在这些非同寻常的事件及其背后的主角——某些创新型人才身上贴上某些神秘的标签，如“天才的”“富有灵气的”等。由于人们对创新机制缺乏了解，导致很多民间说法中关于某些创新及创新者的描述具有很浓的“神秘主义”色彩，好像真有所谓“智慧女神”在暗中帮忙。因此，人的创新素质或者创造性等被搞得神乎其神，神秘莫测。于是，人们误以为创新活动就是“灵光一现”或“灵机一动”。其实，真正有价值的创新大多是创新型人才长期思考的结果。当然，这并不意味着创新型人才的创新过程都是禀赋决定的，非智力因素在这个过程中也起了非常重要的作用，只是人们对此的认识相对较少而已。

5.1.1 非智力因素在现实生活中的表现

5.1.1.1 非智力因素在现实生活中随处可见

准确地说，创新型人才的创新素质是一种复杂的混合物，是创新型人才通过创新行为表现出来的各种积极的心理特征的总和，是创新型人才智、情、意、体、美等诸因素的结合，它有不同类型、不同层次，由各种特性或成分构成。某种单独分出的孤立的智力要素，如观察能力、记忆能力、思维能力、想象能力、操作能力等，即使它们达到非常高的发展水平，表现得非常明显，也不能被当作创新型人才的创新素质本身。其实，除智力要素外，还有特殊能力或专门能力，也有非智力因素。

在现实生活中，我们常常看到一些司空见惯、见怪不怪的现象：

具有相同学历（有的同校、同专业、同年级，甚至同班）、相同出身、相同职业、相似经历的人，有的人一事无成，有的人却成果累累；有的人高大健壮，但却胆小如鼠；有的人虽然身患残疾，却成就了光辉的业绩。

在我们的身边，总会有这样的人，他学习成绩各方面都十分优异，所有的老师都认为他是最好的学生，父母也对他寄予厚望，认为他将来一定会出人头地，光宗耀祖。但是当大家都进入社会后，那些不如他的学生往往有着更好的工作，获得成功，而他却一直表现平平。

为什么人与人之间会出现如此巨大的差异呢？这其中有一个决定性的因素，就是人的心理素质。

人的心理现象极其复杂。心理素质涉及人们在先天禀赋与后天教育训练、社会实践共同作用下形成的人的心理倾向和心理发展水平，其内涵颇为丰富，大体上可以分为智力和特殊能力类、非智力因素类，具体每一类又包括若干种具体的心理素质。譬如，非智力因素包括需要、动机、兴趣、情绪、情感、气质、性格、意志、态度、理想、信念、人生观、价值观、世界观，等等。

按心理状态与社会适应的情况来划分，人的心理素质又可分为心理状态类与社会适应类。前者包括自我认识、自我接纳、自爱、自尊、自信、自律、自强自立、自我评价、乐观、进取、心理平衡、心理承受力，等等；后者包括社会化、学习心理、性心理、爱心、同情心、宽容、竞争意识、合作意识、敬业精神、事业心、责任心、角色意识、规范意识、现代意识、健康意识等等。其实，心理状态类与社会适应类的心理素质与非智力因素也是密切相关的。

说上面所述的情形在我们的现实生活中司空见惯，见怪不怪，是因为这样的例子或许在我们每个人身边都不难发现。这一现象说明个体之间取得创新成就的差异不是完全取决于智力，在很大程度上智力水平相当的个体之间取得创新成就的差异往往取决于非智力因素，甚至学生时代学业成绩相对优异的个体最后并不一定能够走向成功。

一个人能否取得创新成就，其能力的发挥与非智力因素作用的发挥有很大的关系。日本学者桑名一央在《怎样挖掘你的潜在能力》(1985)一书中曾举过一个一般人生活中也会遇到的例子：

他认识一位S夫人，她为照顾两个上学的孩子和料理家务而忙得不可开交。可是，有一天，S夫妻和孩子们遭到了汽车事故，幸好夫人和孩子们伤得不重，但是丈夫S先生脊椎受伤，丧失了工作能力，S夫人必须外出工作。

事故发生后，过了几个月，他见到了S夫人。她原来一直忙于家务，而现在已熟练地掌握了新的工作。他得知这些，感到非常吃惊。她是这样描述的："正如您所知道的，几个月以前，我整天忙于家务，做梦也没有想到还能工作。可是发生了事故以后，我下决心要挤时间。也许您不相信，人的效率提高了百分之百。我发现了许多挤时间的方法，如，少出去买东西，少看电视等。”

这个例子告诉我们：人们平时谈论的工作能力，在某种意义上说，不过是必要的能力（一般能力与特殊能力或专业能力）和非智力因素的结合，如S夫人“下决心”“挤时间”去学习新的东西和完成工作任务，而这不过是一种由需要、动机等非智力因素所导致的：“发现了许多挤时间的方法”，“少出去买东西”，“少看电视等”。我们很多人都能做到这几点，至于能够做到什么程度、做多少，完全在于自己能在多大程度上控制自己，看自己的意志品质如何，这也属于非智力因素的范畴。

如果说S夫人只不过是个普通人，做的只是普通的工作，那么我们不妨再看看创新型人才密集的贝尔实验室的科学家和工程师们的创新与非智力因素的关系。心理学家罗伯特·凯利和珍妮特·卡普兰对贝尔实验室工作人员进行了一次追踪研究。首先，将贝尔实验室的科学家和工程师分成两组，这些科学家和工程师的智商都很高，但这两组人员的区别在于：一组人员除了在工作上兢兢业业、顽强拼搏外，别无其他特色；另一组则不同，他们除了在工作上兢兢业业外，还与外界沟通，跟不同领域的专家保持联系，建立了广泛的交际网。在对这两组人员进行长期的追踪后发现，后一组人成绩斐然，而前一组人却黯然失色。事实上，前后两组科学家和工程师在智力上不相上下，而创新结果差距却很大，这种结果不得不令人深思。为什么会出现这种不同呢？答案是，后一种人有广泛的交际网，遇到技术难题需要帮助的时候，只要打个电话，就能得到相应的帮助，不仅节省了时间，提高了效率，而且还使他们在工作中由于便利的联系方法而心情舒畅，信心倍增。而前一种人常常独来独往，没有建立可靠的交际网络，很难主动去跟不同领域的专家请教、交流，自己一个人埋头苦干，往往浪费了时间还达不到预期的效果。

其实，综观各行各业的创新型人才，他们与自己的对手相比，差不多具备了这些共同的特征：情绪稳定、主动、自信、善于控制自己、善于同别人沟通交流，这些特征恰恰是所有成功人士在非智力因素方面的共同特点。因此，创新型人才要想使自己的事业成功，有所创新，离不开必要的非智力因素。

反过来，如果我们漠视人际沟通等非智力因素的重要功能，而采取自我封闭的态度，就会导致自我认知的盲目，对友谊的失望、绝望，容易导致孤独无助的心理和反社会意识的行为以及事业上的失败。那不幸就会像阳光下自己的身影一样，无论你怎样狂奔乱窜、暴跳如雷也始终没有摆脱的希望。

可见，非智力因素在创新型人才的日常生活中是时时、处处都能表现出来的。

5.1.1.2 创新型人才的自我意识与非智力因素

其实，人作为一个自然实体是在大自然的环境中由动物进化而来的，有其自身的自然的、生物学的规律；但同时人又是一个社会实体，在复杂的社会生活中，其行为受社会环境、社会行为准则、道德舆论的制约。由于人本身具有一种积极主动性，在社会实践活动中，人们不仅要认识自然、认识社会、认识自身，还要改造自然、改造社会、开发自我、不断创新，进行各种创造性的探索。

如上所述，具有相同学历等情形的人最后在创新成就上可能产生较大差异，非智力因素起了很重要的作用。诚然，取得较大创新成就者，其原因之一在于勤奋、执着等非智力因素。但勤奋与执着乃一种个人的行为过程，它存在于一个人行为过程之中及行为过程之后，而不存在于行为过程之前。它的两个显著特点是：一需要动力推动，二需要长时间保持。它既不能自然形成，也不会自发表达，它只能由一个人的自我意识来支配和监控(周希贤，2007)。

在上述案例中，S夫人要从家庭走向社会，从全职太太变成职场女性是由于交通事故导致S先生脊椎受伤，丧失了工作能力，必须外出工作。其实，这是S夫人家生存的基本需要。这也是一个家庭主妇清醒的自我意识使其做出的决策。所谓自我意识，是把作为主体的自己从客体中区分出来，把自己作为认识的对象，对自己的身体状况、心理状况、思想状况，以及自己与他人的关系等进行认识、评价，在此基础上形成一定的自我意象，进而影响自己的行为。创新型人才都应该是具有清醒的自我意识的人。

古人说的“人贵有自知之明”，其实讲的就是这个意思。创新型人才要正确地认识自己、评价自己、对待自己、发展自己。即要通过客观地认识自己、科学地评价自己，找准自己的创新目标，形成健康、积极的自我意识，实现自我意识对个人创新行为的有效监控。在选择创新目标时多想想：我该干什么？我能干什么？我要干什么？在选择创新目的时多想想：我为谁干？在选择创新意义时多想想：我为什么要干？在选择创新行为方式时多想想：我该怎么干？在选择创新行为过程时多想想：我干多长时间？怎么划分创新阶段？是一次性完成还是阶段性完成？如果遇到问题、挫折或失败打算怎么处理？后续的创新如何与之衔接？在评价创新行为结果时多想想：我干得怎么样？怎样才能提高创新水平？

一般来说，一个人有清醒的自我意识，对创新行为目标、目的有正确认识，可以为创新活动提供心理动力；对创新方式的正确选择和对创新行为结果的正确评价，可以为创新活动提供心理支持。可见，只有正确的自我意识才能为创新行为提供心理动力，而错误的或模糊不清的自我意识不仅很难为创新行为提供心理动力，而且可能成为创新行为的阻力。

我国现代政治家邹韬奋曾经讲过："自觉心是进步之母，自贱心是堕落之源，故自觉心不可无，自贱心不可有。""自觉有何长处，便当极力保存而更发扬光大；自觉有何短处，便当极力避免而更奋发有为。"邹韬奋先生强调的是：积极、健康的自我意识的形成靠自觉。那么，如何自觉地形成积极、健康的自我意识。也是现实生活中可以而且应该适度关注的。

第一，在实践中形成自我意识。创新型人才通过实践活动，充分施展自己的才华，在体力、智力和理想、信念、人生观、价值观、世界观等非智力因素方面，全面地得到发展。让自己的优点和缺点、特长与不足在活动中得以发现与验证。学会客观、公正地对自己的活动结果进行理性的分析。考虑创新目标时不能仅从主观出发，从自身的愿望出发，而不顾客观现实。在成绩面前，应看到自己的欠缺，找出进一步努力的方向；在遇到问题时，应多从自身找找原因，不要一味找客观原因或别人的问题；在挫折或失败面前，应正视自己的不足，总结失败的教训，在新的基础上建立自信，从而迈开新的步伐。

第二，在听取他人的评价中形成自我意识。这是人认识自我最基本的途径。创新型人才在创新的过程中，尤其是在听取他人的评价中形成自我意识方面表现得尤为突出。我们知道，今天的创新型人才，无论在企业、事业单位，还是在党政机关，除了自我评价外，都还有针对个人的年度或其他阶段性的工作评价，如果申报各项科研项目、承担某个任务，或者参加各类评优、评奖活动，都有针对性很强的专业性的相关评价。因此，以他人为镜，是创新型人才认识自我的重要途径。对他人的评价应心态平和地听取，客观地进行取舍，有益的要虚心接受，最后形成关于自我的正确概念。

第三，在与他人的比较中形成自我意识。创新型人才自身都有较高的创新素质，有可能自己本身在某些方面就有一定的竞争优势。但人外有人，名家大师，先进模范人物的创新才能、思想、品德，也是值得自己学习的，常常以他们作为自己理想的标准，行动的楷模，并与他们相对照、相比较，找出自己的差距及不足，这种比较是十分积极而有意义的，对于创新型人才的成长十分有利，更好地认识自己的欠缺与不足及优势与特长，自我意识进一步强化。

第四，在内省中形成自我意识。曾子云："吾日三省吾身"，就是说，要积极地进行与自我的内心对话。创新型人才的心理活动是非常丰富的，自我也应随时成为注意的对象。要善于为自己营造一种和缓、平静、沉着的心理环境，反躬自省、克己慎独，这样有利于客观公正地对自己进行剖析与认识。清醒的创新型人才能充分意识到自己扮演的角色，尽量展现自己的魅力。同时，尽量避免对自己创新活动不利的因素，如焦急、大意或敌视等。因此，要善于自我调节，包括合理的生活(工作)计划、总的目标及明确的任务。目标的最终实现，要靠成功的自我调控以及日复一日的努力工作。

第五，理性地提高自我修养。如果说心理品质中，自我认识等属于人的智力因素范畴，那么自我尊重、自我控制、自我动机、自我期望、自我调节、自我修养等品质就属于非智力因素范畴(李兴业等，2003)。要理性地提高自我修养，不断地在思想感情等方面吐故纳新，以帮助实现目标，如现实的自我包容，这是一种能够赢得别人爱戴和尊重的品质。真正成功的创新型人才，能怀着热情和同情去帮助别人(包括对手)，会对奋斗者、探索者和坚忍不拔的人伸出援助之手，且并非出于功利，也不是相互利用。现实的自我投射也是实现提高自我修养的重要方面。成功的创新型人才，能以坦率和友好，向周围扩散其非凡的魅力，在生活中投射具有建设性的、积极的想象。

5.1.1.3 在创新选择中非智力因素多以隐性知识的形式出现

在现实生活中，在创新型人才创新的过程中，往往会遇到多种选择的可能性，究竟选择什么，最终都是由某些隐性知识来支配选择。这里的隐性知识包括信念、理想、价值观、心智模式等非智力因素，影响我们对周围世界的感受和理解。这些隐性知识有些是已经成为传统和习惯的显性知识，作为传统和习惯，它以知识的隐性形式而存在。比如，人们在创新过程中，面临百思不得其解的问题的时候，事实上是面临着选择：究竟应该朝哪条路走？尽管选择不容易做出，但是最终作为个体的创新型人才还是得做出某种选择，这种选择无论是对是错，都是在"应该这样做，而不能那样做"的某种原则指导下做出的。在这种情况下，起作用的已经不是挂在嘴上的以书本知识为代表的显性知识或某些死记硬背的教条，而是一种不自觉的意识，某些隐性知识，也许它与曾经挂在嘴上或死记硬背下来的教条有关，或者说，最初是从那里来的，但是，在创新过程中，驱动和支配创新者进行选择的往往是一种自发的和处于创新者意图之外的力量，即某种习惯或传统，或信念、理想、价值观、心智模式等。比如一个人的思想方法、研究习惯或学术传统，这是作为个体的创新型人才想摆脱都摆脱不了的，它们在潜移默化地发挥作用，尽管这种作用可能是潜在的，但有时却是决定性的。这是信念、理想、价值观、心智模式等非智力因素作为隐性知识发挥作用时所具有的鲜明特征。在决定创新成败的关键时刻，是创新活动超越个人控制的时刻，但完全处于个人控制之中的创新是难以想象的。创新完全处于个人的控制之中是一种不现实的过于理想化的观念。创新结果如何不是个人能够事先主观预想的，它甚至不可能完全符合人们事先主观设想的某些意图，创新是演化的。

换言之，显性知识对于选择也起一定的作用，在从事创新活动时，人们会按照某种原则进行选择，这些原则就是显性知识。但是原则不止一个，在超越言语、超越逻辑的创新活动阶段，究竟选择什么原则，却是依靠一个人潜意识里的东西，这种潜意识里的东西就是个人所拥有的隐性知识，拥有的个人完全有可能没有意识到自己拥有它，但是，这并不妨碍其作用的发挥，毋宁说，这正是隐性知识的特性（杜月昇，2004）。

5.1.2　关于非智力因素研究的相关背景

人们关于非智力因素的关注，早期可以追溯到春秋战国时期的教育家孔子。孔子曰："三军可夺帅也，匹夫不可夺志也。"（《论语・子罕篇》）"知之者不如好之者，好之者不如乐之者。”(《孔子·雍也篇》)可见，孔子早就思考过今天人们称之为“非智力因素”之类的相关问题，涉及动机、意志、兴趣、情感等因素。不过，对创新型人才培养中与智力发展研究相关的非智力因素展开系统研究，则是相对晚近的事情，距今也就一个多世纪。

20世纪50年代以前，非智力因素作为一个研究领域，处在孕育阶段。

1903年，法国实验心理学家比奈(A. Binet)发表了《智力的实验研究》，对智力测验进行了开创性的尝试。1905年，他与西蒙(T. Simon)一起设计了测量智力的方法，编制了比奈—西蒙智力量表，也是世界上首个智力测验量表，用语言、文字、图画、物品等项目对被试进行测验。随着教育对智力测验的需要及智力测验实践的深入，比奈于1908年和1911年先后对比奈—西蒙智力量表进行了修改和增订，不久，比奈—西蒙智力量表引起教育界的重视，并被许多国家引进，后传入美国。1916年，美国心理学家推孟借鉴比奈—西蒙智力量表，结合美国情况制定了斯坦福—比奈量表。20世20年代的美国，心理测验备受关注，逐渐形成研究热潮。正是其时心理测验引起世人关注的社会背景和学术氛围孕育了“非智力因素”这个概念。美国心理学家亚历山大(W. P. Alexander)通过大量测试和实验发现，除一般智力(G因素)、言语能力(V因素)和实践能力(P因素)之外，在大量的智力测验中整个相互关系的各种变量有很多因素被忽视，这些变量可由另两种因素来解释，分别称为X因素和Z因素。X因素是一种决定个体兴趣的“关心”因素，Z因素与克服困难的坚持性以及期待成功的愿望有关系。亚历山大在心理学界最早明确提出了“非智力因素”(nonintellective factors)这一概念(Alexander，1935)，由于历史原因，亚历山大的工作在当时并未引起学术界足够的重视。

基于亚历山大等人的研究，美国心理学家韦克斯勒(David Wechsler)于1943年提出了“一般智力中的非智力因素”概念。由于其在心理测验方面具有丰富的经验，对智力及心理测验过程有深入了解，韦克斯勒充分认识到非智力因素的重要，并在专门研究的基础上很睿智地提出了“智力不能与其他个性因素割裂开来”的观点(Wechsler，1943)，6年后韦克斯勒进一步在心理测验的基础上撰写专门的研究论文《认知的、欲求的和非智力的智力》，进一步探讨了非智力因素(Wechsler，1950)，提出了颇有见地且影响较大的观点。韦克斯勒指出，一般智力不能简单地等同于各种智慧能力之和，还应包括其他的非智力因素，主要是指气质和人格因素，尤其是人格因素，而且还应该包括先天的、认知的和情感的成分。

20 世纪 50 年代以后，人们对非智力因素的研究引起了更多的关注，并且在几个相关领域取得了明显的进展。

相关研究领域之一是心理测量领域，心理学家继续广泛深入地探讨这一问题。1956 年，由美国加州伯克利人格评估研究所心理学家哈里森 · G. 高夫(Harrison. G. Gough)编制的加利福尼亚州心理测验表(CPI)，成为国际上常用的人格测量工具之一。高夫创造性地运用该心理测验表，就被试人格方面的因素与学业成绩之间的关系进行了较为系统的研究，研究了 18 种人格因素与中学生学业成就的相关性。测试结果表明，支配性、上进心、责任心、社会化、宽容性、遵循成就、独立成就和智能效率等 8 种由 CPI 测量的人格特征与中学生的学业成就之间存在着高相关(张履祥，1990)。

相关研究领域之二是发展心理学领域，该领域代表性人物是瑞士著名心理学家皮亚杰(J. Piaget)，他在 20 世纪 50 年代就做过智力与情感性相互关系的系列讲座，对儿童的非智力因素，特别是对情感功能(机能)与认知机能，智力发展阶段与情感发展阶段进行了颇有意义且产生了一定影响的研究。

相关研究领域之三是认知心理学领域关于非智力因素的研究。奈索(U. Neisser)是认知心理学领域早期的开拓者，早在 1963 年，当时人工智能的概念对很多人还很陌生时，他就在著名的学术期刊 *Science* 杂志上发表了一篇题为"The Imitation of Man by Machine"的著名论文，探讨了机器对人的模仿的问题，详细论述了人工智能与人类思维并不是简单的一回事，两者之间是存在很大的差异的(Neisser，1963)。他特别指出，那种认为机器能像人类一样进行思维的观点，是一种对人类思维机制不了解，对人类思维性质存在误解的偏见。因为人类思维中包含许多机器无法模仿的非智力因素，典型的是人类思维所表现出来的发展性、情感基础、动机的多重性的三个基本的、相互联系的特点，是计算机程序不具备的。人的思维一开始就与非智力因素如情绪、情感等有密切的联系，而且这种联系从未完全消失。与奈索工作同步，人工智能的奠基人之一、美国卡内基—梅隆大学西蒙(H. A. Simon)教授于 1957 年与别人合作开发了 IPL(Information Processing Language)。在人工智能的历史上，这是最早的 AI 程序设计语言。1960 年，西蒙通过心理学实验，表明人类解决问题的过程是一个搜索的过程，其效率取决于启发式函数(heuristic function)。在此基础上，西蒙与人合作，成功地开发了“通用问题求解系统”(General Problem Solver, GPS)。GPS 是根据人在解题中的共同思维规律编制而成的，可以解 11 种不同类型的问题，从而使启发式程序有了更普遍的意义。1966 年，西蒙再度与人合作，开发了最早的下棋程序之一 MATER。1967 年，西蒙在前期实验和理论研究的基础上，专门就人的动机与情绪在认知活动中的作用机制进行了比较系统的探讨，发表了对非智力因素问题研究颇有参考价值的研究论文——《动机与情绪对认知的控制》(Simon, 1967)。1969 年美国心理学会由于西蒙在心理学上的贡献而授予他“杰出科学贡献奖”，20 世纪 60 年代末 70 年代初，西蒙提出“决策理论”，由于在这一领域的卓越贡献，他获得了 1978 年度诺贝尔经济学奖，也为几十年后的今天仍受到极大重视的“决策支持系统”奠定了理论基础。

经过 20 世纪 70 年代的发展，到 80 年代初，非智力因素在认知活动中的作用也进一步明朗化。享誉全球的认知心理学家诺曼(D. A. Norman)提出了关于认知科学的 12 个问题，包括：信念、学习、意识、记忆、知觉、操作、技能、思想、语言、情绪、发展、交互作用，即关于认知科学的十二个问题(Norman, 1980)，从而构成了认知与非认知因素关系的基本框架。认知心理学将人视作信息加工系统，试图了解人的智能的本质(乐国安, 1983)。

20 世纪 80 年代以后，非智力因素研究广泛深入。涌现出了诸如布鲁纳(J. Bluner)等著名的认知教育心理学家，关注学习过程中的非智力因素，如直觉思维、内在动机等。特维克(C. S. Dweck)从非智力因素角度出发，研究了动机过程对学习的影响(Dweck, 1986)，这些研究将非智力因素的研究不断推向深入。

20 世纪 80 年代以后，诺曼在非智力因素研究方面更是成果丰硕，作为计算机科学、心理学和认知科学的教授，他是名副其实的当今著名的创新型人才。他是一位站在“以人为中心”的角度去探索人与技术关系的先驱者。他于 1988 年出版了《设计心理学》并先后于 1990 年和 2002 年修订出版，是将认知心理学应用于设计，探讨人的情感的经典之作。2004 年，他的另一部著作《情感化设计》出版后很快被译成多国语言，书中探索了人的非智力因素(情感)与产品设计的关系，揭示了人的情感与产品之间所存在的微妙关系，提出了一系列新颖的、富有启发性的观念与思路，令人耳目一新，在国际上引起广泛的兴趣。他认为，认知解释并使你理解周围的世界，而情感使你可以对世界做出迅速的判断。其第四章的标题即“有情感的机器”，认为“机器人要想成功就必须具有情感”。

20 世纪 90 年代，在“非智力因素”的探索方面，较有影响的还有美国耶鲁大学的萨洛维(P. Salovey)教授和新罕布什尔大学的梅耶(J. D. Mayer)教授等人提出的 EQ(emotional intelligence)概念(Salovey, Mayer, 1990, 1995; Mayer, Salovey, 1993; Salovey, Mayer et al., 1995; Mayer, Geher, 1996; George, 2000)，冲破了传统的智商教育、培养、测评的一整套规范，对人才的培养和发展产生了重要的影响。他们把情绪智力界说为：觉察情绪的能力，运用并产生情绪以协助思维的能力，理解情绪和情绪知识的能力，以及调节情绪以促进情绪和智力发展的能力。尔后，美国心理学博士、《纽约时报》专栏作家 Goleman (2006)出版了 *Emotional Intelligence*(中文译为《情感智商》)一书，突破了萨洛维和梅耶提出的情绪智力理论严格限定的非智力因素范围(情感、情绪)，把情感智力拓展为五个方面的能力：了解自我的能力、管理自我的能力、自我激励的能力、识别他人情绪的能力、处理人际关系的能力。这些关于非智力因素对个体成长、成才作用的观点引起了全球广泛关注。

就创新过程中智商与情商发挥作用的机制来讲，人的创新活动的完成，都要经历一个从创新行为主体萌发创新设想开始，经过产生并获得创新思维成果，直至最终取得可被社会评价、可被社会认可、具有社会价值的创新成果的过程。这个过程的起始阶段，包括创新欲望的激发、创新设想的萌发，甚至还可以有创新思维成果的产生和获得，都可以是创新主体个体的行为。在这段时间里，创新主体即使不和社会发生直接的联系，也基本上不会影响创新活动的进行和创新思维成果的取得，所以这一阶段对人的素质要求主要是表现在智商上。

就情商而言，在这一阶段主要表现在意志、毅力等品质上。然而人的创新活动假如仅仅是到创新思维成果的取得为止，那对社会来讲，也许就是毫无意义、毫无价值的，而人们从事创新活动所追求的目标，也不可能仅仅是满足于关起门来作自我欣赏。因此,创新活动必定要发展到使创新成果具有社会价值和得到社会认可的阶段。而要实现这一目标,创新主体的活动就必然具有社会性,而不是纯粹的个人活动,这样就必须要处理和社会方方面面的关系,实际上也就是要处理和各方面的人的关系,显然在这个过程中,情商的重要性就会明显凸显出来(袁张度等,2002)。

其实,在对人的创新能力的研究中,人们很早就发现创新能力并不完全就是一个智力的问题。事实上,人们早已发现高智商的人未必是高创新能力的人这样一种现象。这就说明创新能力的内涵中,除了智力的部分以外,还有非智力的部分。而对非智力因素的研究,实际上就进入了情商的领域。如情商理论强调的内容之一是自我激励,目前其研究已经拓展开来,如在激励手段上就出现了自然激励、物质激励、任务激励、荣誉激励、信任激励、强化激励、数据激励和情态激励等。而在激励的方法、技巧上,也出现了经济激励法、纪律激励法、情绪激励法、尊重激励法、行为激励法以及先教后用激励技巧,注重现实表现激励技巧、适时激励技巧、适度激励技巧等。因此,自“非智力因素”这个概念随“情商”(EQ)传入我国之后,引起了不少学者的关注,并产生了广泛的社会影响。

在我国关于非智力因素的研究中,“非智力因素”与“非认知因素”的提法在意义上是未加区分的。国内最早使用“非认知因素”概念的是著名心理学家朱智贤教授,他于1982年在《思惟心理研究漫谈》一文中在分析认知心理学时提出了“非认知因素”这个概念。不过,对“非智力因素”研究引起社会广泛重视起重要作用的当推上海师范大学的燕国材教授(燕国材,1983)。而后一些研究者和教育领域的实际工作者对非智力因素进行了广泛的探讨。

多年过去了,国内关于非智力因素问题的研究也有过讨论与争鸣,但从总体情况来看,我们关于非智力因素问题的研究较国外研究而言,还是存在一定的滞后与差距的,这与当前落实创新驱动发展战略、建设创新型国家大背景下党和政府对创新型人才培养的高度重视的情况是不相吻合的。这种滞后与差距主要表现在:

第一,从关于创新型人才非智力因素的文献看,在实际研究方面,理论性的定性研究相对较多,思辨色彩较浓,量化的实证性研究依然较少,甚至是严重不足，对关于创新型人才非智力因素领域的应用研究应该给予必要的重视。

第二，对国外关于非智力因素问题的研究结果的认同和摒弃存在一定的盲目性，由于实证性研究较少，对不同社会制度、不同文化传统下创新型人才培养方面的异同缺乏必要的、深入的研究，没有自己科学的关于创新型人才非智力因素方面的研究验证，尚未真正做到“取其精华，去其糟粕”。

第三，国内虽然有钱学森教授等著名科学家特别关注创新型人才培养，关注创新型人才培养中的非智力因素，但梳理国内在这一领域的研究，研究领域过于狭隘，研究中借鉴性、描述性内容较多，在研究方法方面，实验研究更少，研究范式方面有待与国外的研究前沿接轨。

第四，受长期以来应试教育的影响，对于创新性教育实验的评估大都着眼于知识的掌握和有助于升学，这样的目标与创新型人才培养的目标是有很大差异的，着眼于个体创新人格、创新能力发展的研究相对较少。

到目前为止，我国学术界关于“非智力因素”的定义还存在争论，可谓众说纷纭，莫衷一是。对非智力因素所包含的要素也有不同见解，“非智力因素”是一个正在发展的科学概念。不过，笔者倾向于认为，林崇德教授等人(1994)的观点是值得重视的，即非智力(或非认知)因素，是指除了智力与能力之外的又同智力活动效益发生交互作用的一切心理因素。

5.2　与创新素质有关的非智力因素

从非智力因素在现实生活中的表现及实质的探讨中不难发现，非智力因素与创新素质的关联也许远远超过人们的想象。所以，忽视素质教育而侈谈培养创新素质，无异于水底捞月、缘木求鱼(燕国材，1999)。那么，关于哪些非智力因素会对创新素质产生影响的相关研究自然是值得引起重视的。

5.2.1　创新活动中不可忽视非智力因素

根据有关研究，个体创造力中的能量由生物能量和精神能量构成。人作为生物体，是一个非平衡复杂系统，必须同其所生存环境进行能量和物质交换，从环境中吸收能量，以维持自身生长和消耗，提供人从事一切活动的能量来源，这是人能够生存的基本要素之一。同时，人又是社会性动物，个体生活在群体和社会之中，个体同社会进行精神的相互作用，从社会接受精神能量，并形成自己的个体精神，个体精神又反过来影响社会精神。因此，生物能量和精神能量就构成了个体创造力的能量。对于人的生物能量，只要是一个身心健康的人，他所具有的生物能量足以支撑他从事各种创造活动。而从能量角度探讨个体之间的创造力大小，则主要体现在精神能量差异上（刘勇，2016）。

严格地讲，精神能量不是自然科学中的一个精确的概念，因为不可能用物理仪器对其进行测定，更不能用数学公式进行描述和推导。它是社会科学中的一个描述性的概念，是通过一个人、一个群体、一个社会的行为方式，以及他们所创造的物质和精神财富数量来体现的。创造是一个从无到有的过程，需要能量，甚至需要巨大能量。爱因斯坦对狭义相对论思索了 10 年，广义相对论花了 7 年，统一场论花了 30 多年，如果仅仅从生物能量角度来看，他摄入的能量不可能比其他人多多少，但创造的物质和精神财富却远远超出一般人。究其原因，不能仅仅认为是他的方法更好，或者是知识面更丰富。在这巨大差异背后，体现的是精神能量的差异。精神能量是以生物能量为基础，在特定社会文化背景下，个人复杂系统与社会复杂系统交互作用，相互影响而涌现出来的特征，是大脑复杂系统对社会系统的整体反映，它以意识的形式出现于人的大脑中。创新精神虽然不能用物理仪器进行测定，但它调动和指挥人体的生物能量，改变了人体生物能量的释放方式，使得有限的生物能量能够有目的地集中于某一点，完成许多仅靠生物能量所不能完成的事情。由于精神或意识是大脑系统的综合反映，因此，它就具有非线性特点，具有复杂系统的基本性质，它由多层次、多单元构成，而且是相互影响的、动态的，不断地与环境发生相互作用，在学习中与环境进行能量与信息的交换，并不断向更好地适应环境方向发展。所以才会出现同一个学校培养出来的人在后来的发展上呈现千差万别的状态的情况。

精神能量决定生物能量的使用或释放方式，至少可以将其分为三类，即能量发散型、能量集中型和居于前两者之间的中间类型。能量发散型是指一个人在做某件事时，不能集中精力，很容易受外界因素干扰，或者集中精力的时间不长，一件事情还没有做完就又开始其他工作，甚至同时开始多项工作。这样的人常常看似很忙，但可能最后没什么创新成果。或者，有的人让生物能量自由发散，无具体的创新目标，亦难有创新。能量集中型是指能够不受外界干扰，做事时全神贯注，能量高度集中，而且能长时间保持这种能量。从对创新影响程度来看，能量使用方式与能量的个体差异同样重要。而要产生这种效果，精神力量起着决定作用，是精神能量将生物能量集中起来，并长期保持较高的能量状态（刘勇，2016）。这里所说的精神能量，实际上就是非智力因素。

关于情商与创新能力的关系可以从以下几个不同层面加以分析（袁张度等，2002）。

第一，情商包含自我发展的世界观、人生观和价值观。对创新型人才来说，其成长、发展和成功的最根本动力来自自己的世界观、人生观和价值观。其表现为：将自己的奋斗目标建立在热爱自己的职业、岗位的基础上，努力做出自己最大的贡献，确立人只有为社会做出有价值的贡献才能成为有价值的人的意识和观念；积极、主动、有意识地充分挖掘自身的潜能，努力寻求用创新思维去解决问题；能从小事做起，在实践“千里之行始于足下”的过程中，迎来创新活动的成功；在挫折、失败面前不气馁，百折不挠，坚持到成功。

第二，情商包含对创新活动的整体设计，在涉及人的发展、成才的许多非智力因素方面，人的思维本身就常常是充满创意的。这方面的内容也可以表现为：以开发自己的创新潜能为目标，不断培养、激发自己的创新“激情”“灵感”“冲动”；把自己设计成“成功者”“赢家”，设想在走向成功的过程中可能出现的相关问题和相应的对策；在创新思维、创新方法的应用过程中，不断地考虑自己的创意和提高自己的决断力；在遇到挫折和失败时，培养自己坚强的意志，克服自身的弱点与不足，遇到困难积极想办法解决，善于创造良好的环境。

第三，情商包含克己自律，并将自律作为自信、成功的关键。具体表现在：要强化自学，做到自己研究、自己发现、自己提出、自己思考、自己解决问题；要重视修养，包括思想修养、道德修养、艺术修养等，培养自律的习惯；在生活、实践中，培养创新思维的质疑精神；在情绪上，要克服侥幸、焦虑、悲伤、忧愁、沮丧、纷乱等心理现象所产生的负面效应，排除失落感、忧愁感；妥善处理短期利益和长期目标之间的关系。

第四，情商包含自我激励。自我激励是一个人从事创新活动，直至获得成功的源泉和动力。所以自我激励也被看作是一种无形的生产力。自我激励有三条基本原则：一是激发主人翁精神的原则，不断强化作为主人翁的责任感，强化内在动力和外在压力的激励作用。二是强化精神力量、思想觉悟的作用，努力将精神转化成物质，在明确创新目标、意义的前提下，激发自己不断努力奋斗的动力。三是适度的物质利益驱动，这是因为对适度的物质利益的追求和实现，也可以成为人从事创造性活动直至获得成功的一种动力。例如，创新者取得创新成就后，在不忘艰苦奋斗的同时，也可以适度改善自己的工作环境和生活条件。

诚然，情商等非智力因素并非创新素质的全部。创新也离不开一定的智力与能力。一个智商低下、能力极差的人不可能创新，这是大家都明白的道理。一般来说，对于创新活动而言，人们往往是为了创新而学习，接受知识，加以思考分析，提出自己的见解，自己才能成为知识的主人。创新还必须积极主动地从被动式接受知识向主动运用知识进行创新转变，针对创新目标实现知识的自我更新。消极地被动等待或者一味地观望，不去发挥人的能动性，那么创新就成了无根之木、无源之水。创新者有了创新的欲望和信念，学习才会有积极性和主动性，才会有强烈的欲望驱使自己向创新目标进军，才会使记忆持久，观察敏锐，激发自己进行合理的冒险进取，打破原有知识、概念、原理的旧框框。

可见，创新者超人的创新能力的获得，不能仅靠先天聪明，主要是靠后天勤奋和努力，不是具有高智商者一定就有高成就或更多的创新。

对于作为个体的创新型人才来讲，要从事创新活动，必须具备必要的创新素质，如上所述的“精神能量”中所包括的一系列非智力因素应该就是其中的重要组成部分。准确地说，人的创新素质是一种复杂的混合物，是创新者通过创新行为表现出来的各种积极的心理特征的总和，是创新者智、情、意、体、美诸因素的结合。它有不同类型、不同层次，由各种特性或成分构成。某种单独分出的孤立的能力要素，如观察能力、记忆能力、想象能力等，即使它们达到非常高的发展水平，表现得非常突出，也不能视为创新素质本身。创新型人才应该具有很强的创新精神，具备相关的创新知识，能够产生新想法，并且具有将其付诸实践的能力。当然，还应具备创新人格等素质。

5.2.2 创新活动中重要的非智力因素

国外关于非智力因素对创新素质影响的研究大多运用实证研究的方法，譬如关于大学生学业成绩的影响因素方面，个体的非智力因素颇受重视。如关于自我效能感、乐观、应力、健康等非智力因素对学业成绩的影响的研究结果显示，这些非智力因素都与学业成绩具有强相关(Chemers et al.,2001)；而关于积极的心理资本(由自我效能感、乐观、希望和坚韧性组成)等非智力因素对学业成绩的影响的研究结果表明，这些非智力因素与学业成绩呈正相关(Luthans et al.,2004)。另外，关于非智力因素与学习目标取向等问题的研究(Kickul et al.,2006)及典型的非智力因素如动机、兴趣、情感、意志、性格等对大学生学习和健康个性的影响(Liang,2014)，以及某些非智力因素如学业自我效能感与自我尊重和心理健康(如抑郁症状)等之间的关系的研究(Holmes,2015)，媒体与学业自我效能的关系及影响的研究(Fosse et al.,2015)；还有Cehk(2015)、Chang等(2015)关于大学生学业自我效能感其他层面的研究，这些研究从不同层面探讨了非智力因素对创新素质的影响。大量事实表明，创新型人才都具有良好的个性心理品质或者说是非智力因素比较好，具有较高的“情商”(Goleman,2006)。以上分析表明，在作为个体的创新型人才的创新素质中，有许多属于非智力因素。这里择其要者，作具体分析。

5.2.2.1 创新需要

作为个体的创新型人才的创新活动除一些无意识的行为外，一般都是由某种需要(个体的或社会的)产生的。在讨论创新活动中重要的非智力因素时，不妨先探讨创新需要。

我们知道，人的需要是复杂多样的。人要生存，就会面临许多具体的需要，我们可以将其简单地分为两类，即自然的、生理的或物质的需要，如对食物、水、空气、温暖、运动和休息等的需要；社会的或精神的需要，如对劳动、交往、艺术和文化知识、受人尊重等需要。自然的需要是人生来就有的，在人类社会历史发展过程中，人类在自然的需要的基础上，形成了特有的社会的需要。马斯洛关于需要层次的理论就是把这些需要分成了五个层次，即生理需要、安全需要、爱和归属感、尊重和自我实现的需要五类，由较低层次到较高层次依次排列，在自我实现需要之后，还有自我超越需要。

创新需要是当创新型人才打算实现某种创新目标时产生的某种主观需求，是客观需求的一种反映。创新需要推动创新型人才以一定的方式在一定的时间和空间进行创新活动。创新需要反映的主要是一种社会的、精神的需要，人在社会生产劳动、社会关系和科学实践中通过创新活动可以满足创新需要。如果从需要的层面分析，在创新型人才创新的过程中，从目标取向的角度分析，往往是由较低层次到较高层次。按照需要层次理论，创新型人才的行为动机的产生常常是需要的结果。

5.2.2.2 创新动机

人们无论从事何种创新活动都有各自的原因，这就是人的行为动机。创新行为是在人的创新动机激发下所展开的活动。因此，创新动机是推动人们从事创新活动以达到一定的创新目的的内在动力。创新型人才的创新动机是内在动力在始动、导向和维持等方面的表现。人只有产生了某种创新动机，才有可能去从事相关的创新活动。创新动机激发人们投入时间和精力去尝试创新，创新动机加上必要的创新技能，就会推动创新活动取得一定的成效。

需要指出的是，人们的创新动机不会凭空产生，创新动机是在创新需要（内驱力）和创新目标（诱因）的基础上产生的。由创新需要转化为创新动机必须经过一个过程。创新需要的产生是在生命机体的平衡状态被打破后带来的紧张状态引起的，不过，这时紧张状态还处于低级水平。只有当创新需要不断增加，人的紧张度超过最低承受限度时，创新需要才变成一种渴望，成为追求创新目标的强烈愿望。此时，如果再加上一定的诱因，创新愿望即变成推动人们创新行动的动机。

当然，创新型人才的创新动机是多种多样的。创新动机与创新行为之间的关系也比较复杂。同一种创新动机可能产生不同的创新行为，比如，对大学生来说，为了获得别人的尊重，满足受尊重的需要，有的人可能从提高学习成绩入手，有的人可能从发展体育技能入手，还有的人可能从注重培养社交能力入手；当然，还有其他选项。而同一种创新行为也许会出于不同的创新动机，比如，大学生中努力学习的人很多，同样是努力学习这种行为，有的人是为了提高自己的智慧和能力，有的人是为了考研究生，有的人是为了某个具体的奋斗目标和理想,有的人是为了获得父母的称赞,有的人是为了博得同伴的羡慕,等等。就是说,创新动机与创新行为之间的关系,其表现形式可以是多样的。但无论何种情形,创新动机都是创新行为产生的基础。

创新型人才的创新动机不仅是多样的,也是复杂的。人在社会化成长过程中,通过各种社会生活经验,形成自己的社会需要。由于创新型人才总会不断出现新的社会需要,因而创新型人才的创新动机相应地表现出持久性和复杂性的特征,并且带有明显的个体色彩。譬如,对于学生时代的创新者来说,学习动机对其创新潜能的开发具有一定意义。大量的教育实践告诉我们,学习动机强的人,注意力比较容易集中,精力集中时间也较长。对某一问题的长期专注,并伴之以对解决方法的渴求,比较容易产生灵感、顿悟等。良好的注意力能够提高个体观察、记忆、想象和思维的效率,所有这些都是创新素质培养中不可缺少的品质。学习动机强的人,学习、创新的兴趣和需要也强,动力也大。

从某种意义上讲,创新者的智力水平相当时,创新动机因素对个体活动的影响在某种意义上说更重要。比如龟兔赛跑,乌龟象征动机强烈,兔子象征能力高超。乌龟比兔子先到达终点,说明在某些情况下创新动机比创新能力更重要。

创新动机在创新活动中具有特别重要的作用。从事创新活动就像跳高一样,每当运动员跨越一个新的高度,就会产生极大的成就感,同时,又促使其产生创造新的高度纪录的愿望和激情,并注入更强劲的动力。即使在新的高度跨越过程中出现一时的失败,作为一个优秀的运动员,也决不会放弃,而会不断改进方法,向着新的高度发起挑战。创新动机如此重要,对于创新型人才来说,创新动机的激发和培养就显得十分重要了。一般来说,激发和培养创新动机,一是可以根据个人成长情况或事业发展方向,培养多种创新需要,它是个体创新行为发展的基础,创新动机则是个体创新行为发展的推动力量。二是可以提高个人的抱负水平,从而充分地挖掘自身的创新潜力。三是培养正确的价值观,从某种程度上说,价值是激活创新活动的"酶"。对人生价值的追求,是人们从事创新活动的内在动力,能起到激发和引导的作用。

5.2.2.3 创新兴趣

创新兴趣是人们认识某种事物或从事某种创新活动的心理倾向。它是以创新需要为基础的，是推动人们从事创新活动重要的创新动机。由于个体差异，人的兴趣是有所不同的。我们可以根据不同的标准，将兴趣划分为不同的类型，如根据伦理标准，可把兴趣区分为高尚的兴趣和低级的兴趣。前者同个人身心健康和社会进步相联系，后者则会使人腐化堕落，有碍社会进步。

对于创新型人才来说，中心兴趣能促使人在知识的某个领域里锲而不舍，不断深入，以储备渊博而精深的专业知识，这对从事专业工作、发展特殊能力和创新活动来说都是不可或缺的。当然，人们的兴趣在能否使人的认识活动深入下去，以达到认识客观事物的结果上也是有差异的。这是因为，创新兴趣对创新型人才的创新活动的作用存在不同的情况：既有对未来创新活动的准备作用，也有对正在进行的创新活动的推动作用。

兴趣是最好的老师，当人们对某个领域有兴趣时，学习会津津有味，这样就变“苦学”为“乐学”，变“要我学”为“我要学”。一个人的兴趣倾向性在一定程度上会影响一生的事业发展。有些人兴趣持续发展，从小开始一直保持到成年，甚至终身不变，在某个领域不断创新。诺贝尔物理学奖获得者、美籍华人科学家丁肇中教授在青少年时期最感兴趣的是中国历史、化学和物理，后来对物理又产生了特殊的兴趣，并以此作为奋斗终生的目标。他说：“我总是选择我对之感兴趣的课题，并且力图去彻底理解它。”出于对文学的兴趣，冰心 11 岁就读了《西游记》《水浒》《红楼梦》等多部中国古典小说；刘绍棠 12 岁小学毕业时，就读完了鲁迅、郭沫若、茅盾、巴金、冰心、郁达夫等人的代表作，同时开始尝试写作。

当然，良好的兴趣品质是可以培养的。自然界无边无垠，人类社会多姿多彩，有数不清的事物和现象令我们惊讶、感叹，更何况还有很多我们闻所未闻、见所未见的事情，等待我们去认识、去发现，这都能使我们产生广泛而深入的兴趣。创新者在生活中多问几个为什么，就会促使自己去认识和发现更多的领域，也就使我们有可能产生更广泛的兴趣，并对感兴趣的领域做进一步的探究，锲而不舍，进而加深兴趣。同时，由于社会的发展和科技的进步，新的事物、新的现象层出不穷，令人目不暇接，每一个创新型人才都应以开放的心态去拥抱这个伟大的、创新的时代。所以稳定而持久的兴趣对创新型人才的学习和工作固然有重要的意义，但这丝毫并不意味着一个人的兴趣不可以转移，相反，有目的、有计划地转移兴趣是非常有意义的，这有别于见异思迁、朝秦暮楚。倘若能如此理解兴趣的稳定性与根据社会需要进行兴趣的主动转移，将兴趣与行动结合起来，持之以恒，当可领会“锲而不舍，金石可镂”的真谛。

5.2.2.4　创新情感

常言道，人非草木，孰能无情，此“情”包括情绪与情感。情绪与情感的波澜起伏、丰富多彩给人的心理活动增添了许多色彩，也给人的创新活动增加了动力或阻碍。与情绪相比，情感具有持久、稳定的特点。比如，一个具有强烈荣誉感的人总是尽自己的力量做好工作，生活中严格要求自己，使自己的行为符合社会规范，从而得到社会、集体或他人的肯定与赞扬。但他的这种情感很可能被埋藏在心里，并不表现出来，只是通过行动来表达。同时，情绪和情感又是互相联系的。情绪是情感的外在表现和形成基础，情感则是情绪的内在升华。

作为创新主体的创新型人才是人，而人是有感情的，感情伴随创新活动过程的始终。情感可以激励人们进行创新活动等积极行动，以满足感情的需要。情感在创新活动中的作用有多种形式，一是激情。激情是一种强度很高、猛烈、可以迅速爆发但持续时间很短的情感，有时表现为一种冲动的心理状态，也是创新型人才创新思维突发时常有的心理状态。在激情中，一方面可能失去理智，做出一些违背常理的事情来，另一方面也往往是事业成功的前奏。我们应当在激情中发掘自己的创新能力，当然在必要的时候也要适当地抑制兴奋，冷静地考虑，不要受盲目的兴奋心理干扰，任凭激情猛烈、迅速爆发。二是热情。热情是指强度较高但持续时间较短的情感，其特点是强烈而有力、稳定而深厚，比如对创作的热情常使创新型的文艺人才废寝忘食，孜孜不倦地从事文艺创作活动。而创作的成功以及从创作中体验到的乐趣又能使他们热情倍增，推动他们继续开创新的领域。三是心境。心境是一种比较微弱而持久的、使人的所有情感体验都感染上某种色彩的情感状态。不同心境，看待同一事物的感觉也不一样。比如看到春雨，杜甫的体验是：“好雨知时节，当春乃发生。随风潜入夜，润物细无声。”（《春夜喜雨》）而杜牧则是另一番情感体验：“清明时节雨纷纷，路上行人欲断魂。”（《清明》）在人们的情感体验中，良好的心境有利于人们的创新活动，因为良好的心境使人的感知、记忆、注意、思维、想象等心理因素活跃并结合起来，从而形成创新能力。

对于创新型人才来说,情感是一种对追求事业和开拓创新的热情。情感具有稳定性和持久性。它不是瞬息即逝的,而是具有长期激励和推动个体创新的作用。创新型的科技人才对未知领域的激情总是无限的,他们把一生都投入自己的研究领域,科学发现、发明创造等科技创新活动往往成为他们生活的主旋律。培养积极、健康的情感,献身于所热爱的、有利于社会进步的事业,在工作中不断创新进取的人,一定会备受尊重。

其实,培养积极、健康的情感,具有重要的意义。其培养途径也是多方面的。第一,树立正确的人生态度。一个人能够树立正确的人生态度,就能保持乐观的精神,他的情感也会变得积极而稳定。第二,培养宽广的胸怀。如果一个人胸怀宽广,顾全大局,体谅他人,他就不会为一些小事而陷入无穷的尴尬和莫名的痛苦。如果通过学习和修养,达到“心底无私天地宽”的境界,在创新活动中就不会为一些负面的情绪或情感所累。第三,热爱生活。对生活缺乏热情的人,生活上往往无所寄托,缺乏目标,容易陷入自卑、失落等不良的情感状态。相反,如果他对生活充满热情,他的情感自然是积极、健康而稳定的,总感觉生活充满阳光,从而具有美好的愿景和良好的自我期待。第四,建立良好的人际关系。紧张的人际关系,往往会引起紧张、焦虑、莫名的压力和不愉快的情感反应,让人悲观、失意。和谐的人际关系,往往会带来一种比较融洽的气氛,这种气氛反过来会促使人产生一种积极、健康的情感体验。

5.2.2.5 创新意志

人不仅能认识世界,对现实产生各种体验,而且能自觉、能动地变革现实。为变革现实就要提出目标、制订计划、选择完成计划的方式、方法,还要努力克服困难以达到预定的目标。这种为达到预定的目标而克服困难的心理过程就叫意志过程,也称意志行动。

创新是一项艰苦的探索性劳动,人们在进行创新活动时,往往会碰到各种各样内在心理的和外在环境的障碍和压力,只有意志坚强的人,才可能冲破各种障碍和压力获得创新成功。所以在某种意义上说,创新型人才所进行的创新活动是一种意志活动。

在创新型人才的创新活动中,行动由动机决定,动机来自需要。随着需求的产生,人们有了明确的愿望,在愿望的驱使下产生了动机。意志活动在这个时候对动机进行了抉择，把愿望变成了目的。意志活动的一个重要因素是动机。辩证地看动机和效果的关系，随着创新活动难度的增加，不是动机越强效果就越好；这是因为在创新活动难度很大时，动机过强容易产生焦虑、急躁的情绪与情感，不利于创新思维的发挥。所以对于难易程度不同的创新活动，要采取适当的动机强度。

从一定意义上讲，创新活动本身是一种探索，不仅有失败的风险，有些创新活动还要付出巨大的代价，面对困难、挫折和失败时，首要的问题就是需要坚强的意志和毅力。如果一个人不能承受挫折和失败，缺少挫折耐力，失败一次就躺倒不干，那他再聪明，再有创造性，也是会一事无成的。对于许多创新活动来说，坚强的意志是促使创新者创新活动成功的重要素质。有的创新者表现为把精力高度集中在某一项事业上；有的表现为屡遭失败却百折不回。诺贝尔冒着死亡的风险，经过数百次失败，坚持实验，发明了雷管、无烟炸药。还有的表现为以顽强的意志长期坚持。我国已故的中国科学院院士贾兰坡先生，是一位没有大学学历的院士，他在第四纪地质、古脊椎动物、古人类和考古等方面都有很多研究，在旧石器的考古方面，成绩最为显著。作为一位世界公认的旧石器时代考古学家和古人类学家，其关于“北京人”头盖骨化石及其用火遗迹的发现，震惊了国际学术界，也奠定了他在这一领域的学术地位。其创新成就的取得，不光是凭他天资聪明，更重要的还是勤奋好学，踏实苦干，意志坚强。即使成名以后，他仍然潜心于自己热爱的学术研究，在考古发掘领域辛勤耕耘了 60 余载。

如果缺乏坚忍的意志，就会出现功败垂成的悲剧。很多创新活动取得成功、成就了一番事业的人都证明了这个道理。明朝李时珍历经 27 年，遍尝百草，编写一共 52 卷的医学巨著、中医典籍《本草纲目》；列夫・托尔斯泰耗时 37 年写就《战争与和平》；歌德创作《浮士德》花费了近 60 年的时间和精力；西汉史学家司马迁写作《史记》更是不易，其间被投入狱中，备受凌辱，在坚忍与屈辱中，耗尽毕生精力。我国清代著名医师程国彭在其医学专著《医学心悟》一书中论述治学之道时曾说，“思贵专一，不容浮躁者问津；学贵沉潜，不容浮躁者涉猎”，讲的就是这个道理。

5.2.2.6　创新气质

气质是人表现出心理活动的强度、速度、灵活性与指向性等特征的一种稳定的心理特征。按照巴甫洛夫提出的高级神经活动类型理论，人的气质可以分为四种不同的类型，即胆汁质、多血质、黏液质、抑郁质。

一是胆汁质。精力旺盛，直率坦诚，能克服困难，反应迅速但不灵活。情绪常常呈爆发之势。情绪兴奋性高，脾气暴躁，难以自制，易与人发生冲突。倔强急促，心境变化剧烈，有明显的外向倾向。

二是多血质。富有朝气，活泼好动，敏感，易于发现问题，但解决问题不多。反应敏捷，善于随机应变。联系面广，善于社交，但深交不多。兴趣较广泛，但不稳定(经常为新鲜事物吸引，但易于见异思迁)。情绪发生快而多变(来得快，去得也快)，外部表现明显。

三是黏液质。安静沉稳，遇事不慌不忙，深思熟虑，庄重踏实。注意力稳定而不易转移，较少说话但不等于没有看法，善于克制自己，忍耐力强。发动他做事情很难，但一旦开始就能坚持到底，不见异思迁。情绪发生缓慢、微弱且不易外露。兴奋性低，反应迟钝，遇到紧急情况，很难做出应急反应。

四是抑郁质。感受性极高，善于察觉他人不易感知的细节，内心特别敏感，情绪体验深刻、持久，但外部表现不明显。谨小慎微，言语行为迟缓，孤僻内向，容易自我封闭。耐受力差，紧张工作容易疲劳。

总之，气质的特点虽表现在人的创新活动中，但并不影响人们创新行动的方向、内容。这四种气质的人各有自己的特点，即各有优点与缺点。不同气质的人应该根据自己的特点科学地选择适合自己的创新性工作。

5.3 非智力因素对创新型人才培养的作用

在现实生活中，人们常常发现，许多颇有学识、能力、才华，也具有非常不错的创新素质的人，由于在创新活动中非智力因素方面的问题，影响了创新才能的充分发挥。主要表现为：缺乏坚强的意志、吃苦耐劳与顽强拼搏的精神；缺乏无畏的精神，不敢冒险进取；缺乏较强的心理承受力与自制力，因而不敢大胆进行创新活动。被名利所困，畏首畏尾，前怕狼后怕虎；怕苦怕累，畏缩不前；怕担风险，不敢越雷池半步；遇到挫折、打击、失败就一蹶不振，放弃追求。这都是缺乏良好的非智力因素的表现,在成长为创新型人才的道路上难成大器。

在创新型人才的成长过程中,非智力因素的影响涉及创新型人才创新素质的方方面面,起着至关重要的作用。具体说,非智力因素对创新型人才培养的作用表现在以下几个方面。

5.3.1 动力作用

非智力因素的动力作用是指它能够直接转化为创新型人才创新活动的动机,成为推动人们进行各种创新活动的内在动力。创新型人才一般都有强烈的开拓意识和进取精神,创新意味着面对问题与困难,开拓前进。但是,创新型人才不是盲目的蛮干者,其与鲁莽的蛮干者的区别在于,不仅有胆,而且有识。他们的创新效益、革新成果、科研成就,都是来自于对客观事物及其规律的认识和对发展趋势的理解。盲目或鲁莽的蛮干者只有偶然的得手,而那些敢于开拓、锐意创新的创新型人才的成功是建立在对客观事物及其规律的认识的基础之上,其成功则往往包含着必然与偶然的统一。

创新是对现状的突破和超越,创新型人才的每一次创新探索并不能一定成功,创新过程不会一蹴而就,往往伴随着挫折和失败。因此必须具备敢于突破的勇气,坚持不懈的毅力,百折不挠的信念,决不屈服退缩的品格,这要求创新型人才既要有强烈的创新需要,又能将创新需要转化成创新动力。但作为从事创新活动的个体,创新型人才也会面临挑战与困惑。当人们在创新过程中因解决相关难题而陷入困境时,有可能是对问题的症结缺乏准确的把握,有可能是没有找到新的创造性的解决问题的方案,有可能是感觉自己的知识不能满足解决问题的需要,有可能是创新团队合作不默契抑制了团队创新精神的发挥,凡此种种,都会导致人们在创新活动的过程中表现出某种困惑、焦虑不安的心理状态。

一旦面临这种状况,为走出这种创新困境,克服创新过程中的这种心理上的困惑、焦虑状态,人们往往会采取一些行为模式,有的可能是消极的,如放弃探索、中止创新;有的可能是积极的,如向外界求助,打破瓶颈。在这方面,某些非智力因素往往起着重要作用。譬如,通过人际交往可以在很大程度上缓解或消除这种心理上的困惑、焦虑状态,这是因为交往的心理动力往往能够满足人们这方面的很多需要。其具体的交往、接触方式是多样的，有的是面对面的、直接的接触，如在一起对话、交流；有的是借助媒介实现的间接接触，如QQ、微信、电子邮件、互通电话或传统的书信往来，交往的结果是双方多种信息、思想的相互沟通和情感的相互交流。从心理动力分析，可以是多方面的。一是依附需要，即由最亲密的人际关系中获得心理上的安全感和舒适感。成年以后在从事创新活动中，面对心理上的困惑、焦虑，可以在与朋友的沟通与交流中满足这种需要。二是社会整合需要，即渴望与他人共同分享相同的兴趣及态度的需要，以满足这种需要而建立的人际关系使人们易与他人交往，并产生对团体的归属感，如科学工作者在科学共同体中，在相关学会、协会中与同行专家的交流。三是价值保证的需要，即希望获得他人的支持，使自己觉得有能力、有价值的需要，也就是从他人处得到支持，从而提高自信心，继而增强克服困难的勇气。四是结成可靠同盟的需要，每个人都会希望在处理困难问题时不是孤身一人，至少有个同伴来分担自己的困惑与焦虑。五是寻求指导的需要，每个人都有请求他人在某一方面予以指导的需要。

也有创新者为克服困难，创造出某种新的行为模式。而促使人们采取各种可能的行为模式去克服困难，并试图创造性地解决问题的动力也往往表现为某种动机，或是成就动机，或是求知欲望，或是某种责任感，或是某种压力。这些动机、求知欲望、责任感或压力，往往成为驱使人们采取某种创新行动的原动力。

非智力因素的动力作用，除动机外，也表现在需要、兴趣等方面。

5.3.2 定向作用

非智力因素在创新型人才的创新活动中的定向作用，是指非智力因素可以帮助创新型人才在创新活动中确定创新活动的目标。在人类的活动中，“需要—动机—行为”是一般人的心理行为活动规律。人的创新活动都是有意识、有目的的，其活动规律往往从一定的创新动机出发并指向一定的创新目的。非智力因素在创新型人才的创新活动过程中具有明确活动目标，并据此策划活动方案、规划活动过程的作用。对于创新型人才的个体行为来说，其规律是：需要决定动机，动机支配行为，行为指向目标。

据此，创新型人才在创新活动中设立人生目标是非常重要的。人生好比一艘船，成功者总是牢牢把握船舵，扬帆远航，战胜急流险滩，朝着确定的目标，成功地到达彼岸。而有的人的人生就像那没有舵的船，随波逐流，甚至在漂流中触礁搁浅。在这里，失败者之所以失败，不能在创新活动中取得像样的创新成果，是因为他们的生活缺乏奋斗目标，不知人生之舟应驶向何方，最终碌碌无为。创新成果卓著的创新型人才则不同，他们目标明确，能把握方向，即使一时偏离航线，也能及时纠正。每当他们扬帆起航时，心目中就能浮现出目标，他们的"诗和远方"并不虚幻缥缈，知道彼岸在哪里。不管是风和日丽，还是急风暴雨，他们都能开足马力，全力以赴地朝着目标全速前进。

只有科学地设立了创新目标，人内在的创新潜力才能得到充分发挥。美国著名的整形外科大夫马克斯韦尔·莫尔兹博士在医学界享有盛誉。学生时代，他就立志当一名医生。在哥伦比亚大学医学院读预科期间，有一次，他的有机化学考试不及格。为了能实现自己当医生的夙愿，莫尔兹发奋学习，甚至假期都用来补习功课，加倍努力。功夫不负有心人，后来不仅化学得了优秀，其他功课也都是优秀。当莫尔兹回忆这段往事时，不无感慨地说，他之所以能从失败中奋起，是因为要当医生这一强烈的愿望时刻激励着他。正是这个目标，鼓励着莫尔兹克服困难，从失败中站起来，不断向前。他颇富哲理的《人生的支柱》(1998)一书还告诉世人："任何人都是梦想的追求者，一旦达到目的，第二天就必须为第二个梦想动身启程了……人生就是要我们起跑、飞奔、修正方向，如同开车奔驰在公路上，有时偶尔在岔道上稍事休整，便又继续在大道上奔跑。旅途上的种种经历令人陶醉、亢奋激动、欣喜若狂，因为这是在你的控制之下，在你的领域大显身手、全力以赴。"

创新型人才在创新活动中要想有所创新、有所超越，应该深刻认识设立人生创新目标的重要意义。现实生活中的创新型人才应该科学地设立人生的创新目标。第一，要正确评价自己，包括对自身的生理、心理特点的认识，比如性格、气质、意识、思维、兴趣、爱好、体能等素质的认识；对自身的社会适应性和创造性的认识，比如政治思想素质，知识技术能力，伦理道德修养，认识事物的方法、技能等的认识。通过对自己的全面认识，发现自己内在的潜力，找到自己在社会生活中适当的位置，为自己设立既具挑战性又切实可行的人生和创新目标。第二,在目标设立过程中,要立足于自身的能力水平,不要急于求成,可将目标分为远期目标、中期目标和近期目标,或者说是大目标、中目标和小目标。目标的设立要充分考虑其可行性,应量力而行。目标的设立还必须循序渐进,近期目标实际上是远期目标的组成部分。近期目标的实现,不但可以获取成功的体验,而且有助于增强自己实现远期目标的信心。第三,争取他人的帮助。联合国教科文组织"21 世纪教育委员会"认为,在当今竞争日益激烈的时代,人们应该学会与他人一起共事,一起生活,这已成为"今日教育中的重大问题之一"。为了成功,必须寻求支持和帮助,学会与他人合作。当今社会变化迅速,信息量大,个人有时难免陷入误区,失去目标。这时,他人及时的帮助有可能使自己纠正错误,向着正确的目标前进。

明代著名的思想家王阳明在《教条示龙场诸生》中说:"志不立,天下无可成之事。"意思是说,志向要是不能立定,天下便没有可以做成功的事情。非智力因素往往是通过创新型人才心理活动的指向性和集中性引导个体行为朝着创新活动目标确定的方向前进,使创新活动的方向始终符合既定的目标。

5.3.3 引导作用

引导作用是指理想、兴趣、爱好等非智力因素能够帮助创新型人才从动机走向目标。以理想对创新型人才培养的作用为例,每个创新型人才都应该有理想,因为理想所要解决的问题,是对人生的前途和未来的思考与探索。从心理学的视角来看,理想建立在人们对客观事物全面观察和符合逻辑思维的基础上,是特殊形式的想象,是对未来有可能实现的奋斗目标的向往和追求,是鼓舞人们努力奋进的强大动力,是符合客观发展规律的一种美好憧憬和愿望。

对于理想,人们既有生动的想象内容、明确的思想认识,又怀有喜爱、赞扬、憧憬等肯定的情感体验,并且想通过自己的不懈努力实现这个目标。正如人们所比喻的:奋斗目标像春天,使人生充满阳光和温暖;像清泉,使人心中的荒漠重新萌发绿洲。当然,科学的、崇高的理想是对未来有根据的合乎规律的想象,它有别于没有客观依据的空想,不是神奇的幻想。换言之,理想是建立在现实可能性的基础之上,经过不懈的艰苦努力可以实现的。但是,我们也应该了解,能激发人展望未来的符合现实生活发展要求的幻想,对于青少年来说,也是应当予以提倡的。它往往会成为科学发展、文化创新、个人开拓进取的重要前提，在条件成熟的时候，它就有可能变为现实。理想等非智力因素帮助创新型人才从这样的创新动机走向创新目标，社会也是应当予以鼓励的。

一般来说，构成理想的心理成分有认识、感情、意志、价值观念和信念等。认识包括对知识经验和事物发展规律的认识，生活理想建立在对人类生活实质的揭示之上；事业理想建立在丰富的专业知识、技能造诣之上；道德理想建立在对人生真谛的追求之中；社会理想建立在对现实社会的正确认识和对社会发展规律的深刻理解之上。人所向往的目标，总是在肯定的情感中形成和发展的，它实际上已成为个体的需要。比如，目标一旦实现，会使人产生喜悦之情，相反，则使人灰心失望。坚强的意志是把理想变为现实的保证。唐代诗人杜甫曾说过："读书破万卷，下笔如有神。"意志薄弱的人，他的理想再美好，也难以实现。缺乏信念的人，理想总是容易动摇，难以变为现实行动。即使转化为行动，也难以持之以恒地坚持下去。人们在对理想的追求过程中，总是把追求目标看成是最有价值的东西。这里的价值观念和信念，影响并推进着理想的发展。缺乏或丧失理想和抱负的人，往往不可能有艰苦奋斗的思想源泉，因此也难以确立长远的奋斗目标，谈不上创新发展。

了解和把握构成理想的各种心理成分，正确认识客观事物发展的规律，培养坚定的信念、坚强的意志和正确的价值观念，对于人们确立长远的奋斗目标，锐意创新，树立远大的理想，具有十分重要的意义。在帮助创新型人才从创新动机迈向创新目标的过程中，理想可以为创新型人才指明努力创新的方向，并引导人们实现目标。其机理就在于理想能给人以巨大的激励力量，使人的活动具有明确的方向性，使人在艰苦奋斗中产生巨大的精神动力源，同时对人的个性也产生深刻的影响。

在创新型人才的创新活动中，除理想外，兴趣、爱好等非智力因素也能够引导创新型人才克服困难，将创新活动进行到底。这方面成功的创新者不胜枚举，例如英国伟大的生物学家达尔文在学生时代对数学、神学都不感兴趣，但对昆虫鸟兽却有着特殊的爱好，以致当时守旧的校长骂他是"二流子"，父亲也认为他"不务正业"。然而，正是这种对生物学非同寻常的特殊爱好，促使年轻的达尔文不顾家庭的反对和周围人的不理解，甚至嘲笑，毅然决定投身于自己有浓厚兴趣的生物学研究，也正是这种特殊的爱好，鼓舞、引导他到美洲、非洲进行长达五年的艰辛的科学考察，克服了一般人难以想象的航海生活中的艰难困苦，直接向大自然索取第一手资料，最后创立了生物进化论。

5.3.4 维持作用

非智力因素在创新型人才的创新活动中的维持作用，主要是指非智力因素中某些因素能够支持、激励人们不断地向着自己确定的创新目标前进，使其创新活动不断地进行下去，使之能够始终坚持达到创新目标的行动。人们的创新活动要想取得预期的效果，贵在坚持，借助非智力因素可以使活动长期坚持下去，直到完成任务、达到目的。

这样的道理，古人早就悟得很透了。"譬如为山，未成一篑，止，吾止也。譬如平地，虽覆一篑，进，吾往也。"这是《论语·子罕》里的话。大意是：譬如用土堆山，只差一筐土就完成了，这时停下来，那是我自己要停下来的；譬如在平地上堆山，虽然才倒了一筐，这时继续前进，那是我自己要前进的。孔子在这里用堆土成山这一比喻，说明"功亏一篑"和"持之以恒"的深刻道理。其实，人们无论在学习还是工作上，要有所创新，都应该"坚持不懈""自觉自愿"。而这里所谓"功亏一篑""持之以恒""坚持不懈""自觉自愿"等所涉及的道理与我们所说的非智力因素的内容均有较大的相关，其中有些就是重要的创新者应该具备的个性品质，对创新活动的维持作用是十分明显的。如对某项创新活动能够做到"持之以恒""坚持不懈""自觉自愿"，那对这项创新活动应该是有热情、有兴趣、有毅力，当然也就会出现孔子所说的有勇气"止"或者"进"。

先说热情。米丘林对园艺学的热情可谓颇不一般。受家庭影响，米丘林从小爱好园艺，8 岁时即能完成嫁接和压条工作。后因家境贫困，小学毕业后便辍学了。但正是对园艺学的热情，才驱使和推动米丘林不顾物质上的贫困，开展了各种尝试并取得多种科学发现。1875 年，20 岁的米丘林在铁路站当了一名职员。他省吃俭用，用节省下来的钱租了一块荒废的小园地，以此作为基地进行园艺实验，开始了他的园艺研究生涯。他还对中部俄罗斯各地的果园进行了大量的调查，对园艺学创新探索的热情激励他立志改变当地果树低劣的状况。自 20 岁起，他从事植物育种工作达 60 年之久，他持之以恒，从而创造性地解决了育种的问题，提出了著名的米丘林学说，培育出300多个果树新品种，最后成为苏联农业科学院院士和苏联科学院名誉院士。可见，在一个人的创新探索中，热情是多么重要，有热情，才能激励创新者锲而不舍。热情驱使他前进，促使他排除万难。

再看勇气。创新者要从事创新探索，开创前人没有的事业，必须面对常人无法忍受的失败、讥讽、看似不可动摇的权威理论、别人的不理解，甚至某些阻挠等困境，面对这样的现实，要让创新者不断地向着自己确定的创新目标前进，使其创新活动不断地向前推进，进行下去，必须拿出不怕失败、不畏权威的勇气，必须不惜冒险犯难，有时甚至是冒流血的风险或付出生命的代价。在航空业发展史上，飞机的发展有不少耐人寻味的案例。1903年，美国的兰格力制造出第一架飞机，可是在进行第一次试飞时，那个帮助起飞的机器没有弄好，导致飞机坠落到水里。这不但引来了四周观看人的一片讥笑声，当时美国的各大报纸也都公布了他失败的消息。可是兰格力并没有被讥讽所吓倒，决定进行第二次试飞。偏偏命运作对，一根绳子勾住了飞机的尾巴，飞机刚起飞就一头栽入水中，飞机摔得破碎不堪，兰格力也差点摔死。第二天各大报纸都嘲笑他是"傻瓜"，教会也声明他"亵渎了上帝"，还振振有词："如果上帝要想叫人飞，早就会让人长出两个翅膀。"一些保守的科学家也认为地球引力是不可战胜的。兰格力不久后便去世了，飞机被放在华盛顿的博物馆里供人参观。可是，就在1903年，莱特兄弟根据他们长期对飞行器的探索和实验，面临兰格力所面临的同样的社会环境，凭着勇气和自信，在总结了前辈的经验和教训的基础上，其制造的"飞行者1号"飞机在空中成功飞行，飞行时代终于来临，实现了人类翱翔蓝天的梦想。

可见，缺乏对某项创新活动的热情和勇气，往往容易滋生对创新探索不利的惰性心理，就像缺乏理想和信念的人一样，没有了生活的支点，变得颓废、沉沦。缺乏创新热情和勇气的惰性心理还与缺乏坚强的意志有关。有些人在创新中遇到困难和挫折后，没有不达目的誓不罢休的坚强意志。因此，要培养创新热情和勇气，关键是要有远大的理想和切实的奋斗目标，要树立战胜困难的信心。而这些都与相关的非智力因素有关，诚如孔子所言："止，吾止也。""进，吾往也。"

5.3.5 调控作用

创新型人才在创新活动过程中，经常面对各种问题与挑战，容易产生一些消极心理。如果成功，会感到开心、满足，甚至容易忘乎所以；而如果遭遇失败，则容易惊慌失措、缺乏信心、一蹶不振，从而导致情绪焦虑、意志力薄弱等问题。在这种情况下，非智力因素对创新活动主体的调控作用是非常重要的，主要表现在两个方面：一方面是调节，就是调节人们的动机和心态，稳定人们活动的情绪，以便积极、乐观地面对创新。另一方面是控制，就是使不利于创新活动的心理与行为得到及时的纠正。在这方面，通过调控需要和动机，培养强烈的兴趣、积极的情感、坚强的意志和良好的性格等非智力因素，能够比较好地实现调控功能。

创新型人才在创新活动中，个人的自我调节能力是将潜在的创新能力变成现实创新能力的重要方面，要做出重大贡献、重大创新，需要长期积累和持续不懈的努力。绝大多数人虽然设立了复杂的长期创新目标，但在没有外部支持的情况下往往很难坚持下来。只有那些既能够设计长远目标，又具有执行长期计划的能力，能够抵御各种诱惑，即使遇到挫折和失败仍然坚持不懈，能够在实现创新目标的过程中对自己进行主动调节的创新者，才有可能取得最后的成功。

从创新心理的角度分析，对创新型人才的创新活动而言，有些创新目标是比较复杂的长期目标，在没有外部支持的情况下这种目标是怎样形成的，以及这种目标如何让创新者矢志不渝地作为创新目标长期坚持下去，这需要创新者善于进行必要的自我调节。对创新型人才个体而言，在形成强大的自我调节系统方面，作为非智力因素组成部分的性格，甚至人格等起着重要作用。

一般来说，在创新型人才的自我调节中，性格多样性起着十分关键的作用。面对各种难以想象的困难，性格单一、思维简单的人，要么简单行事，鲁莽行动，结果被碰得头破血流，落得个“出师未捷身先死”；要么逃避现实，从此沉沦，原有的雄心壮志也烟消云散。而性格多样的人，遇事豁达，能屈能伸，能上能下，灾难来了能承受，灾难去了又能重新扬起希望的风帆，继续朝着既定目标前进。

在人生旅途或创新活动过程中，人格对创新型人才具有支柱作用。超越自我不只是思想和行动上的超越，也包括人格上的超越。一个人如果只有高智商，而缺乏完整的人格，是不能获得真正的成功的，即便做出一些创新成绩，因其人格不健全，也不能成为一个成功的创新型人才。真正成功的创新型人才应该具有健全、完美的人格。这种人格对于自身的思想和行动具有很大的调节作用。因而，每个人作为自己精神上的"整形大夫"，应该在了解自己的基础上对症下药，修复自己的人格缺陷。应该学会与自己对话，在心灵深处开垦出一片有益于自己个性生长的绿洲。为此，每个人都应该为自己准备一系列"手术器械"，包括爱、尊重、自信、真诚、勇气、谦恭、忍耐、宽容、热情、幽默等，随时对自己进行"整形手术"。当然，"金无足赤，人无完人"，我们不能要求每个人都十全十美，但作为个体，应力求自身人格的不断完善。

非智力因素对创新活动主体的调控作用也表现在对创新型人才的社会与环境适应性的调控方面。一个具有一定创新潜力的人，在创新活动中有可能要鉴别或选择某些具有创新性的组合。要使创新思维闪现的火花变成现实，产生真正的创新，还有一个关键问题，就是看其适应性如何。实际上，从创新能力角度看，一个人的鉴别力是以适应性的方式表现出来的。然而以往对于个人创新性的研究多注重个人品质、个人教育、个人实现等方面，关于适应性问题则关注不多。作为个体的创新型人才是一个复杂系统，他生活在社会复杂系统和自然环境复杂系统之中，必须善于协调自身与社会和环境的关系，只有善于自我调节和控制，适应社会和环境，方能生存；在此基础上，改造社会、优化环境，才能有所作为、有所创新。当然，创新型人才对环境的适应不是被动的，未必是将社会的一切行为规范都内化成自己的行为准则，更不能随波逐流，因为如果这样，便失去了个性，失去了个人性格的多样性，也就失去了创新者的基本条件。相反，创新型人才常常可能会感觉到来自社会与环境的因素制约着人们的创新，对这些制约可能会产生某种不适应。因此，如何在对社会与环境适应与不适应之间进行有效的调控，是创新型人才非智力因素发挥调控作用的重要领域。

5.3.6 强化作用

由于创新活动是一个长期的过程，创新型人才在创新活动过程中，出于主观的或某些客观原因，有时会丧失创新的勇气或者出现疲惫、松懈、倦怠、情绪低落、失去信心等情绪，这些负面情绪是需要有效克服的。非智力因素的强化作用就是针对这种情况，能够在很大程度上制止诸如涣散和半途而废等消极情绪和行为，调节创新者的心理状态和行为，使创新活动得以坚持直到创新活动取得成功。当作为个体的创新型人才处于心理疲劳状态，即“倦于工作”“力有余而心不足”时，那就应当及时加以强化。

大量的事实表明，具有良好的非智力因素的人，在创新活动中，往往不易产生疲劳，特别是不易产生心理疲劳，即使产生了心理疲劳，也善于自我调节；而生理上的疲劳则是可以通过工作与休息的科学而合理的安排来有效调节的，换言之，这种疲劳易于消除。

丁肇中教授曾经就长时间进行物理实验是否会感到疲倦的问题发表过颇值得注意的深刻见解。在丁肇中教授看来，从事任何科学研究工作，最重要的是要看人们有没有兴趣，或有没有事业心，在这个问题上，不能有丝毫的强迫。在科学研究工作中，不少人从事科学研究工作的时间并不长，但往往能抓住有意义的问题，接二连三地做出成绩。丁肇中教授认为，这种结果的出现，很重要的原因就是这些科学工作者有事业心。他以自己为例，讲到他在科学研究方面，时间和精力都很投入，但从来没有出现人们常说的心理疲劳，即“倦于工作”“力有余而心不足”的问题。“譬如，搞物理实验，因为我有兴趣，我可以两天两夜，甚至三天三夜待在实验室里，守在仪器旁，我急切希望发现我要探索的东西。”“我完全靠工作来激发充沛的精力，工作就是我的兴趣，兴趣使我不会疲倦”（陈坤明，2009）。在科技创新活动中，这样的例子是颇多的。这些名家大师们不仅惜时如金、兢兢业业、勤勤恳恳、硕果累累，而且身心健康、状况良好，不少还是高寿之人，一个突出原因是他们不仅智力水平高、能力强，更重要的是他们具有很好的非智力因素，要么培养自己的兴趣，要么强化自己的事业心，从而发挥非智力因素的强化作用，激励自己在创新的道路上不断开拓进取。

非智力因素的强化作用除了兴趣和事业心以外，在“调整创新目标”，不断地“超越自我”方面也是非常有效的。对于创新型人才来说，其创新目标的高低在很大程度上将决定其创新活动成功的程度，但是在决定创新目标层次背后起支撑作用的主要是其非智力因素。具有创新精神的人，可能一开始创新目标并不是很高。但是，当他完成一个创新目标后，就会设立下一个创新目标，不断超越自我，不断升级自己的创新目标，在每次完成创新目标的过程中，能够集中全部能量，专注于创新目标。还有的人从一开始就定下宏伟的创新目标，深知创新不能一帆风顺，但有坚强的意志和毅力，不管其间遇到多少困难挫折，也能百折不挠，创新能量始终得以凝聚。否则，富有挑战性的创新目标是很难实现的。

其实，现实生活中，对于希望在创新中度过人生的人来说，也只有不断地超越自我，才能不断进步。创新者定下宏伟的创新目标，在向目标前行的过程颇类似于一场马拉松赛及其他耐力运动。在跑步过程中，当跑到一定距离后，往往会遇到某个“临界点”，这时人们会有一个感觉：身体极度疲劳、不适，感到胸口发闷，呼吸困难，肌肉酸痛，动作迟缓，腿发软，像灌了铅似的全身乏力。此刻，意志薄弱的人很容易放弃继续向前跑的愿望和信心，将无缘体会“第二次呼吸”的出现，并享受最后冲刺和成功的喜悦。这时需要的是“坚持！再坚持！”，只要咬牙再坚持一下，超越这一“极限”，在挺过最难受的临界点之后，伴随“第二次呼吸”的来临，人又会变得轻松起来。其实，在向宏伟的创新目标冲刺的过程中，创新者的自我发展也是如此，为了不断地向前，赢得成功，创新者也必须超越自身在创新过程中的某些临界点，走向新的自我。

创新型人才在创新活动过程中的超越自我，实际上就是要冲破心灵及思想中陈旧迂腐的藩篱，放下包袱，轻装上阵，让自己生活在思考与创造的王国里。超越自我，要求人们进行积极的创新思维。创新思维对每个人来说都是不可或缺的，它不仅可以带给人们美好的愿景和充满希望的精神世界，也可以促使个体自我完善，从而发掘自身的创新潜力，在创新中度过有意义的人生。

5.3.7 补偿作用

补偿作用是指先天或后天存在生理、心理缺欠和丧失社会功能的人，通过另一方面的直接或间接的以及替代的方式加以弥补，即用另一方面的特长来补偿某一方面的缺陷。这里所讲的补偿作用，是指创新型人才良好的非智力因素能够对智力活动的某些方面的缺陷或不足起到补偿作用。如意志、性格等因素对于智力因素就具有明显的补偿作用。补偿作用应用得当，将十分有益于个体的社会适应、健康成长与创新发展。平时人们常说的“勤能补拙”“笨鸟先飞”就是这一观点的朴素的经验性表述，这方面的事例在现实的创新活动中更是屡见不鲜。从补偿方式看,有不同的情形。

一是努力改进和提高自身有缺陷的能力,使之正常,甚至超过常人。如古希腊大演说家德谟斯蒂尼从小口吃,受人嘲笑,但他发誓刻苦努力改变自己,他每天口含石子练习说话,经过刻苦锻炼,最后终于成为著名的演说家。贝多芬的情况也有些类似,作为一个音乐家,他失聪了,可是他付出了比别人多十倍、一百倍、一千倍甚至一万倍的精力!跌倒了,再爬起来;失败了,重新来过。他就是这么的勤奋,这么的坚持不懈,所以,他成功了——他终于成为伟大的音乐家!成功的奥秘是什么?其实,这一切的一切,都是坚定的信念、顽强的意志等非智力因素补偿作用的结果。可见,补偿作用是一种有效地克服挫折感的方法。

二是扬长避短,当个体受挫后,改变行为方向,以其他能够获取成功的行为来替换没有优势的行为方向。比如,聋哑人能用眼睛观察代替听觉,用手势代替语言传达思想感情;盲人能用听觉、触觉等识别各种物体和了解人的心情。身体有缺陷,可以发挥思维的优势,并充分发挥勤奋及意志品质等非智力因素,如张海迪身残志坚,她虽然失去了许多成功的机会,但她以其力所能及的努力成了一名翻译家和作家,并获得了哲学硕士学位。张海迪在学业方面的学习能力、创新的勇气和坚强的毅力补偿了她的身体残疾。这种补偿方式即用个体其他高度发展的能力来弥补某种能力的缺陷。

类似地,手无缚鸡之力、体力极为有限的残疾人霍金,能够胸怀宇宙,发现宇宙黑洞的奥秘,靠的便是精神力量,非智力因素的补偿作用表现得极为充分。霍金 20 岁时,刚开始研究宇宙学。次年他被确诊患有一种运动神经元病,即“渐冻症”。霍金当时内心极度沉郁和忧伤,甚至悲观失望乃至绝望,希望和理想归零。但此种心境持续的时间并不长,霍金理智地接受了这一现实,并且继续利用他健康而活跃的思维,对星云、黑洞、外太空进行创新探索。其实,霍金在这之后的所有成就,都是在日益严重的病中取得的。一个乐观幽默的霍金常常让人们忘记了他是个病入膏肓的人,早在 20 世纪 60 年代,医生就诊断,刚 20 出头的霍金是个只剩下两三年寿命的病人。霍金是带着可怕的疾病走向星云深处的,恶疾没有成为他的噩梦,相反成为他专注于外星空研究的一种助力。至 1970 年他已经无法行走了,轮椅上的科研生涯由此而始,随着病情的恶化,全身可以活动的部位只有三根手指。1985 年,因严重的肺炎,霍金渐失说话能力,最后他只能靠右眼底肌肉移动特制眼镜的按钮,指挥电脑上的光标而“说话”。在长达几十年的创新探索中,他致力于对黑洞理论的完善,思维依然活跃。他认为,“和宇宙相比,人类显得微不足道,因此残疾也没什么大不了”。事实是,霍金病情的加重与霍金学术成就的进展是同步进行的,霍金被病魔困扰了半个多世纪,被称为“超人”,其实,这与他坚持不懈、顽强的毅力等意志品质方面的非智力因素是分不开的。

三是自身积累,善假于物。先天禀赋是不可选择和无法改变的,但是人们能够选择对天赋和环境的态度,可以自己掌握自己的命运。做命运的主人,走自己的路,不是说非要一个人自己去孤军奋斗不可。恰恰相反,能做自己命运主人的人是善于思考的人。聪明人的睿智就在于他善于利用自身的和自己能够利用的一切条件为自己的发展创造条件。最基本的有两个方面:第一,积聚内力,积水成渊。就是指把自己所有的潜能充分发挥出来,日积月累,积土成山,积水成渊,内聚力将使一个组织凝聚巨大能量从而给整个组织和它的成员带来重大的利益。对个体而言,就是积蓄创新实力。有了雄厚的实力和扎实的功底,将在竞争中立于不败之地。如果个体融入一个内聚力很强的组织里,他的个体实力还会得到增强。第二,借助外力,善假于物。所谓善假于物,是指要善于利用环境提供的现实条件和基础,充分利用已经开通的道路、架好的桥梁、搭好的阶梯、前人已经积累的知识与经验、探索者已经提出的课题、先行者既往蒙受的失败,将其统统变成自己的,为我所用。

6 创新型人才的创新思维

在知识经济时代，社会发展和科技进步的步伐日益加快，全球竞争日趋激烈，我们面临的新情况、新问题越来越多且越来越复杂，迫切需要人们深刻地认识挑战和困难，在发展中不断提出新思想，开发新思维，以创新的方式解决新问题。纵观人类文明的演进历程，其实每一步的发展都离不开创新。只是在今天，发展比历史上任何时候都更迅速，面对的挑战和困难也越来越大。人类社会的每个成员都应该弘扬创新精神，强化创新思维能力，绝不能等闲视之。从某种意义上讲，人类今天已经步入了一个创新的时代，我们的思想、思维、思路都将面临一场革命式的变化。

只要对创新活动进行一番认真的考察，就不难发现：没有创新思维，就不可能有创新活动。人们在从事科学研究，做出科学发现时，需要创新性思维；人们在从事技术研发工作，做出技术发明时，需要创新思维；人们在从事文学艺术创作活动，塑造文学艺术形象时，需要创新思维；人们在学习知识技能时，也需要创新思维。说到底，人类创新活动的核心实际上就是创新思维。创新时代必须呼唤创新思维。在创新的时代环境下，没有创新思维，人类的生存就会受到威胁，社会的发展就会面临严峻挑战，科技的进步就要受到制约。创新的时代要求我们每一个人，无论是建设国家创新体系还是建设区域创新体系，无论是推动传统产业转型升级还是发展战略性新兴产业，无论是企业创新模式的选择还是让企业真正成为技术创新的主体，无论从事哪一个行业、做什么工作，无论是家庭、学校，还是社会各领域，都要善于营造创新氛围、塑造创新环境，学会呵护和培育创新思维这朵人类智慧最美丽的花。

在创新驱动发展战略的大背景下，创新思维已经成为创新实践的先导，没有创新思维,就不可能有创新实践,更是难以取得创新成果。有鉴于此,深入分析创新型人才的创新思维,挖掘其内涵、特征,研究创新主体的相关素质,探讨创新思维的培养等问题,不仅有助于帮助人们认识建立现代创新思维的重要性和紧迫性,更有助于创新型人才创新思维能力的提高。

6.1 创新思维的产生、内涵与基本过程

创新思维,是对某些人在常规状态下的习惯性思维方式的扬弃、突破与超越,是根据社会发展和科技进步的现实需要,面向世界,从而创造性地对现代思维方式的重塑,也是面向未来,创造性地对未来思维方式的开拓。创新思维是人类思维最宝贵的财富,其在创新活动中占主导地位,起决定性作用。有的研究者从不同角度将其划分为不同类型的思维模式,如破旧立新、集旧成新、推陈出新、打破常规、相反相成、回归原点、化弊为利、想象与幻想、类比与联想、仿生与模拟、直觉、灵感、综合思维等(王复亮,2006)。还有研究者从创新理论的视角探讨了根据不同标准对创新思维形式的分类(贺善侃,2010),无疑,这对创新思维的探讨是有一定参考价值的。

6.1.1 创新思维的产生与发展

从某种意义上讲,思维方式是社会实践方式的反映,但又受到不同民族、不同时期社会文化的制约和影响。思维方式研究主要包括思维活动的基础、方法、倾向、性质,以及形成特定思维方式的环境条件及其历史价值。创新思维方式的所谓"创新"是从思维方式的性质、价值和历史作用的角度进行的探索。它具有三层基本含义:一是指思维方式本身的开拓和进步,即深化、复杂、变化和发展,具有新活动模式的性质;二是指思维方式对认识发展和科学进步的开拓和推动,具有新发现和产生新结果的价值;三是对以后更新思维方式的产生具有奠基和积极促进的作用。创新具有相对性,要历史地、客观地分析和认识各种创新思维方式的历史地位和作用。作为人们在每一个时代思考问题的动态活动模式,创新思维主要体现在哲学理性思维和科学研究方法中,这是一个永

无止境的曲折而复杂的进化过程，它标志着人类自身智慧的发展水平和创新能力的发展程度。

任何创新思维都不是天上掉下来的，更不是凭空想象出来的。创新思维是相对的，创新思维方式只能在传统思维方式的基础上产生。一般来说，传统思维方式在面临新情况、新问题、新事物时，往往显得无能为力，没法解决现实的各种复杂问题，从而引起创新者的困惑、怀疑、立异、变革、创新，这就是创新者在创新过程中创新心理及思维方式形成和发展的过程（刘彦生，2007）。创新思维方式的形成和发展过程往往是一个漫长的历史过程，在现实生活中，一种新的思维方式形成并被人们接受以后，它对人们认识世界的能力的提升和创新思维水平的发展所产生作用也是持久的。实际上，创新思维方式、方法及模式的产生、发展和变更是一个复杂过程，是各种因素、各种条件交互作用的结果。创新思维方式的复杂性还体现在不同历史时期创新思维方式的存在和发展并不一定以某种唯一的形态呈现出来，不同思维方式往往是纵横交错地存在和发生作用的，其中既有预示后来的先兆思维表现，又有先前思维方式的作用表现。这反映出思维方式的多元性及其相互渗透的关系。阐述某一时期的某种创新思维方式，并不意味着否定其他方式的存在和作用。鉴于历史活动的复杂性，我们对历史形态创新思维方式的追述和研究，既不可能是按顺序的直线性描述，也不可能面面俱到，兼收并蓄，只能就其主要脉络抓其主导，以那些创新价值和社会影响较大的主流形式作为分析对象，并且努力体现其历史轨迹。

随着社会进步和科技发展，创新思维的作用越来越突出。社会现代化程度越高，创新对于社会的发展、事业的成功就显得越是重要。可以说，在创新的时代，一个国家、一个区域、一座城市要在竞争中胜出，离不开创新；一个人要在竞争中胜出，也离不开创新。历史上有成就的创新型人才，无一不是勇于创新者。创新型人才的思维，就是不断怀疑既有知识甚至权威结论。

创新思维就是让人保持一种永无止境的追求。创新思维研究中人们常引用一个“水煮青蛙”的故事，这个故事看似简单，但其意义是深刻的：面对外在环境的变化，不仅不适者会被淘汰，即使是“适者”在很多时候也可能会遭受致命的打击。因为如果我们对外在的环境变化反应迟钝，不改变现状以适应外界变化，就会在看似适应中被时代所淘汰。在竞争日趋激烈的时代条件下，不创新就是死亡;创新能力不强也会被淘汰;而创新是永葆生机的源泉。

成功者的道路有千千万万条,但总有一些相同之处。创新之路不是平坦的大道,在创新的遥远路途中,充满着艰险。等待、失败、绝望是创新路上常伴左右的伴侣。为了取得创新成功,有时甚至要付出很大的代价,有时甚至是必须随时准备自我牺牲,要有献身的勇气。因此,创新思维不只是停留在"思维"层面,还需要去做、去实践、去实施。所以创新型人才要进行科学的创新思维,不仅需要必要的智力水平,也需要许多非智力因素方面的素质,如坚忍不拔的意志、百折不挠的毅力和迎难而上的勇气。

科学史上许多创新者都是值得敬仰的勇士。美国毒蛇研究专家卡尔·施密特和鲍尔·海斯德为了体验蛇毒,勇敢地在自己身上注入蛇毒,用亲身体验写下报告。卡尔·施密特在实验室意外被毒蛇咬伤,在伤口剧烈疼痛,四肢麻木,知道自己会死的情况下,还头脑清醒地拿出实验记录本,把本次特殊的实验记录下来,在临终前忍着蛇毒的剧烈反应,记录下自己死前的感受。13世纪,英国科学家罗吉尔·培根在宗教信仰统治一切的时代,勇敢地向教廷、权威挑战,不畏宗教裁判所的严刑,监狱的高墙也阻挡不了他的科学创新,《大著作》这部科学著作就是记载了他科学新思想的奇书,尽管他因书中的新思想触犯了教规而遭到迫害,但他始终不向宗教势力低头。意大利科学家布鲁诺因坚信宇宙的无限性而触犯教廷,面对烈火的吞噬也不放弃自己的新思想。伽利略因宣传并丰富了哥白尼的日心说而遭迫害,但他不屈服于宗教的淫威,在监狱中继续从事科学研究。

以上分析说明,创新思维的形成,一方面,需要创新者敏锐的洞察力和独特的知识结构。有敏锐的洞察力,才能独具慧眼,敏锐观察事物的本质,揭示事物的规律,才能抓住机遇,做出创新。有独特的知识结构,才能对各种知识成果进行科学的分析与综合,从中选取智慧精华,并通过巧妙结合,形成新的成果。另一方面,创新思维的形成还需要不迷信权威、不盲从传统、敢于面对困难、勇于献身的大无畏精神。真正的创新思维与追求真理是内在的统一,只有将这两者有机地统一起来的创新者才能体现创新者创新思维的人格基础。

说到底,创新思维的产生和发展与实践密切相关。

第一,创新思维来自人们认识世界和改造世界的社会实践的需要。这种社会实践包括人们能动地改造世界的一切社会性活动，其相关需要也是极其广泛的，在每个领域都需要创新思维。譬如，几何学产生于丈量土地的实际需要。当初，尼罗河水每年泛滥一次，冲没了原有地界，于是在河水退去之后，人们就要重新划分土地，正是这每年一次的土地丈量的实践，促进了几何学的产生。在今天，实践的需要可以是改革与发展中的宏观、中观层面的问题，也可以是微观层面的问题。在经济全球化的背景下，现代化建设以及在与世界接轨的过程中，在引进国外先进技术和资金的同时，也引进了新的管理方式和管理理念，在实践方式逐渐向智能化、宏观化和整体化发展的过程中，新情况、新问题层出不穷，不断呼唤并催生创新思维，其表现也是多方面的，如既可以是新制度的出台与实施，也可以是新的科学发现、新技术的发明、新产品的研发、新观点的阐述、新理论的建立等，即涉及观念创新、科技创新、理论创新、制度创新、教育创新、文化创新等领域。

第二，创新思维的发展是实践的推动。人们在进行创新活动的过程中，不能仅停留在思维层面孤芳自赏，还必须付诸实施，参与社会实践，不去实践的创新思维不仅容易枯萎，而且失去了它存在的意义。创新思维只有根植于客观实际，内含着客观必然性，才能结出丰硕的创新之果。比如，没有生产管理实践的需要，泰勒的科学管理理论就不会出现。同样，没有管理实践的进一步发展，泰勒的“古典管理理论”不会被他人不断发展，也就不会出现后来的“人际关系学派”“科学学派”等新的管理理论。创新思维总是在实践提供给它的机遇与挑战中发展的。通信网络的发展也是如此。随着经济的发展，全球一体化趋势加强，人类的交往越来越密切，这就为“通信”提供了用武之地，但同时，也给它带来了压力，即通信观念需要变更，通信技术和设备需要更新和提高。正是实践及其压力，使得人们开动思维机器，发明了光线通信、移动电话，通信网络经历了从 1G 、2G、3G、4G 到 5G 的发展，离开了现实的社会需要，这一切都是不可想象的。就个体来说，没有现实的生活，业已具备的思维能力也会衰退，如有些企业前领导人，退出了竞争激烈的经济生活实践，他们当年的市场敏感性和创新思维能力可能就会大打折扣。因此，只有在实践中才能有效地促进创新思维发展，没有实践，创新者的思维发展就将失去动力，就无法取得真正的创新成果。

第三，创新思维的成果要接受实践的检验。如上所述，创新思维是在实践基础上产生和发展的，同时，创新思维又是通过实践反映出来的，因此它必须通过实践来检验，看是否符合客观实际、符合规律。在一般情况下，创新思维成果的评价尽管在形式上一般是由委托方委托第三方专业评价机构进行，采用专家评价（如鉴定、评审、评估、验收等）的方式进行，但是，创新思维成果只有在实践中才能检验其正确性及其价值大小，也就是说，创新思维成果最终只能在实践中接受检验。所以人们对待创新思维成果的基本态度是，经过实践检验，是正确的，就应该得到宣传、推广和应用；是错误的，则应该得到修正和完善。在改革开放不断深化的现实条件下，当今人们不仅要在理论上真正理解"实践是检验真理的唯一标准"，而且要善于将其贯彻在工作实践中。比如某些重大改革方案、重大决策制定前，首先必须进行大量深入细致的调查研究；在全面实施前，先要在小范围内进行试点，从实际中找出不完善的地方，根据实践做出修改、补充、完善，如此这般后，才能推广实施。只有这样，才能进行创新思维，从而取得创新成果。

6.1.2　创新思维的基本内涵

在现实生活中，对于思维人们并不陌生。但一般人平时用到的思维更多是常规性思维，而不是创新思维。创新思维与常规性思维具有不同的思维品质，首先，两者的性质不同。常规性思维是遵循既定的思维模式，对重复出现的常规性问题的解决模式，其所追求的是确定的规则、解决问题方法和进程；创新思维则不同，它是一种开拓型思维，遵循创新的思维模式，其解决的问题可能不是重复出现的，即使是重复出现的问题也是采用创新的方式去解决，其所追求的是超越、突破，追求独到的新颖性。其次，两者的思维形态也不同。常规性思维是循规蹈矩、按部就班、平稳不息的思维，创新思维是打破常规、冒险进取、富有跳跃性的思维。

什么是创新思维？目前学术界尚无统一的界定。一直以来，这个概念在很多学科中被广泛使用，其称谓也有一定的差异，如心理学研究中有不少研究者称与此相关的概念为"创造性思维"或"创造思维"，与此相关的表述还有"创意思维"等。

约翰·钱斐(1999)在《决定一生的八种能力:八项修炼》一书中也引用了一系列创造学家、心理学家、音乐家、发明家对创新思维的解释:创新思维是对难以理解的问题的探求,亦即当人们用一个新的方法了解了世界、解决了问题或有了一个想法的那个时刻。

傅世侠等(2000)在《科学创造方法论》一书中指出,创新思维(创新性思维)是一种特殊形式的思维活动,与"问题解决"有很多共同点,比如,它们所经历的思维步骤,对高水平心智的要求,以及思维发散和转化所引起的作用等,基本上都是相同的,就此而言,很难将"创造性思维"与"问题解决"这两个概念明确分开。但"创造性思维"与"问题解决"概念也经常在不同情况下使用,这又说明它们之间有所区别。其区别就在于,前者指的是具有某种特殊品质的思维,这些品质主要包括:原创性、新颖性、流畅性、灵活性和精致化,等等,它强调的是以有别于常规的方式来应用分析和综合、概括与推理等心理操作。

还有研究者从其他视角对创新思维进行了探讨。综合有关观点,从广义上理解可以把创新思维界定为:创新主体利用已经掌握的知识经验,尊重客观事物发展规律,在从某些事物中寻找新关系,探究新答案,提出新观念、新思想、新方法,创造出新成果的高级的、综合的、复杂的思维活动中,对社会发展具有新颖独到意义的思维。

这一定义的基本含义有:①创新思维的基础是指创新型人才已经掌握的知识和经验。一定意义上讲,知识和经验影响着创新水平的高低和成果的大小。②创新思维必须尊重事物发展的客观规律,避免盲目性。③创新的结果必须是新观念、新思想、新方法、新成果。④创新思维是一种高级的、综合的、复杂的思维活动,即源于一般思维又高于一般思维。

其特征或是某种有意义的"综合",或是对某个个体具有新颖性。人类作为大自然的一部分,天生具有创新的禀赋,具有认识自然、社会,改造自然和社会环境,创造新世界的能力。所以,广义的创新思维是大多数人都有的一种能力或潜能。可以说,每个正常的人,都或多或少地具有程度不同的创新思维能力。

狭义的创新思维则往往以优见长,属于高层次、创新性解决问题的思维活动,是创新思维中的精华。其特征或是具有独创性,前所未有,或是对社会发展和科技进步具有推动作用,或是具有重大社会价值和社会影响。从这个意义上讲，狭义的创新思维往往为少数创新型人才拥有。狭义的创新思维是在广义的创新思维的基础上发展起来的。也就是说，尽管创新思维是高级的、综合的、复杂的思维活动，但并不是神秘莫测、高不可攀的，并不是少数所谓的天才人物才有的稀罕物。

目前学术界对"创新思维"尚无统一的界定，一是研究者研究目的、研究视角有很大的不同，因而在表述上有一定的差异；二是因为这方面的研究至今还不够深入，有不少相关问题有待探索。

基于以上分析，笔者认为，创新思维是指创新主体在探索未知领域的过程中，在社会需要的推动下，以已有的知识、信息和实践经验为基础，充分发挥主观能动作用，综合运用相关思维形式，以灵活、新颖的方式和多维的视角探索事物运动规律或创造性地解决问题的思维活动。

6.1.3 创新思维的基本过程

一般来说，从科学发现到新学说的创立，从技术发明到新产品的开发，创新思维从准备、孕育、明朗到验证，总要经历一个反复思索、潜心研究的过程，甚至还要经过一段较长时间的实践检验，最后才能确认。对创新思维过程，目前也还有不尽相同的认识。如科学大师彭加勒(J. H. Poincaré)就认为，创新思维可以分为四个阶段：收集—酝酿—发想—证明；当代创造工程权威奥斯本(A. F. Osborn)认为，创新思维可以分为三个阶段：寻找事实—寻找构想—寻找解答；美国哲学家杜威(John. Dewey)提出了思维的五个阶段：暗示—待解决的问题—搜集事实材料—推理—检验假设。英国动物病理学家贝弗里奇(W. I. B. Beveridge)教授认为可以分为五个阶段：收集资料与描述—分类—假说—检验—公布；日本学者芝田进午提出七阶段说：提出课题—分析—综合—评价—假说—验证—确定新课题。诸如此类的说法都反映了人们对创新思维过程中不同阶段的不同体验。这里笔者重点分析英国学者华莱士(G. Wallas)的观点。

华莱士是较早系统研究这一问题的学者，其观点也具有较大的影响力。1926年，华莱士出版了《思想的艺术》一书，通过对一些发明创造者自述经验的研究，在借鉴、吸收前人研究成果的基础上，提出了创新思维过程的四个阶段：准备阶段—酝酿阶段—启发阶段—检验阶段。

华莱士的观点是有一定的科学价值的。创造性解决问题比常规性解决问题有着更为复杂的心理活动过程，因此在它的运行中有着独特的思维活动程序和规律。

先看准备阶段，也就是有意识、有目的地努力的时期。在这一阶段，创新者应该努力创造条件，广泛收集资料，有目的、有计划地为所规划的项目做充分的准备。为了使创新思维顺利展开，不能将准备工作只局限于狭窄的专门领域，而应当有相当广博的知识和技术准备。

而到了酝酿阶段，犹如酒的发酵过程，主要是对准备阶段精心收集的资料、有关信息进行消化和吸收，在此基础上，找出研究问题的关键点，以便提出创造性地解决问题的相关思路与策略。假如直接的解决方案不能立即得到，不知不觉中人的潜意识活动起来，酝酿阶段随即来临。创新者的观念仿佛处于“潜伏”状态，但创新活动中创新者的思维并没有因此而停顿，在这个过程中，容易让人产生一种全身心投入的“沉浸”状态，如“牛顿把手表当鸡蛋煮”就是典型的钻研问题时的“沉浸”状态。

而启发阶段就是所谓顿悟期或灵感期，不要小看这个看似非逻辑的“顿悟”或“灵感”，其对创新的影响有时非同小可。这是经过充分的酝酿之后，在头脑中突然跃现出新思想、新观念或新形象，进入一种豁然开朗的状态，使问题有可能得到顺利解决。在这一阶段中，因意想不到的闪电般的“顿悟”或“灵感”的光顾，百思不得其解的问题得以迎刃而解。这种现象往往被描述得颇为神秘。许多创新者在科学发现或创造发明过程中，都曾有过这种类似惊人的现象。

譬如在创立运动鞋系列品牌“Nike（耐克）”之前，比尔·鲍尔曼（Bill Bowerman）是美国俄勒冈州大学的田径教练，培养了大量的优秀运动员。而菲尔·奈特（Phil Knight）正是鲍尔曼的学生，主攻中长跑项目。一拍即合的两人很快成为创业伙伴，合伙筹集了 1200 美元，在波特兰开始了他们的传奇创业之旅。1971 年，“耐克”这个名字确定之后，两位创始人开始考虑产品设计了。一天早晨，和妻子一起在厨房里制作华夫饼时，鲍尔曼的灵感来了。他想到了一个关于运动鞋设计的点子，就是将鞋底制作成如华夫饼一样的沟槽形状，增加运动鞋在跑道上的抓地力。随后，这个想法催生了耐克第一个运动鞋系列产品——Nike Waffle Trainer。1974 年，他们取得了这项设计的专利，而它只花费了一个华夫饼的成本(Angirl,2017)。这就是著名的耐克鞋早期的研发过程。

至于验证阶段,则主要是把通过前面三个阶段形成的方法、策略,或是从逻辑角度在理论上让所形成的方法、策略更周密、正确;或是付诸行动,经过观察、实验而使所形成的方法、策略取得正确的结果。这是一个否定的循环过程。通过不断的实践检验,从而得出最恰当的创新思维过程,以求得到更合理的方案。这一阶段的思维更具有逻辑思维的特色。

客观地讲,华莱士理论中的启发阶段即所谓顿悟期,是颇值得深入探讨的。在创新者的创新过程中,经过准备阶段、酝酿阶段,便进入启发阶段,即顿悟期。在理论上讲,顿悟的出现是跨越逻辑的。这是因为,首先,新观念、新思想、新方法、新成果的形成是创新能否取得成功的关键。新观念、新思想、新方法、新成果最初总是以隐性知识形态出现的,所以新的隐性知识的产生是决定创新者创新成败的关键。其次,创新需要各种类型的创新要素,如物质的要素、创新者知识或经验的要素和创新者创新思维的能力。一般地讲,最初以隐性知识的形态出现的新观念、新思想、新方法、新成果,在创新活动中只能自发地和潜移默化地发挥作用,而创新活动中顿悟的出现也只能是一个自发的非逻辑的过程。对于任何创新者来说,完成创新的启发阶段都不是一件容易的事。既然创新活动中顿悟的出现是不受个人主观意图支配的自发的、非逻辑的过程,那么作为当事人的创新者就只能尽力而为,结果如何,只能顺其自然。再次,要实现启发阶段顿悟的出现产生的新观念、新思想、新方法、新成果,除了需要调动创新者脑中存储的显性知识外,还需要调动创新者脑中存储的隐性知识,需要调动的隐性知识包括与专业有关的隐性知识,也包括锐意创新的思想与观念取向等精神因素。

在创新思维过程中,通常都会有这样一段时间,在这段时间里,大脑处于无意识状态。在此之后,原来使人感到困惑的问题,忽然一下子变得简单明了,作为当事人的创新者有一种豁然开朗的感觉。对于这种豁然开朗的感觉,当事人感受不到其间有任何有意识的脑力活动发生,更意识不到它所经历的步骤。当事人只记得这种豁然贯通的感受,却记不得有任何有意识的思维活动发生,这就是所谓"顿悟"。据有关研究,顿悟的发生很可能是因为主意之间潜意识的连接配合得恰到好处,于是就突然进入了意识层,这就像被按在水下的浮子,一旦被放开,就窜向空中(奇凯岑特米哈伊,2001)。

对于酝酿期间发生的事情,认识角度的解释和心理分析一样认为,尽管我们没有意识到,即便我们睡着了,大脑仍在处理各种信息。区别在于,认识的理论并不指向任何潜意识。在无意识的中央并没有希望通过伪装的好奇得到解脱的创伤。认知心理学派的理论家认为,脱离了意识方向的思想会遵循简单的结合规律。它们或多或少随意地进行组合,虽说思想之间看来不相干的组合也许会作为先前结合的结果而产生:比如德国化学家奥古斯丁·凯库勒看着火炉里的火花在空气中转圈时睡着以后,他的脑子里出现了顿悟,觉得苯的分子结构也许像一个环。如果他一直醒着,也许会觉得火花和分子的形状之间有联系的想法很可笑,从而拒绝这种想法。但在潜意识中,理性无法解释思想的组合,因此,当他醒来后也就无法忽视这种可能性。根据这种观点,真正不相干的组合会从记忆中解体消失,只有那些富有生机的组合才会生存足够长的时间,使它们得以在意识中冒出来(奇凯岑特米哈伊,2001)。

从目前所了解的情况看,顿悟作为一种创新活动中所出现的创新心理现象,具有模糊性、整体性和同时性等特性。它能够克服现有逻辑的障碍,实现超越逻辑的思维联想。在下意识地思考和选择时,潜藏在创新者头脑中的模糊知识起着决定性的作用。在顿悟的酝酿期间,创新者头脑中发生的情况有些像电路软件的平行系统运作时的情况。“在一个类似老式计算机的系列系统中,一个复杂的数字问题必须按先后顺序来解,一次解一步。但在先进的电路软件的平行系统中,部分的计算是同时进行的,然后它们再被重新整合为一个最后的结论。”(奇凯岑特米哈伊,2001)当一个问题的各成分在进行酝酿的时候,可能也在进行和平行处理类似的过程。当我们用意识考虑某个问题时,我们以前接受的训练和力图找到解决方案的努力会促使我们的思想按一种直线式的、可预见的或熟悉的路线前进。但在潜意识中,我们的意图并不运作。由于摆脱了理性的指导,思想之间可以进行任意组合、任意追逐,这完全是非逻辑的,由于这种思维过程中非理性的氛围所导致的思想自由,那种可能首先会被理性的头脑拒绝的独创的组合就可能有机会建立(奇凯岑特米哈伊,2001)。顿悟的机理是一个较为复杂的问题,奇凯岑特米哈伊的观点或许会给人们的思考提供一些启发。

6.2 创新思维的基本特征

创新是人类所特有的一种活动，创新思维从观念、思想、方法到结果都具有创新性。要有效地培养创新思维，需要对创新思维的基本特征有一个明确的认识。从以上关于创新思维的内涵、过程(阶段)的分析中不难发现，创新思维有别于人们熟悉的常规思维，最大区别在于它不仅不遵守严格的思维程序，而且是多角度、全方位地思考问题，它的一些特征还是比较明显的，如新颖性、超越性、突破性、敏捷性、预见性、现实性、批判性、灵活性、多维性、风险性。

6.2.1 新颖性

新颖性是创新思维最主要的特点。创新思维的最根本要求就在于出“新”，在思维中没有新东西的产生，就不是创新思维，只能算作常规性思维或习惯性思维、重复性思维。创新思维的新颖性是指它是创新型人才在思维上的一种独特的创新，这种独特的创新往往既指在针对特定问题的解决过程中能提出新颖独到的见解，又指能按照独特的思维方式首创前所未有的事物。作为创新思维的特征之一，创新思维的新颖性也泛指创新型人才在解决问题的过程中能为社会提供新颖的、富有开拓创新精神的思考问题的理念、思想、方法或创新成果，往往是创新型人才综合运用创新素质创造新颖的、独特的境界。创新思维作为新颖的、独特的思维过程，其新颖性还体现在它能解放思想，挑战陈规戒律，对待传统和习惯，不是简单的因袭相传，不循规蹈矩、按部就班，敢于对常规做法或传统模式大胆怀疑，有锐意进取的精神境界，善于打破原有的思维框架。具体到社会实践中，创新思维的新颖性表现为：既善于从原理上对前人有所突破，从方法上有所更新，又包含着创新主体对事物和现象的创新思考。

创新思维的新颖性特征，反映了创新思维中三种“因子”所起的作用：一为“怀疑因子”，这是由创新意识提供的，表现为敢于对现行状况和传统模式提出怀疑，或者对人们习以为常的现状加以挑剔，提出更高的理想目标；二为“自信因子”，即有坚定信念和信心，相信坚持不懈地努力定能成功，即使遇到旧的传统势力的强大阻力也决不退缩；三为“自变因子”，即能够随着客观事物的发展变化，及时改变自己的立场、观点和方法，使之适应新的发展趋势（陈尤文，2006）。

6.2.2 超越性

创新思维的超越性是指创新者在创新过程中，其思维超出已有的认知范围而达到新的认知水平，在前人的基础上超越前人。这种创新思维的超越性是一种引领发展的超越性、面向未来的开放性。创新思维的超越性是相对于传统思维和传统认识模式而言的。在发展过程中，人们不断面对新情况、新问题，要在创新中解决这些新情况、新问题，思维必须具有一定的超越性、超前性，既立足于现实，又着眼于未来，并用未来量度和组织现在。在这里，超越的含义是十分广泛的，如超越已知、超越常规等。

创新活动需要创新者善于克服已有的思维模式和认知障碍，创新思维模式，超越一般的思维逻辑及通常情况下人们习惯遵循的实践进程。创新思维的超越性表明，创新思维是一种突发性的超逻辑、非逻辑、非常规思维。创新思维的超越性的表现形式是多样的，如超越时间、超越位置、超越方向。所谓超越时间，实质上就是创新者在创新活动中超越研究对象的当下状态，某种程度地跨越时间进度，跨越常规性思维的固有步骤，加大思维的跳跃性，用发展的眼光观察问题、分析问题，进行前瞻性思考；所谓超越位置，就是创新者在创新活动中超越当下特定的物理位置和心理位置，从不同的视角和立场去理解和认识事物，进行必要的换位思考；所谓超越方向，就是从习惯性思维相反的方向来分析和研究问题，另辟蹊径，进行科学的逆向思维，走出新的路径。

没有超越就不可能产生新颖独特的思维成果。创新思维的超越性在很大程度上也反映了创新思维是自由的思维，不能简单地下指令、定计划，它应该遵循创新的逻辑和思维的规律，它可以借助想象，自由飞翔，纵横驰骋，不受约束，不迷信、不盲目服从任何权威。如果一切照章办事，服从已有权威，那就不可能出现创新。超越性体现了创新思维的固有魅力，创新思维是独立自主的思维，也是自觉自由的思维，这就使它能突破前人，超越常规，产生新的思维成果。

6.2.3　突破性

创新思维的突破性是指创新活动中创新者打破思维定势，突破旧观念、旧传统、旧界限、旧体系、现成的模式、习惯性的方法的束缚，突破固有的逻辑规则和思维习惯，从新的角度来定义问题、分析问题和解决问题的思维特征，这种突破性富有创新，开拓了新的思维空间。没有突破性，就不能算是创新思维，甚至根本不可能进行创新思维。

人都生活在某一特定的现实的社会环境中，因从事某一种具体的职业和特定的工作，一定程度上已经形成了某种心理特征。当我们通过应用自己擅长的某种理论、方法，采用自己常用的思维方式和经验，成功地解决了一个问题或完成了某种任务时，常常会很自然地将这种理论、思维、方法作为自己今后解决其他问题时的惯用方法、惯用思维方式，而很难再用其他理论、思维、方法去进行探索和研究，这种思维现象通常就称为思维定势。思维定势常常会成为创新思维发展的障碍。事实上，许多人都会有这样的体验，当自己思考一个新的问题，希望能取得新的突破时，常常是想来想去，不知不觉地又回到原来的思路上去了。一般来说，在创新过程中人们往往面临许多具体的问题，思维定势往往会对创新活动形成一些障碍，突出地表现在三个方面：一是知觉障碍。主要是自身的知觉障碍，如思维定势的影响，习惯思维的束缚，成见，甚至偏见，囿于某种固定的反应倾向，思维、知觉场收缩，限制了自己创新思维的发现和发展。二是文化障碍。主要是知识障碍、迟缓障碍、迟滞障碍，传统观念、固有的界限、现成的体系，模式与方法等，对新知识、新科学技术不甚了解，凭自己固有的知识、文化、经验来判断，迷信经验或权威，从而抑制了自己的创新思维。三是情感障碍。主要是存在惰性，过于计较得失，怕犯错误，害怕失败，怕担风险，缺乏自信，过分谨小慎微，不敢独树一帜，胆怯，懒惰，这些情感障碍常常抑制人的创新活动。

客观事物复杂多变，又处在发展过程中。人一旦形成了思维定势，就不易对不断变化的客观事物做出正确的判断，因此，在很大程度上也很难提出富有创新精神的正确的措施和对策，或者由于创新的新颖和与众不同，迫于从众心理而抑制了创新思维，这是必须要突破的。所以我们在创新活动中，应尽可能摆脱思维定势对自己思维活动的束缚。

创新思维作为一种超越传统思维模式的高级思维方式，在很大程度上要求创新者根据所研究的具体问题，从创造性解决问题的视角，勇敢地突破固有的知识、经验和逻辑的局限。一般来说，新事物是从旧事物开始的，是从旧事物发展而来的，是对旧事物的突破和超越。创新思维是在思维过程中，对人们原有的知识结构、思维定势、感性材料及其关系的突破，是创造性地对原有知识、思维方式、材料、信息有所取舍，改变其结构关系，实现信息的重新组合。客观地讲，这种突破往往是不容易的。创新思维就是要突破传统的思维定势，打破它对创新者头脑的禁锢。不仅要突破自己头脑中的思维定势，也要突破社会的成见和偏见，突破大家公认的但可能已不合时宜的某些结论和看法。

创新思维的突破性往往体现在创新思维主体敢于挑战权威，不畏强权，坚持真理，大胆求异，勇于突破，不断突破传统思维模式，破除习惯性思维的影响。在人类创造新技术、新理论、新成果的整个过程中，没有积极求异，没有突破，就没有创新。

6.2.4 敏捷性

创新思维的敏捷性是指创新思维主体敏于觉察事物，对问题或不显眼的异常现象具有较高的敏感度，善于从大多数人认为正常的现象中发现异常，具有善于发现缺漏、新的社会需求、不寻常的问题的素质，积极、周密思考，准确判断，能在短时间内迅速调动思维，当机立断，迅速、准确地分析问题和解决问题。随着信息时代的来临，社会中信息传递、加工、储存速度加快，“时间”成为人们十分珍惜和看重的资源，“效率”作为一个物理学概念早已经移植到管理学中并被赋予了许多新的意义。因此，在瞬息万变、新生事物层出不穷的信息社会，在任何一个领域要有所创新，都要求人们具备这种创新思维的敏捷性，善于对急剧变化的情况做出敏捷的反应和决策。

这种创新思维的敏捷性还表现在善于用熟悉的眼光看陌生的事物。例如，平常的事物里隐藏着大量的问题，只要我们细心观察，善于在人们熟视无睹的大量重复出现的地方寻找共同的规律，或在别人不曾注意的某些环节敏锐地发现问题，就会有超乎人们想象的创新（王惠连等，2004）。可见，创新思维的产生是在细心观察的基础上敏捷思考、准确判断的结果，所以创新思维的敏捷性不是天生的，而是可以训练的。

6.2.5 预见性

创新思维的预见性，指根据以往的经验和事物发展的内在规律，对事物发展的未来趋势和状况预先做出推测的思维特征。就是既看到过去，总结现在，又看到未来，把握事物发展趋势，对事物发展做出预判。创新思维的预见性决定于思维的间接性和概括性特征，思维是依据已有事实对客观事物本质的间接性的和概括性的反映。要发挥创新思维的预见性，要求思维主体对客观事物的发展规律及现实情况进行科学的分析和深刻的把握。现代科学技术的发展，为我们对现实情况的了解和预测，提供了越来越多的方法和手段，如预测学、数理统计、未来学等。创新思维的预见性强调在创新过程中，创新者面对具体问题的困扰，既有"近忧"，又有"远虑"，从而增强其解决问题的紧迫感和创新意识，同时提高以后工作预见的有效性和决策的科学性。创新思维的预见性品质对于科学决策来说十分重要，科学的预见能避免与客观实际悖逆的决策。预见性是创新的先导，是创新思维的重要品质之一，也是其活力所在。

6.2.6 现实性

创新思维的现实性是指人们在创新思维过程中，可以根据现实情况进行超越性或突破性思考。创新思维始终伴随着人们的创造，这个过程中不能没有丰富的想象。丰富的想象和创意往往又不断改造着人们头脑中对原有事物的印象，创造新表象。这赋予创新思维以独特的形式，如想象、创意等，即使是非常缜密的科学研究，也需要想象，甚至幻想。我们无论怎么鼓励新颖、超越、突破、敏捷、预见等，鼓励人们进行创造性想象，但基本的前提是从客观实际出发，以客观现实为依据，严格按照客观事物所处的现实环境和逻辑关系进行科学、客观的思维和判断，不能以理想、预判或前瞻代替现实。

根据唯物辩证法，现实性是与可能性相对应的范畴，现实性是指已经实现了的可能性，即实际存在的事物和过程。在社会发展和人类进步的过程中，社会需要的不断满足激发人们不断创新，成为推动社会发展的不竭动力，人类社会的需要是不断发展变化的，它会随着社会发展和科技进步不断从低级向高级发展，人们对美好生活的需要是没有止境的。因此，人类的创新思维也是没有止境的。可见，人类社会不断发展的需要是思维创新的根源。在已有的理论、观点、方法及社会现实（如制度、体制、规范等）不能适应人们在物质或精神上满足美好生活的某些需求时，人们就会自觉或不自觉地改变某些现成的、已有的东西，开展有计划、有目的的创新活动，以满足人们不断发展的新的需要。所以基于这样的分析，我们不难发现，由客观的现实需求而引发的创新思维，其现实性是极其明显的，甚至在很大程度上先天地带着求实的特征，它完全有别于人们某些脱离现实的空想。因此，可以说创新思维所进行的创新，绝非无源之水、无本之木，更非闭门造车、凭空捏造。创新必须植根于现实，其成果必须能够回到现实，并指导人们现实的社会实践。

现实性是包含内在根据、合乎必然性的存在，是客观事物和现象种种联系的综合。所以，要鼓励创新者进行立足现实的开放性思考。它要立足现实不停收集与现实问题相关的外界的新情况、新信息、新材料，突破原有的状态和思维壁垒，付出比常规思维更多的精力和时间，进行艰苦有时甚至是复杂而艰巨的调查研究，这样才能真正搞清现实性中所包含的内在根据、合乎必然性的相关因素，以及客观事物和现象联系的种种方式及其特殊性，使创新思维变成一种科学思维，让其思维成果接受科学的论证和实践的检验。

6.2.7 批判性

创新思维的批判性是指在创新思维中，思维主体面对有关问题，在考虑解决问题的思路或方案时，敢于对与此相关的传统思维模式或理论体系进行质疑、反思乃至批判或否定。实际上，这是很正常的。“学贵有疑”“学起于思，思源于疑”等古语，都强调了这种质疑和批判精神。学习如此，创新就更是如此。由于创新所产生的是一种新观念、新思想、新方法、新成果等，所以没有质疑，是不可能产生新的东西的。当然，对于人的创新活动来说，仅有质疑还不够，还必须具有批判精神。批判精神不仅表现在对待错误的思想、言论和行为方面，同样也表现在对待传统和权威方面。

在人的创新活动中，大胆质疑和批判精神都是必不可少的。许多情况下，创新是由思考引起的，而思考又往往因怀疑而起，因而，创新往往始于怀疑。纵观古今中外，科学史上每一次科学革命，无论是理论创新，还是科学发现，都是与创新者不迷信传统权威，不唯书、不唯上的怀疑与批判精神紧密相关。哥白尼如果不敢对托勒密"地心说"进行怀疑与批判，就不可能提出"日心说"；伽利略如果对亚里士多德奉若神明、顶礼膜拜，不敢怀疑其关于物体下落速度与重量成正比的结论，就不会发现自由落体定律；没有爱因斯坦对牛顿经典力学的大胆怀疑和批判，就不可能有相对论的产生。

从理论上讲，科学怀疑实际上是从已有的原理、理论或观点出发，针对出现的与已有的原理、理论或观点不能解释或相左的事物和现象，对其进行思考、探索、研究的一种理性思维活动。作为一种思维方式的批判性思维，既是一种思维技能，又是一种思想态度，也是一种创新人格或创新气质。作为一种创新的思维形式，它具有否定性、不确定性和试探性等特征。在很多情况下，是怀疑激发了人们对新奇事物的探索，是勇于批判的精神解放了人们被禁锢的思想，使人们大胆突破传统的思维定势，摒弃那些错误的、落后的旧观念、旧体系，探索新的理论。对于创新活动来说，以往的思维定势是一大障碍，而质疑与批判就是要打破陈规，解放思想，用一种全新的思维方式寻求解决问题的办法和途径。质疑和批判是一种实事求是的精神，鼓励人们向传统挑战，向权威挑战，为的是创造一种更为自由的创新氛围，勇敢地探索真理，从而有所发现，有所发明，有所创新。

怀疑产生于思考，没有对事物的深入思考，就不会产生疑问，也就不会加以批判，更不能有所创新。进行创新思考，就要求我们掌握丰富的知识，对问题不仅知其然，还要知其所以然，要学会用辩证的方法分析事物，力求了解事物的本质及发展规律。迷信权威，就会束缚人的思想，扼杀人的智慧，甚至使人迷失方向，更不用说进行创新思维。权威应该受到尊重，但不能迷信。这里需要特别指出的是，对于已经有一定成就的创新型人才，不宜有太强的权威意识，有时自己也有可能成为怀疑与批判的对象，这时就需要有一种主动否定自己的怀疑与批判精神，敢于说"我错了"，打破"自我框框"，敢于坚持真理，修正错误。

从这个意义上讲，科学的怀疑和批判精神是人们在进行创新探索时不可或缺的品质思维，它既是创新活动中思维的起点，又是创新活动中思维发展的重要环节和必要手段，起着开拓创新思路、促进创新发展的重要作用。换言之，科学的怀疑和批判精神是科学发现的种子、科学探索的动力、科学创新的前提。质疑和批判对于人的创新思维的培养有着积极作用，创新思维的批判性实际上是一种在质疑和批判精神基础上的认知活动，它是基于问题意识的一种理性思考。

6.2.8 灵活性

创新思维的灵活性是指思维主体在进行创新活动时，其思维结构灵活、随机应变，思路能够及时转换、变通。创新思维始于问题的提出，终于问题的解决。换言之，创新思维的灵活性就是根据不同的对象和条件，具体情况具体分析，区别对待，灵活运用。创新思维的灵活性反映创新者在创新思维过程中既有逻辑思维，也有非逻辑思维，既有自觉思维，也有非自觉思维，而且它们在创新思维过程中可以较好地统一于某一思维主体。创新思维的灵活性说明创新思维超越了传统思维的惰性、刻板、僵化和呆滞，反映了思维活动的变易性，缺乏思维灵活性的人就很难产生创新思维，也就很难有所创新。

创新思维的灵活性体现的是创新型人才的思维活动在智力活动特别是在非智力活动领域的灵活性。具体说，包括以下几个不同层面：一是思维起点的灵活性，就是能否从不同的视角、层面提出问题、描述问题；二是思维过程的灵活性，就是用不同的思路和方法来观察问题、分析问题和解决问题，甚至是进行一些逻辑方法与非逻辑方法（如直觉、顿悟、灵感等）的组合与选择，从而灵活地进行创新活动的“综合性分析”；三是方式的灵活性，就是善于进行概括和知识的迁移，概括往往能帮助创新者对问题的表面现象进行科学的“过滤”和“蒸发”，从而找出表面上不同现象背后的某些共同本质及规律性的认识，并运用规律，实现知识的迁移。

创新思维是在一定的原则指导下的自由发挥和选择，所以，创新的成果他人可以参考、借鉴，但创新的精髓及灵活应变的能力却只属于创新者，这是无法照抄照搬的。也正是因为创新思维这一内在的东西不能被模仿，因此没有创新精神、简单仿照别人的人，就只能是亦步亦趋，跟在他人后面；而具有创新思维的人却能不断根据事物的变化，充分发挥创新思维的灵活性，及时转换思路，随机应变，及时从一种思路创造性地转换到另一种思路，使问题得到创造性的解决。

在很多情况下，人们的思维往往容易受常规性思维、过去的思维习惯的束缚，面对一些新事物，总习惯用“过去是如何做的”的框框束缚自己的思路，因此跳不出经验的圈子。创新思维的灵活性在很大程度上就是思维能够根据客观情况的变化而变化。

传说中，阿拉伯有个财主，财产的继承问题使他成天犯愁，后来他想了一个办法。一天，他把两个儿子叫到跟前：“你们哥俩赛一次马吧。各骑各的马，从家里一直跑到沙漠中的绿洲，谁赢了，我就把全部的财产留给谁。不过，这不是寻常的赛马，而是比谁的马跑得慢。我会先赶到绿洲去等你们，亲眼看看到底哪匹马后到达。”听完父亲的话，兄弟俩各自骑着心爱的马出发了。为了得到那笔财产，兄弟俩虽被火辣辣的太阳晒得汗如雨下，但谁也不言放弃。路上，兄弟俩遇到一位过路的商人。商人思维灵活，善于变通，听了原委后，将思路进行了及时转换，给他们出了一条妙计，让哥俩互换坐骑。由于父亲只看谁的马匹后到，为了使自己的马后到，就必须让对方的马先到。使得这场比赛又变成了通常的比赛。

类似的情形也发生在许多其他领域。譬如，怎样使汽车在胡同里调头，这在许多城镇是让人头痛的大问题。通常都是司机观前望后地打着方向盘慢慢地把汽车倒过来，这很不方便，也容易发生交通事故。假如发挥创新思维的灵活性，采取某种办法，让汽车停在原地不动，让地面转动一下，同样可以使汽车改变方向，达到调头的目的。20 世纪 80 年代，新西兰首都惠灵顿的市政府就设计了这样一种装置。在死胡同的尽头安装一块活动平台，司机只要把汽车开上平台，然后按一下按钮，平台就载着汽车自动调过头来——这既节省了车辆调头的时间，又减少了轮胎磨损，还可避免车辆调头时可能遇到的麻烦和不安全的因素。

6.2.9　多维性

创新思维的多维性是指创新者在创新活动中，面对具体问题，在思考其解决办法和方案时不是只关注或抓住某种单一的因素，而应将问题放到特定的、历史的、具体的问题情境中，尽可能地把影响问题存在与发展的各种可能的复杂因素都纳入视野之中，善于多方位、多角度地观察和思考问题的品质。

创新者在思维上的多维性，具有充分的理论基础和现实可能性。创新思维是一种高级的、综合的、复杂的思维活动，往往表现为多元性、交叉性与联系性。创新思维在揭示事物变化规律的过程中，可以是正向的、逆向的、线性的思维，也可以是纵向的、横向的、平面的、立体的思维。在创新活动中，创新者一般都是进行多维思考，在思维过程中其思路纵横交错，犹如一张复杂的创新之网，思维之网上的任何一个交叉点、联结点都可以通过无数条思路之网线而相互联结，四通八达，从而在很大程度上超越了线性思维的单向性。创新思维的多维性在思维过程中常常表现为创新思路的丰富和拓展，表现为创新思维向多方位、多角度、多层面的发散。

发散性是综合的前提，由先发散、后收敛到综合是创新思维的明显特征，发散性是创新思维的重要品质之一。其实，在创新思维过程中多种思维形式会交替出现，类比思维、联想思维是创新思维的重要途径；逆向思维、换位思考是创新思维的独特思路；而超越思维则集中体现了创新思维的智慧所在。除此之外，还要运用许多非逻辑思维形式，如想象、灵感、直觉等，它们都是创新思维的重要因素，在创新思维中有着重要的作用。从一定意义上讲，单一的思维路径与认识模式，在创造性地解决问题的过程中都会存在明显的片面性，对所研究的问题的各要素加以分析整理、综合思考，才可能产生出新的思路，获得理想的创新结果。通过发散性思维，在思维上进行多维考量，可将前人的与现在的、国内的与国外的、合作者的与竞争者的等各方面的观点、意见和思路，在获取大量的事实、材料及相关知识的基础上，通过认真借鉴、综合运用多种思维方式，将思维的触角伸向多个领域进行探求，深入分析、找出规律，就能形成富有创新性的成果和丰富的独到见解，从而增强创造性地解决问题的能力。

创新思维的多维性在现实生活中的表现是多方面的。小到某一具体问题的解决，大到复杂的社会问题、国家战略、政策乃至全球性问题的解决，都离不开多维的创新思考。如第二次世界大战后的日本，为了重新崛起，采取了多项措施，注重各个方面的发展，如教育、文化、科技、农业、钢铁、电子、交通业等，总结自己的经验，吸收西方一切有利于自己发展的因素，广泛涉猎，多头并进，最终实现了经济的飞跃。

6.2.10 风险性

创新思维的风险性是指由于创新思维的核心是突破既有知识、经验的局限和框架，而不是过去的再现和重复，要突破必然会有风险。在思维主体的创新思维过程中，创新思维的风险性来自两个方面：一方面，思维主体面对的具体问题，如客观事物发展的不确定性决定了创新思维可能存在一定的风险性，研究对象处在发展过程中，人们对它的认识往往是从现象到本质，而其本质规律往往隐藏在事物的内部，需要一个认识的过程。另一方面，创新思维的风险性也源于创新者认识的局限性。作为思维主体或认识主体的创新者是人不是神，由于创新思维是在对现有的某些常规思维方式掌握和运用的基础上，进行的一种突破常规的思维方式的创新，创新本身是有风险的，任何一种创新思维都不可能直接提供一种关于问题的无风险的完美的解决方案。换言之，认识主体可能会不可避免地具有某种局限性，思维主体的创新思维不能一次就穷尽关于所面对的问题的各个方面的认识，认识和把握创新思维对象的规律性，不仅要立足于现实条件，更重要的是要面对和把握未来研究对象的发展。因此，创新世界充满了不确定性，这种不确定性本身就决定了创新思维的风险性。

从本质上讲，创新者的创新活动是一种探索未知领域的活动，我们平时在管理工作中一直强调的“研究新情况，解决新问题”“要开创工作的新局面”“工作要有开拓性、超前性”等，都包含着探索的含义。既然是探索，当然就会遇到困难、挫折甚至失败。因此，从认识论和方法论的意义上讲，创新思维也有创新尝试甚至试错的成分，风险性是其不可回避的特征之一。无论创新者如何聪明，未来对他来说，总是未知的，同时具有不确定性。在这种现实条件下，没有先知。如果说前期人们通过“摸着石头过河”走出了一条不平凡之路的话，那么要找到通往未来的路径，就要允许多元尝试和不断试错，并以实践为标准来进行检验（李拯，2016）。换言之，由于创新思维活动是一种探索未知的活动，因此要受到多种因素的限制和影响，如事物的发展程度、客观的条件、认识的水平以及创新者的能力等都会影响创新活动的效果，这就决定了创新并不是每一次都能够取得成功，也有可能遭遇挫折和失败。

创新思维的风险性还表现在创新往往会面对保守、落后的传统、习惯或偏见的阻碍上，它们往往会在无形中影响和控制人们的创新行为。可见，创新思维具有风险性是一个非常正常的事情。但是，我们必须认识到，风险与机会、成功总是并存的。在竞争激烈的现代社会中，在不进则退的洪流冲击下，如果不能承担风险、冒险进取、探索创新，只想唯唯诺诺、遵循“天不变，道亦不变”“人怕出名猪怕壮”“出头的椽子先烂”“枪打出头鸟”等古训，维护现状看似没有冒风险，其实风险可能更大，因为这些不思进取、保守的观念、惰性思维指导下的行为和他们所从事的事业必然会被发展的形势或者急剧变化的市场所淘汰。创新思维活动虽然有一定的风险，但只要取得成功，所带来的效益足以补偿风险所造成的损失，并以此带给人们新的希望，走向新的起点，并推动新的发展。退一步说，即使创新不成功，那也是在前进与发展中的探索，可以控制风险，减少失误；还可以进一步总结，为以后的创新探索提供经验和教训。

6.3 创新主体创新思维的培养

创新思维的产生和发展与人们认识世界和改造世界的实践密切相关。创新需要激励创新活动，从而有所发明，有所创造，有所前进。在一定意义上讲，创新活动是一种特殊的认识活动，认识是主体和客体相互作用的产物。在研究创新思维及其培养过程中，了解了创新思维的基本内涵、发展阶段及特征之后，要培养创新主体的创新思维，有必要从创新思维的主体和客体的关系入手，从而明确创新思维主体及其所必须具备的创新思维素养。

6.3.1 创新主体及创新思维的意义

6.3.1.1 创新主体

这里所讲的创新主体泛指一切具有创新思维能力、从事创新活动的人。作为处在一定社会关系中从事创新活动的人，根据其创新思维存在的状态可分为三种基本类型，即人类主体、集体主体和个体主体（张宝荣，2008）。

(1)人类主体,即以整个人类为存在形态的创新思维主体

社会发展的每个时代都有它要解决的关系到人类生存和发展的重大课题。如当代人口、资源、环境、生态等一系列全球性问题,必须打破民族、国家的界限,联合起来,通力合作才能解决。

(2)集体主体,即以多个人为存在形态的创新思维主体

集体主体不是单个人的机械相加,而是按照一定认识目的以一定的形式组织起来的创新活动群体。集体主体中的一个个个体通过有组织、有计划地彼此合作,可以超越个体主体思维的局限,实现对一些复杂的重大社会问题的认识和解决。

(3)个体主体,即以单个人为存在形态的创新思维主体

个体主体对客体认识的广度和深度,既取决于个人在生理和心理上的先天差异,更取决于后天实践中所形成的知识结构和思维能力,同时也离不开社会为他提供的创新活动条件和他在社会关系体中所处地位的制约。

在实际的创新思维活动中,三者往往互相交叉,互动互补。集体主体,人类主体认识活动要通过个体来实现,个体主体的思维活动只有依赖于集体主体、人类主体才能进行。

作为创新活动主体的人具有如下特征:第一,社会物质性。人首先是有生命的物质实体,这是人能够成为创新思维主体的自然物质前提。但是人能够成为创新思维主体更主要的是因为他是社会的存在物。人是在社会性的实践活动中进行创新思维的。第二,主观能动性。创新思维是一种有目的、有意识地探索事物规律,创造性地解决问题的过程,在这个过程中,个体主体的主观能动性表现在其不但能动地认识客观世界,而且在认识的指导下能动地改造客观世界。第三,社会历史性。人们的实践活动不是单个人的孤立的活动,作为个体的主体总是在其所处的社会历史条件和相应的实践水平下从事创新思维,因而人的创新思维活动必然受到社会经济、政治、文化等条件的制约。人的创新思维能力也能够随着社会实践的发展经过不断培养而得到提高。

6.3.1.2 创新思维的意义

中国正在进行全面的改革开放,随着我国社会生活的重大变革,尚未被认识的或认识尚不完全的新事物是一个非常广泛的领域。迎接这种新的挑战,必

须变革原有思维方式，适应并推动社会变革，在新的社会需求面前，用具有创新性质的思维方式培养和造就大批聪明睿智、思维敏锐的创新型人才，成为时代的客观要求。

（1）就人类主体而论，创新符合人的本性，是人类生存和发展的需要

人类之所以能够成为社会文明的创造者和推动者，根本原因就在于人能够进行创新思维。正是创新思维，赋予人类不断发展科学技术的能力和创建社会文化的能力，把人类文明提升到一个又一个崭新境界。在人类的生存和发展过程中，人的精神和文化需求在不断提升，要满足人类不断增长的精神和文化需求，只能依靠不断创新，以创新谋求更为完善、更为先进的技术手段，以创造更高的文明成果。创新思维是人类进步、社会发展的不竭动力。

（2）就集体主体而论，创新思维是一个广泛的开放系统

它不断地吸收人类创造的一切文明成果，不断更新创新思维的基本要素"知识"，而不是闭关自守、故步自封。中国的改革开放就是一个不断扩大开放的过程，同时也是一个不断取得创新成果的过程。目前中国的开放将进一步扩大，在这样一个全方位的开放过程中，中国人的创新思维以及创新能力必然有一个大的发展。创新思维是以大量新的信息、知识、观念和能力为前提，以敢于否定过时、陈旧的知识、观念、技术和成果为基础的。在这个过程中，体制的创新对于创新思维障碍的扫除具有重要意义。创新活动作为人们的一种创造性社会实践，面对各种新情况、新问题，必然会产生不同于传统观念的新认识，而这些新认识必然又会受到旧思想观念和旧体制的束缚和制约，思维的创新要求改变旧体制，并为体制的创新做好准备。如党的十一届三中全会前夕所开展的关于真理标准的大讨论，在当时就是一种具有重大现实意义的创新思维，这一思维创新为社会主义现代化建设破除旧的观念、理论和体制障碍奠定了基础。创新不是孤立的行为，而是与社会各个领域有机联系、协调发展的活动，一个良好的体制环境能有效地推动思维创新的发展。如中国社会主义市场经济体制的确立，就是中国共产党领导全国人民进行的一项伟大的体制创新，这种创新远远超出了经济领域，不仅带来了社会生活各方面的变革，更为创新思维的发展提供了良好的社会环境。短短几年，人们对社会主义本质的认识发生了变化，对一部分人先富起来和共同富裕的认识发生了变化，对分配制度的认识发

生了变化,对所有制结构的认识发生了变化,等等。这些变化是体制变化冲破旧思想、旧观念桎梏的结果。

体制的创新还在很大程度上有利于巩固理论和实践创新的成果。体制创新之所以与思维创新具有同等的重要性,是因为离开了体制创新,创新思维就没有了实践的保障。一个好的思路或决策,若缺乏制度层面的具体安排,也就难以有效落实和发展。如邓小平理论、"三个代表"重要思想、科学发展观等重大理论创新,对改革开放后一些重大理论和实践问题的突破以及创新思维的发展都具有重大意义。所以,我们不仅要深刻认识思维创新的重要性,更要通过具体的制度安排来保证思维创新的有效实践和可持续发展。

随着创新驱动战略的实施和创新型国家建设的逐步推进,创新思维逐步结出创新之果:在经济领域,创新增添力量,使经济主体在竞争中得以取胜;在科技领域,创新激发智慧,推进科技不断迈向新台阶;在教育领域,创新培育人才,促使新思想、新观念及拥有新本领的人才辈出。只有进行广泛的改革开放,有了大量新的知识和信息的涌入或碰撞,人们才能够及时看到自己某些方面的落伍,才会产生危机感和奋起直追的勇气。所以,从这个角度讲,没有改革开放就不可能有今天的思维创新和实践创新。

(3)就个体主体而论,创新是不断推陈出新(观念不断更新,知识不断丰富,能力不断提高)的过程

如果个体不创新,他就难以与发展着的社会相适应。至于个体主体创新的具体目的和动机,可能存在较大差异,但创新的本质是为了解决问题,务实是创新的根本和出发点,创新过程就是务实的过程。尽管思维活动可以异想天开,但最终只有落到实际层面才能真正体现创新的价值。创新就是要善于把握问题的实质和规律,要切中要害,解决问题,就像打靶一样,不苛求子弹能飞出美丽的弧线,关键是看子弹能否打中靶心。创新可以是纯理论的课题,但不应仅是纯理论的课题,更应是针对社会需要的实践性的课题。

对于个体而言,创新思维已经成为成功的必备素质,创新型人才要站在时代的前列,成为事业的成功者,是离不开创新思维的。遵循思维规律,掌握创新思维方法,开发创新思维能力,构建创新思维方式,是育人成才、事业成功的内在逻辑。创新型人才的创新思维给社会以巨大的正能量,有创新思想、敢于不

断创新的创新型人才才能走向人生的新境界。掌握了良好的创新思维方法，很多问题都能得到解决：一个小孩可以用它来解决捏泥巴时遇到的难题；一个程序员可以用它来解决复杂的编程问题；一个企业家可以用它解决企业产品研发与销售问题；一个教师可以用它来解决学生的发展与成才问题；一个外交官可以用它解决国际纷争问题。换句话说，尽管小孩、程序员、企业家、教师和外交官所遇到的问题各不相同、千差万别，但是他们在解决问题时只要能结合自己所面临的问题进行创新思维，问题或许都会迎刃而解。

6.3.2 创新思维的培养

6.3.2.1 要善于发现创新需要

人们行为动机的产生常常是需要的结果，无需则无欲，无欲则无念，无念则无举。因此，要激发创新思维，创新需要是导向，挖掘创新需要是非常关键的一步。这里的需要，有不同的情况，既包括现实需要和潜在需要，也包括精神需要和物质需要，还包括短期需要和长期需要，自我需要和社会需要。创新型人才正是为不断满足各种需要和憧憬美好的未来而努力创新。因此，善于发现创新需要是培养人们创新思维的一个重要步骤。需要源于生活，有创新能力的人往往能发现当前紧迫或预期的需要。

100 多年前，20 多岁的犹太人李威·斯达斯随着淘金的人流来到了美国加州。他发现来这里的淘金者如过江之鲫，心想如果自己也加入其中，未必就能捞到多少油水。于是他灵机一动，开了间专营淘金用品的杂货店，出售镢头、做帐篷用的帆布等，吸引了不少淘金者前来光顾。一天有位淘金者对他说："我们淘金每天都要不停地挖，裤子破损得很快。如果能用结实耐磨的面料做成裤子，一定会很受欢迎。"李威·斯达斯敏锐地抓住了淘金者的需求，凭着生意人的精明，开始了他制售牛仔裤的生涯，并一发而不可收，成为日后闻名的"牛仔裤之父"。显然，这是由看得见的现实需要所导致的成功的创新。

其实，创新型人才不仅要关注现实需要，还要善于未雨绸缪，发挥创新思维的预见性，发现可能存在的潜在需要，机遇往往只垂青那些有准备的头脑。今天人们常吃的方便面，就是华裔日本人安藤百福靠分析消费者的潜在需要发明的。安藤并不是地道的日本人，他 1910 年出生在中国台湾，原名吴百福。自幼失去双亲，但父亲的遗产却给安藤提供了足够的创业资金。他吸取了祖父经营绸缎布匹商店的经验，起初靠销售针织品发财，1933 年渡海到日本，事业上还算成功。二战前后，日本面临严重的食品不足情况，人们饿得连薯秧都吃。20 世纪 50 年代，安藤百福发现许多人很爱吃面条，但面条要煮很久才能熟，面摊旁总是挤着很多人。于是，他决心试制一种能节省时间，用开水一泡就能吃的方便面。按常规，要在面条中掺进带盐味的鲜美肉汤，才能一泡就吃。但掺进肉汤的面条无法成形。安藤百福只好抛弃俗见，改换一种考虑，把必须先加入咸味的主导观念排除了，改为先轧面，后浸酱汤、肉汤，风干后油炸，终于成功了。其所创公司“日清食品”于 1963 年在东京及大阪证券交易所上市。

6.3.2.2　要善于激发创新动机

创新需要不一定会自动地转化为创新动机，这个过程需要创新者拥有良好的创新心态，积极主动地去激发创新动机，将其转化为创新欲望，成为强有力的创新动力，这种创新欲望往往来自人们对生存、发展、享受的需要和好奇心的满足。虽然创新思维是每个人都有的能力或潜能，但并非每个人都能充分地挖掘它，并很好地运用它。在传统思维和常规性思维主导下，大多数人的生活与工作是循规蹈矩、按部就班的，他们一生中较少冲破习俗、规则、书本、上级、权威等现成的行为方式、思维方式、观念、现成结论等的束缚，更不敢轻易越雷池半步。他们没有很强的创新欲望，没有很强的创新思维动力。更有甚者，不仅自己不愿进行创新探索，不愿进行创新思维，他们还将那些善于进行创新探索和创新思维、创意丰富的人视为另类，觉得他们不可思议。因此，这样的创新动机状况是应该加以克服的。

培养具有创新欲望的个体主体，是激发创新动机的题中应有之意。然而，如何有效地激发个体主体的创新动机是很值得引起重视的。譬如，在以人为本的管理中的激发个体主体创新动机的方法还是值得关注的。首先，强调实现人的自我价值作为个人所追求的奋斗目标，应成为一个有价值的人，对社会有贡献的人，有创新能力的人，令他人感到合情、和谐的人。其次，追求正确的人生取向，在工作中追求正确的服务方向，要求明确为谁而工作，如何创造性地完成任务，怎样在工作中利用成功的经验、提高工作效率，怎样在工作中体现自己的创造性与和谐风格。再次，追求个人的经验、知识、信息、资源的合理配置，强调依靠正确、科学、合理、系统化的思维方式来进行分析、综合、处理、应用，以产生最佳的社会效益、经济效益。

6.3.2.3 要善于进行超前思维

“凡事预则立，不预则废。”超前思维之所以可行，是因为事物是可知的，其发展是连续的，并且有一定的相似性。相似是自然界、人类社会和思维过程中的普遍现象，不但同类事物有其共同之处，在看上去相差很大的事物之间，也经常可以发现惊人的相似之处，超前思维就是建立在事物相似的基础之上的科学预见。超前思维在大的方向上可以是基本正确的、准确的。超前思维有一种最便捷的运用，便是借鉴思维。人类发展和进步的规律有其普遍性，不同国家和民族发展阶段存在的差异为这种借鉴提供了可能。一般而言，在经济发展方面，发达国家的发展经验对我国沿海发达地区的发展具有借鉴意义，沿海发达地区的创新探索又能为中西部地区的发展提供某种参考和借鉴。思维活动以此展开便会推演出一系列结合所在地区客观实际的超前思维，在学习和借鉴中创新。其实，在现实生活中，人们在认识一个事物或现象时，应该思考、预测还没有被人们认识到的与这一事物或现象相关或由此引发的事物或现象。许多发现就是经过这样的假设、验证后获得的。有眼光、善思考的创新者往往会抓住时机，对不同的发展趋势进行科学预测，并采取相应的对策，抓住发展机遇。

培养超前思维，首先，必须用知识武装自己，博采众长，多多学习，了解世界上各种各样的现象。用知识武装头脑，为超前思维提供必要的基础，这样我们才可能有超前思维的可能性。其次，现代社会计算机的普及，使得信息的传递突破了以前的框架，一些发明、创新的信息会立刻为我们所知，从而有了进行比较的可能，查阅资料等相比以往也便捷得多。再次，要有自己独特的思想，要敢于怀疑，有一定的批判精神，形成自己客观的见解和判断，可以进行超前思维，较早地确定有意义的发展趋势，确定有价值的领域，进行创造性的研究和探索，同时要有心理准备，有些新的见解和判断可能不被别人接受或认同，因为超前思维一定有不同寻常之处，所以要坚持下去，这样方能风雨之后见彩虹。

6.3.2.4 要善于进行竞争思维

创新思维是一种竞争思维。强烈的竞争意识应该是创新思维的一个重要特征。在市场经济条件下，科学技术日新月异，社会发展节奏日益加快，竞争无处不在、无时不有。“制胜”“超越”“领先”“卓越”这些与竞争相关的词已经成为当代颇为流行、时髦的词汇。所以，培养竞争意识和竞争思维非常重要。没有竞争意识就没有创新意识，没有创新意识，创新思维活动就不可能进行。同样，没有了创新思维，竞争也就成了“无源之水、无本之木”。在这种时代环境下，每个人都希望自己全面发展，在竞争中取胜，谁都不希望自己落伍。其实，人生就是竞技场，生命的意义在于创新，人生的价值在于拼搏。小至一个个体，大到一个国家，竞争都是关乎前途命运的主旋律。不善于竞争，就无法生存。竞争促进个人、国家和人类发展，发展又会加剧竞争。

对个体来说，人生有限，而能力又有一定的倾向性，一个人只有集中精力于有限的领域，才能保证自己有更多的生存和发展机会，因此，思维方式就成为至关重要的决定因素。竞争促使人类思维高度发达，竞争思维成为人类思维的主导方向。在现实生活中，战争中的你死我活是最典型的竞争思维。随着社会的发展，人们利用竞争思维的领域越来越多，也日趋复杂。如在经济领域，有企业竞争、产业竞争、区域竞争、国家竞争等，涉及市场、科技、人才、创新等方面。对个人而言，职场、生活、学习、教育等领域也存在竞争问题，少不了要科学合理地使用竞争思维。

竞争思维，是人类从竞争中发展出来的一种思维导向。一般可分为两种：狭隘的竞争思维与竞合思维。所谓狭隘的竞争思维，是指总的资源是有限的，你得到了，就是我失去的，类似于零和游戏，环境中的个体处于激烈的竞争关系之中。崇尚这种思维方式的人，容易形成自私、偏狭、孤僻、冷漠、麻木的个性人格。尽管这类思维方式者可能很勤奋、很努力，但活得很艰难，他们往往与同一层次的人竞争激烈，与周围和社会矛盾冲突较多。

而竞合思维却有别于狭隘的竞争思维。“竞合”这个词是由美国商界人士发明的：co-competition，也就是 competition（竞争）和 cooperation（合作）的合成词，这个词虽然诞生不久，但却迅速风靡整个商界，并蔓延到其他领域。随着时代的发展，合作意识作为一种理念渐渐深入到各个领域中，传统的竞争模式正被一种新的理念和思维方式所取代，这就是“竞合思维”。竞合思维的出现，改变了人们对竞争的认识，使之成为智者的双赢之道，秉持竞合思维方式的人，更容易与人合作，实现共赢，思维格局更大，不会局限于小的圈子，更大气，视野更开阔,心胸更豁达,当然也更容易拥有良好的人际关系和事业发展机会。倾向于竞合思维的人善于协作,这是许多成功的创新型人才的共同特性。

然而,当前社会上却存在着这样一种情形,有些家长已经适应了这个竞争的社会,狭隘的竞争思维根深蒂固。因此,不少人从小就接受这样的教育:要竞争,要取胜,要比同龄人强。“去幼儿园,可别叫小朋友欺负了,不用怕他们。”“老师发水果,要挑大个的。”上学了,又被家长告知:“要有竞争意识,别的同学问你问题,不要告诉他,他会了就比你强了。”“合唱比赛有什么意思?得了第一名也不是你自己的荣誉,还是省点时间看看书吧!”一些年轻人就这样接受了畸形的竞争观念,逐渐成为不善于合作也不会竞争的自私者和极端个人主义者。这种现象是应该引起高度重视的。

6.3.2.5 要善于进行逆向思维

逆向思维,是一种与常规性思维方向相反的求异思维。就是创新者出其不意,敢于在思维过程中“反其道而思之”,让思维向对立面的方向发展。因此,“逆向”思维可视为“反传统”“反习惯”或“非传统”“非习惯”的思维。人在进行思维活动时常常与熟悉的东西联系,往往不知不觉地按照常规性思维进行思考。当然,常规性思维不见得没有合理之处,它们往往也能得出正确的结论,但是要创新则往往难度很大。而且常规性思维还可能蕴含某些不合理、不科学的因素,长此以往,甚至可能出现某种“危险”,因此,在创新活动中需要大力提倡“逆向思维”。处在当代这样重大的转折时期,常规性思维更容易导致认识误区,甚至碰壁,此时尤其需要逆向思维。一般人的常态思维,主要属于常规性思维。这为培养创新型人才、培养人们的逆向思维提供了巨大的挖潜余地和拓展空间。

其实,在人类的思维方式中,最简单的思维方向是线性方向,它是由线性思维演绎而来的。逆向思维的特点之一是其突出的反常规性,它以反常规的方式提出问题,思索问题,解决问题,所以它提出的问题和解决问题的方式往往令人耳目一新,具有很突出的新颖性。逆向思维的特点之二是逆向性。逆向思维是以与常规性思维方向相反的方式去思考问题,所以,用常规方式无法解决问题时用逆向思维往往可以取得出乎意料的收获。例如,法国微生物学家巴斯德通过研究和实验发现细菌可以在高温下被杀死,食物可以煮沸以后保存。英国科学家汤姆逊运用逆向思维，推想细菌也可能在低温下被杀死或使其停止活动，因而食物也可以通过冷却加以保存。深入研究后，他终于发明了冷藏新工艺。

在日常生活中，人们也常常可以使用逆向思维来解决许多令人困惑的问题。大家都知道，身体会散发热气，其中主要是水分，吸收了大量水分的被褥不仅使人感到不适，还有可能引起风湿等病症。通常的办法就是勤晒被褥。晒被褥需要晴朗的天气，如果有一种被褥烘干机就好了，可以不受天气的影响，随时"晒"被褥。有需要就有市场，东芝抓住这一需要，抢先行动，研发出一种被褥烘干机投放市场。这种被褥烘干机是一个很大的箱子，里面有两根横杆用来悬挂被褥，然后通过热风干燥。这种结构的烘干机价格高，体积大，搬动与吊挂被褥十分不便，以致长期滞销。三菱的技术人员来了个结构逆向：被褥放在烘干机外面，烘干机对着被褥吹入热风，一次可将被和褥同时吹干。这种烘干机体积小，成本低，使用方便，不需搬挂被褥，投放市场的第一年，就售出了170万台。

东芝与三菱两家公司产品的根本不同在其结构，一种是被褥在烘干机内，一种是被褥在烘干机外。两者之间最大差别是思路上的差别，一个正向思维，一个逆向思维。事实证明，结构逆向创新带来的市场效益是巨大的。

其实，逆向思维并非高深莫测。很多成人也许还记得，读书的时候老师就告诉我们，如果一道题目不能正向解出来，可以反过来推。逆向思维不仅可以用于学习，在我们的实际生活、科学研究、市场开拓等许多领域也有很大的作用，许多看似无法解决的问题，使用逆向思维就会让人豁然开朗。

6.3.2.6　要善于进行非逻辑思维

在人们的思维过程中，逻辑是指人们思维的规律或规则，多以抽象思维的形式出现。相对于逻辑思维而言，非逻辑思维被视为形象思维，经常以直觉、灵感、顿悟、想象等思维形式出现，蕴含着惊人的创造性。可以说，大多数创新思想火花都源于非逻辑性思维。非逻辑思维是对突然出现的新事物或新问题及其相互间关系的一种迅速识别和直接判断，是一种带有突发性、非自觉性的创新思维活动，是在无意识的情况下使原先百思不得其解的问题豁然开朗。

当然，非逻辑思维不是某种神秘莫测的东西。如灵感，是指思维主体在创新活动中，面对所研究的问题，经过长期不懈的思考，在陷入思维困境时，突然出现的一种最富有创新性和开拓性的心理状态，从而实现对事物或问题的突发性的顿悟和理解，它所产生的是一种飘忽不定的思想闪光，在这种状态下，思维主体往往会突然不可思议地领悟解决问题的基本思路。

这方面成功的实例还是颇有启发性的。珍妮纺纱机的发明可算是一种典型的灵感启发。这个影响世界历史进程的机器的发明者叫詹姆斯·哈格里夫斯，他是英国兰开夏郡的一位普通工人。多才多艺的他不仅会做木工，还会织布，平日里就爱琢磨些感兴趣的事。他的妻子叫珍妮，是位纺织女工。为了让孩子们过更好的生活，珍妮每天很辛苦，除了繁忙的家务，她还得纺纱织布赚钱。可是纺纱机比较简陋，尽管从早忙到晚，珍妮的纺纱量总难让她满意，只得干着急。詹姆斯·哈格里夫斯看到妻子为此发愁，开始想办法改进珍妮的纺纱机。1764 年里的一天，詹姆斯·哈格里夫斯晚上回家，进门时不小心一脚踢翻了珍妮的纺纱机，当他弯下腰来准备去扶纺纱机的时候，却突然看到那被踢倒的纺纱机还在运作，只是原先横着的纺锭变成直立的。看到这一幕，詹姆斯·哈格里夫斯并没有上前去扶正，而且陷入了思考，脑海里突然闪现了一幕：纺锭竖立的时候仍然可以转动，那么并排使用几个竖立的纺锭，用一个纺轮带动，效率不就大大提高了吗？不就可以一下子纺出更多的纱了吗？詹姆斯·哈格里夫斯非常兴奋，有了想法，他马上动起了手，试着干，经过试验、改进、完善，他制成了用 1 个纺轮带动 8 个竖直纱锭的新纺纱机，工作效率一下子提高了 8 倍。为了向自己的妻子表示谢意，詹姆斯·哈格里夫斯将其命名为“珍妮纺纱机”。

非逻辑思维的产生不是偶然的，既不是上帝的启示，也不是头脑的自由创造，而是有其现实基础与前提的，所以创新者除了要具备必要的创新素质，还必须具备一定程度的生活积累、相关知识与经验。非逻辑思维可以把人们已知的、有差别的知识、信息联系起来，通过类比和推演，达到曲径通幽、触类旁通的效果，有助于有所发现、有所发明、有所创新，起到引导和推动创新的作用。

需要指出的是，一项完整的创新思维往往既离不开逻辑思维，也离不开非逻辑思维；非逻辑思维的结果往往要经过逻辑思维的分析、归纳和验证，才能更趋成熟，更富有理性的光辉。创新活动便是在这两种思维的相互运动中完成的。

6.3.2.7 要善于进行多元思维

解决问题的办法之一是改变传统的思维方法。一般来说，人们通常的思考方式是一维法或二维法,比如说逻辑思维法、想象思维法等。或者是学习某一专业,受到某一门学科的训练,掌握的解决问题的方法比较单一或非常有限。新时代各种复杂的社会问题,要求人们从多种角度或多维度进行思考。在许多情况下,人们需要在一般的思维方式之外寻求解决问题的方法和可能性,学会进行多元思维。

投资家查理·芒格是巴菲特的导师与人生合伙人,他与巴菲特的默契"神"合作长达近半个世纪,"双剑合璧"打造的投资经典案例数不胜数,有的还被列入美国的商业教材。查理·芒格在总结其投资成功的原因时,特别强调人的创新思维,提出了"多元思维模型"(考夫曼,2016)。他提倡当今时代人们应该学习多学科的知识,来形成自己的多元思维模型。查理·芒格认为,当你手中只有一种工具的时候,你就只能用这种工具来干活。最重要的事情是要牢牢记住一系列原理,包括复利原理、排列组合原理、决策树理论、误判心理学等等100多种模型,它们加在一起往往能够带来特别大的力量。这是两种、三种或四种力量共同作用于同一个方向,而你得到的通常不仅仅是几种力量之和。和单一思维的人相比,这样的人会取得更好的成绩。因为如果用单一的思维模式去看待事物,难免产生片面的认识,并可能扭曲现实,其局限性是不言自明的。譬如,了解一家公司,不仅要了解它的内部经营状况,还应了解这家公司所处的整体"生态系统",对其做出全面分析。要创新思维,"多元思维"既是一种方法论,也是一种认识世界的基本态度,这个态度是包容的、系统的、多元的。几乎每个系统都受到多种因素的影响,所以如果要理解这样的系统,你必须熟练地运用来自不同学科的多元思维。

比如一个设计师,如果他只是使用设计方面的知识,而缺乏相关的知识所组成的知识结构,不善于"多元思维",那是很难达到理想目标的。他不能只使用单一知识,还要将其他类型的知识合并进来一起使用。比如,设计加认知科学就是一种很棒的知识结构。如果你想设计一张海报,就要提前考虑:受众应该优先获取什么信息?会有什么样的情绪反应?是不是符合用户的预期?能不能引发他们的好奇?他们能不能无须思考就知道如何行动?试想,一个设计师如果了解人的认知规律,哪怕只是一些基础原理,设计出的作品都会比不了解的好很多。

我们在生活中看待、处理问题都有着自己的思维框架，相同的问题交给不同的人处理会得到不同的结果，这是每个人的性格、思维、经历等不同而导致的。人们看待问题的角度越多维，解决问题的方式就会越多样，越有利于问题的解决。所以，一个人越善于创新，对“多元思维”的理念体会得越深刻，掌握的解决问题的方式越多，就越会在自己的精神世界里容纳很多复杂的、多元的东西。想要洞察问题的本质，我们必须培养这种跨学科思考的方式。所以我们应该站在各种不同的立场来看待问题，尤其是要去了解其他人和其他学科、其他文化是怎样看待世界的。

当代著名心理学家 S. 阿瑞提(1987)在其代表作《创造的秘密》一书中，曾就犹太人获得诺贝尔奖的人均比进行了分析。结果发现，从 1901 年到 1970 年的 70 年间，犹太人获得诺贝尔奖的人均比是世界其他民族的 28 倍。为此，阿瑞提认为，犹太人创造力的迸发及其取得令人瞩目的成就的一个重要原因，在于他们文化方面的优势。与世界其他民族相比，犹太人的社会经济流动性使得他们获得了“便利的文化手段”，加之他们在传统上一直重视文化教育，对“知识性的文化刺激”善于加以容纳、兼收、转化以至创新。这种文化上的兼容并蓄带给犹太人以文化视野上的开阔性和思维方式的多样性，多元思维促使他们产生无限的创新思维。

6.3.2.8 要善于克服消极思维

人们在思维活动中，随着知识、经验的积累和阅历的丰富，往往会形成某些常规的、习惯的思考问题、解决问题的方式，这种常规的、习惯的思考问题、解决问题的方式对解决常规性的一般问题、老问题是有效的，但对新的问题而言，往往就成为障碍，成为一种消极的思维定势，使得人们在解决新问题或拓展新领域时受到原有思维方式的影响，使问题的解决处于停顿状态。这是因为，原有思维方式虽然在解决常规性的一般问题时是成功的，但面对新问题或新领域时原来成功的解决方式、方法的局限性就明显暴露出来，使其成为一种思维障碍。

一般情况下，形成消极的思维定势，即这种思维障碍的主要因素有两个方面：一是聚集效应。它是人们面对变化了的情况仍然用旧模式生搬硬套的僵固、刻板化的心态。如刻舟求剑就属于较为典型的案例。二是功能固着。即人们在知觉上受到问题情境中经验功能的局限，而不能发现其可能潜在的功能，以至于不能解决问题的一种心理状态。如在被发明后的100年中，蒸汽机一直被用作从矿井抽水的工具，100年之后才产生了将其用作动力源的念头。这也是一种典型的在知觉上受到问题情境中经验功能局限的情况。

要有效地克服消极的思维定势对创新思维的影响，有必要对其表现形式作一些基本的了解。通常情况下，消极思维定势的表现形式主要有以下几种。

(1)经验型

经验型思维定势是指人们不自觉地用已经习惯了的某种思维方式去思考已经变化了的问题。经验在人们的社会实践中是很宝贵的，但经验有待于上升到理论，因而经验也有局限性，事物在发展变化过程中不可能完全符合过去的经验。一方面，前人的经验会对我们解剖问题提供借鉴；另一方面，经验也经常会成为创新思维的障碍。时过境迁，人们理当根据变化了的情况探索解决新问题的新模式，否则，就会陷入经验主义的泥潭难以自拔。所以，运用创新思维正确对待前人以及自己过去的经验，并突破经验的局限性，学习、工作、生活中不断创新，才是有意义的。

(2)权威型

在社会发展中，伟人、名人，无论是政治领袖还是专业权威人士，他们的理论、学说、观点，甚至人格，都可能对社会产生不小的影响。一方面，如果人们能够正确对待某些使人信从的力量和威望，那么权威可能对人及社会发展产生积极作用，甚至产生深远的影响；但另一方面，如果人们盲目崇拜权威，甚至迷信某些使人信从的力量和威望，也会给人及社会的发展带来危害。一旦人们对权威的盲目崇拜发展成一种思维形式，就离思维定势不远了，即人们对权威言行的一种不自觉的认同和盲从，而这就与创新思维相去甚远了。在现实生活中，从创新思维的角度讲，我们应该尊重权威，但不能不分青红皂白地屈从于权威，更不能迷信权威，那样我们就容易失去自信、迷失自我，就不会创新。正确的态度是，要有一种“吾爱吾师，吾更爱真理”的精神，培养质疑与挑战精神，站在巨人肩膀上处理好继承与发展的关系，实事求是地进行创新思维。

(3)从众型

个体受到外界人群行为的影响，在自己的知觉、判断、认识上表现出符合公众舆论或多数人的行为方式，这种从众心理是部分个体普遍的心理现象。换言之,从众是人的心理和行为的一种"随大流"的表现。从创新思维的角度来看,这种盲从他人的心理活动和行为实际上是一种从众型思维定势。这其实也并非太难理解,个体总是生活在一定的群体中,其知觉、判断、认识、观念与行为往往受到群体的引导和压力,与多数人保持一致,可以实现其对偏离的恐惧,或满足与群体融合的心理需要。当然,传统文化中某些消极的不利于创新的因素也在某种程度上强化着人们的从众心理,如"木秀于林,风必摧之"等。当一个人陷入盲目从众的状态,较为典型的表现就是人云亦云、个性消失、没有独立思考的品格,这种心理状态对创新活动的影响是极其负面的。

(4)书本型

书本知识是人们经过头脑的思维加工之后得到的一般性的知识,其对人类所起的积极作用确实是巨大的。于是,有可能导致一个人在某些情况下会对书本知识产生迷信。书上没有说的不敢做,书上说不能做的更不敢做,如果自己发现的情况与书本不一样,那就怀疑是自己错了。这种对书本知识完全认同与盲从的过分相信的思维方式实际上是一种书本型思维障碍。事实上,书本知识具有滞后性,书本知识本身也有局限性。时代发展了,情况变化了,书本知识也会过时,知识只有不断更新才能成为有效行动的信息,才能推动事业的进步和发展。由于书本知识与客观现实之间存在一段距离,二者并不完全吻合。人们常说知识就是力量,但是如果不能将所学的知识灵活运用,知识并非就是力量。随着社会的发展,人们的认识能力也在不断地提高,已经有的某些知识会显得陈旧过时,会暴露出其不足的地方。因此在一定的条件下,知识有可能成为创新的障碍。于是,就有了书呆子、书生气、教条主义、本本主义的说法。所以,要善于学习书本知识,但"不唯书"。"不唯书"不是不读书,或者轻视理论,而是在学习书本知识时要理论联系实际,避免读死书、照本宣科的教条主义。对书本知识并不是教条式地接受遵循,而应尊重书本知识,不唯书是从。

(5)其他类型

除以上四种主要的消极思维定势外,还有几种类型的思维方式也是不利于创新思维的。①直线型。直线型思维对解决简单问题往往可以奏效。如人们往往用"一就是一,二就是二"这样的直线型思维方式来解决日常生活中的问题,久而久之容易死记硬背,硬搬照抄,不善于从侧面、反面或迂回地去思考问题。这种用简单的线性思维方式解决复杂问题的模式是会带来危害的，这种危害实际上就是一种直线型思维障碍。现实的客观事物是复杂多变的，仅用简单的直线型思维去解决复杂的问题是不够的，甚至可能起阻碍作用，要想巧妙解决问题，要想出奇制胜就必须有效地克服直线型思维。②自我中心型。在日常生活中，有些人想问题、做事情完全从自己的利益与好恶出发，主观武断地不顾他人的存在和感觉，思考问题往往以自我为中心。这是一种以自我为中心的思维障碍。在社会生活中受到以自我为中心的消极思维的干扰，往往阻碍人们的进步和发展，这也是创新思维的一大障碍。③自卑型。这种思维障碍是指有些人由于过去的失败或成绩不佳，或者某方面的条件不如他人，受到过别人的轻视，产生了自卑的心理，在学习、工作、生活等方面表现出非常的不自信，这样的人即使有好的想法也不敢轻易尝试，非常不利于创新思维的形成。④偏执型。偏执型思维的表现有多种多样，有的过于自信；有的抓住一点不顾其他等。这些心理活动和行为对人的生存和发展产生着极为不利的影响。要想在学习、工作和生活中要有所创新，就必须克服这些思维障碍。

客观上，在现实的创新活动中，不同的人在不同的情况下，容易产生不同的思维障碍，使人丧失创新的动力和活力，成为制约个人发展的瓶颈，突破这些消极的思维障碍是创新型人才不断发展、不断拓展创新思维的有效途径。

7 创新型人才的成长环境

英国心理学家高尔顿从遗传的角度探讨了个别差异形成的原因(Galton，1869)，他在《遗传的天才》一书中基于家谱列出了来自300个家庭的900多个知名人物的数据，提出了天才能力的形成很大程度是由家族遗传决定的“遗传决定论”。英国另一位心理学家康斯泰伯(Constable)在系统研究的基础上，于1905年在他的《贫穷与遗传的天才》一书中提出了明显区别于高尔顿的观点，他认为天才并不是由遗传决定的，那些底层人员之所以没有成为杰出人才，是因为贫穷使他们无法得到成为杰出人才的机会，是贫穷限制了他们的发展(钟祖荣等，2005)。康斯泰伯的意思很清楚，许多有天资、有潜质的人因为贫穷没有获得相应的成长环境和发展机会，最后没能脱颖而出。可见，在创新型人才的成长过程中，环境是一个非常重要的因素。诚然，在研究创新型人才的成长因素中，“遗传决定论”和“环境决定论”都是片面的。在创新型人才的成长过程中，要做出重大成就既需要具备良好的基本素质，这是创新型人才成长的内在因素，又要有适宜的生活、学习和工作环境，需要各种外在因素的共同作用。其实，人都生活在现实的社会环境中，创新型人才在其成长和发展过程中，离不开必要的成长环境，社会环境总是在不断地发生作用，有时甚至起着非常重要的作用。

从成长环境的角度看，它是一个由人们所处的时代环境、政治环境、经济环境、文化环境、社会风气等构成的复杂系统，这个系统的不同子系统从各个不同的层面或角度对创新型人才的成长和发展产生不同的影响。

创新型人才的培养，其成长与发展是当下世界各国普遍关注的问题，这里特别需要关心的问题是：有利于创新型人才成长的环境有什么特点？如何认识创新型人才的创新行为？什么样的环境能够更有效地激发创新型人才充分发挥其创新意识和创新精神？环境对创新型人才的成长有什么影响？如何营造并优化创新型人才辈出的良好环境？本章将对与此相关的问题进行具体探讨。

7.1 创新型人才成长的环境因素

7.1.1 创新型人才成长环境的概念

就创新主体而言，无论是人类主体、集体主体，还是个体主体，说到底创新活动的主体是人。离开了人就没有创新活动可言，研究创新活动也就没有意义了。但是，人的本质是一切社会关系的总和，现实中不存在抽象的、孤立的人，每个人都生活在社会集体中，与周围环境有着千丝万缕的联系。因此环境对人的创新意识、创新人格及创新思维能力的形成和发展都会产生非常重要的影响。过去人们关于人力资源开发理论的研究，在相当程度上对创新型人才与环境的关系关注不够，随着人们对环境管理理论，特别是生态管理理论的日益关注，人们终于意识到，无论是研究创新型人才个体的成长，还是探讨其群体的演变，都离不开环境因素(孔德议等，2012)。而且环境因素在创新型人才的研究中应该是一个不可忽视的重要因素。这主要是由于关于创新型人才的研究目前还是一个比较新的课题，所以关于创新型人才成长环境的研究成果目前也比较少。类似的研究大多称之为"人才环境"或与之相关的"人才生态环境"。这些相关研究，对研究"创新型人才成长环境"是有一定的参考价值的。

为了深入地探讨"创新型人才成长环境"，有必要先明确"成长"的内涵。

成长是与人类行为紧密相关的一个核心概念，但成长这个概念的产生不是一帆风顺的。影响成长概念形成的因素主要有两个，其一是对人类自身成长阶段和现象的认识局限，其二是对成长这个词所应包含的内容的认识片面(王瑞鸿，2002)。关于第一个因素，人类对自身成长的认识是一个渐进的过程。最初的时候，关于人类成长的认识的全部内容几乎都局限于儿童的范畴之内。人们一度认为儿童与成年人并没有什么本质的区别，所谓的区别仅仅表现在躯体的大小上。关于第二个因素，以前人们关于人类的成长主要关心的是生理上的变化，这种变化到了成年期则渐渐趋于稳定或停止，老年期则主要是衰退和死亡，所以，关于成长的探讨大多到成年期就终止了。随着研究的不断深入，现在人们注意到，人类的成长除了生理上的变化之外，还包括认知、情感、行为、社会性等多方面的发展。因此，成长的研究就不应止于成年期，成年期和老年期都应作为人类成长的阶段涵括进来。“老骥伏枥，志在千里；烈士暮年，壮心不已。”与曹操所处的时代相比，今天人们的平均寿命大大高于从前，老年人整体的健康状况也明显好于以往的年龄相当者，离退休者还有漫长的人生之路。因此，可以将成长大致定义如下：成长指的是贯彻一生的过程中个体所发生的系统的变化。在这里，“贯彻一生”指的是人的终生，换言之，人的成长是有序的、持久的变化，而不是暂时的、相对的、零星的、变动的，比如情绪上的波动、思想上的暂时迷惘、行为或外表上的临时改变等等，这些都不属于人的成长需要研究的范围。

人的成长包括生理的、认知的、情感的、行为的以及社会的成长和发展，这些方面的变化互相联系，共同构成了人这个复杂的系统。尽管存在着历史、文化以及个体之间的差别，但人类成长是可以按照一定的标准来划分的。因为透过这些纷繁的差异，人们不难发现，人类的成长依然存在着许多的共同特征。尽管有文化、社会等诸多差异，同一年龄段的人仍然表现出了相当多的、不约而同的共同性（王瑞鸿，2002）。

实际上，作为个体而存在的人，本身是一个系统，包括生理因素和心理因素，可进一步区分为生物领域和心理领域，这两个领域有不同的特点。

就生物领域的情形而论，主要包括身高、体重、运动能力、健康状况、年龄等因素，侧重的是人在生理机能上的发展变化；生物系统常常在很大程度上影响人的成长，是人的行为必不可少的生理基础。生理因素的变化会影响心理因素的发展，比如人的健康状况、生理性变化往往会直接影响人们的情绪、认知和行为，这种影响还会进一步涉及人们的社会活动；处在不同发展阶段的人生理发育不同，这直接影响到了人们不同时期的成长特征，比如：婴幼儿、青少年、中年、老年，他们之间成长中的差别是很大的；当然，作为一个与人的成长密切相关的社会环境因素，遗传因素对人的成长的影响也是需要认真研究的，譬如人的某些疾病就具有遗传性。

而心理领域，主要包括认知、情感和行为。其中，认知又包括感觉、认识、想象、判断、记忆、语言和理智等因素，与此相关的知识、信念、意见也常被归入认知的系统。情感主要包括动机、需要、动力、欲望、感情和兴趣等因素。行为主要指的是个体外显的活动，心理是内在的、无形的，而行为则是心理活动的外在化，如工作、结婚、失业、人际交往等(王瑞鸿，2007)。心理因素对个体的影响是深刻的。在心理领域，认知可以帮助人们正确认识自己、认识他人、认识社会，从而正确处理自我与他人、与社会的关系。只有正确的认知，才能确保人们正常地行动和健康地成长；情感对于人类成长的重要性也日益引起人们的重视，随着社会的发展，生活节奏越来越快，生活空间越来越局促，人际关系需要协调，压力客观存在，抑郁症等精神疾病呈明显的多发性，爱、怨、恨、痛苦、绝望、孤独等情感带来的诸多现实的社会问题，说明了情感对人类成长的重要意义；行为的变化则是人们观察和研究的一个重要窗口，如恋爱、结婚、离婚、就业、失业、退休、犯罪等对人类成长的影响是不能不引起重视的。通过行为的变化，人们可以进一步推测认知、情感、生物以及社会因素的发展和改变。在人类行为的探讨中，人们往往更多地将目光投注于心理和社会的影响。

需要指出的是，人类行为本身也是相当复杂的，有不同的分类，可以根据是否符合社会文化标准将其区分为正常行为与偏差行为。一般来说，符合特定社会文化标准的行为是正常行为。在特定的社会文化环境中，大多数人有相似或一致的正常行为。正常行为不仅符合社会文化的要求，也符合在该社会文化环境中个人生理、心理和社会性发展的要求；同时，正常行为也是个人生理、心理和社会性平衡发展以及适应良好的标志。相反，不符合或者违反社会文化标准的行为是偏差行为。偏差行为通常与大多数人的行为不相似或不一致，它不符合在特定社会文化环境中个人生理、心理和社会性发展的要求；同时，也是个人生理、心理和社会性发展不平衡和适应不良的标志(库少雄，2005)。

可见，成长、人类行为与社会环境是紧密相连的。实际上，在现实生活中，作为个体的创新型人才也会在不同程度上体会到自己生活于其中的环境在影响自身的创新行为、影响“我是谁”之类的问题。尽管每一个人都是独立的个体，但是作为独立的个体，没有一个创新型人才能与他人、与环境分离，实际上是从来就没有真正分离过。尽管作为独立个体的创新型人才各不相同，但是每一个创新型人才的生活与他人的生活，与环境中的多种因素、多种系统是相互交织、相互影响的。许多人自以为属于自己的东西实际上来自他人、来自环境。创新型人才对自己、对世界的认识既取决于作为独立个体的本人的经历，也取决于他生存于其中的社会文化；而创新型人才看自己、看世界的方式又会影响自己的日常行为。当然，当环境影响人的时候，人也在影响环境。不同的创新型人才在相同的环境中可能表现出不同的行为，同样的创新型人才在不同的环境中也可能表现出不同的行为。这些事实都说明人与环境是不可分离的，要理解人类行为就必须把人及其所处环境结合起来，在特定的环境当中理解特定的人的行为(库少雄，2005)，创新型人才的创新行为也不例外。

基于上述关于“成长”的理解，有必要进一步对创新型人才成长环境作具体分析。虽然“人才环境”是人才管理工作中出现频率非常高的一个词，但无论是在学术界的学术研究中，还是在从事人才管理的具体工作中，对“人才环境”和“人才环境系统”这样与人才的成长和发展密切相关的名词却缺乏明确的界定和具体研究。就一般意义上的环境而论，是指对人们工作、生活等活动具有影响的一切外部条件。创新型人才成长环境与一般的环境不同，是指影响创新型人才进行创新思维和创新活动的一切外部条件，或者说是人在进行创新活动时所处的外部条件。因此它所涵盖的范围相当广，既包括自然环境中的因素，也包括社会环境，但对创新型人才成长起作用的主要是社会环境。社会环境从某种程度上说是一种规范，一种机制，一种人与人之间形成的社会关系、氛围。所以，创新型人才成长环境既有物质方面的，也有精神方面的；既有国家、区域层面的，也有工作单位、学校、家庭层面的；内容广泛涉及政治、经济、文化、科技、教育、地理等各个方面，是创新型人才成长过程中与社会、组织和其他个体相互联系、相互影响并相互作用的一个十分庞大的许多要素混合在一起的复杂系统。

人是不能脱离社会环境而独立存在的，社会环境规范着人的生活方式、行为方式和思维方式。由于创新主体是以人类主体、集体主体和个人主体三种形式存在的，而且这三种形式的创新主体在某个特定的历史条件下往往是同步发生、同时形成的，创新主体之间也是相互影响、相互作用的。因此，在研究创新型人才成长环境时，可以遵循人才与确定性环境的关系——人才与不确定性环

境的关系——人才与不确定性环境的作用关系直接与否——这一思路进行(陈京辉等,2010)。由于社会的不断进步和发展,对人才的成长能够造成影响的外在环境也日趋复杂,一些原来并不为人们所认识的环境因素也逐渐作为独立的子系统,需要认真加以研究。

创新型人才成长环境的营造还应特别关注从事创新活动的人对外部环境的感觉、感受。正如有的研究者注意到的,创新型人才成长环境并不能简单等同于人们经常泛泛讨论的社会的政治制度、经济制度。对创新型人才的成长而言,一个社会的政治、经济制度往往以外显的、比较刚性的方式为社会的运行和人们的行为提供规范和框架,是人才成长的宏观环境;而创新型人才成长环境则以内部和外部、刚性和柔性、显性和隐性相结合的方式制约和规范着每一社会群体和个体的行为,赋予人的行为以根据和意义,进而左右创新型人才成败和聚散的进程(朱达明,2001)。从事创新活动的人对外部环境的感觉、感受等这些看似与创新型人才成长环境无关的东西,其实也是非常值得环境塑造者关注的。创新型人才成长环境中应该特别关注内部与外部、刚性与柔性、显性与隐性的结合,注重人文环境、创新氛围的塑造,从而催生富有时代精神的创新型人才。

7.1.2 创新型人才成长环境的分类

7.1.2.1 与人类行为相关的环境分类

关于环境的分类,按照不同的标准有不尽相同的划分。如有的将创新型人才成长环境分为“大环境”与“小环境”,有的分为“硬环境”与“软环境”,有的分为“自然环境”与“社会环境”,等等。关于创新型人才成长环境的分类,至今尚未形成统一的分类方法,研究者从不同角度对此进行了一些相关的探讨。

就人类生存的环境而论,王瑞鸿(2007)认为,通常可以将其分为物质环境和社会环境。就物质环境而言,一方面,物质环境影响人类。物质环境对人类的影响既可能是积极的,也可能是消极的。这种影响同时也与人所施加给自然环境的影响紧密相关,比如全球气温变暖问题、沙尘暴现象等,这些都是人与物质环境关系恶化的表现,也正因为如此,环境保护的问题才作为一个与人类生存和发展紧密相关的问题日益受到人类的重视。另一方面,人类能够改变物质环境，大规模围海造田、劈山造林。中国古代愚公移山、精卫填海的故事，尽管这是传说或神话，从当代环境科学的视角分析，未必符合人与自然和谐共生的绿色发展理念，但也从一个方面反映了人类在改造物质环境方面是有期待、有理想的，并非无所作为。

就社会环境而言，同样应该承认，人类行为与社会环境之间也是一种相互影响的关系。一方面，社会环境能够影响人类成长。如我国对婚姻法的修订，国家在婚龄标准上的调整，会直接影响到人们的婚恋生活；再如文化的影响，这是社会环境中经常被强调的一个重要因素，不同的文化塑造出了不同的人格、不同的行为方式。中国文化与美国文化传统的差异，导致了中国人与美国人思维方式、行为方式、生活态度等全方位的不同。另一方面，人类行为可以影响社会环境。如以"新新人类"自居的年轻人，他们的行为方式、生活态度等都有可能直接影响社会风气或文化的改变；又如著名的思想家、政治家乃至流行歌星，他们都有可能引起社会相关风气的改变。

基于人类行为与社会环境相互关系的视角，韩晓燕等(2009)认为，人类行为赖以产生、发展的社会环境的构成主要包括如下七个单元：

第一，家庭。家庭始终是社会最基本的细胞，是人成长最早面临、无法选择的最基本的环境。

第二，朋辈群体。朋辈群体是人成长过程中极其重要的环境，同伴、朋友圈对人成长的作用是独特的。它与家庭，特别是原生家庭最大的区别在于，家庭稳定性大而变异性小，然而一旦发生变异，其代价也相对较大；而朋辈群体则变异性大而稳定性小。

第三，学校、单位与组织。学校是人成长的重要环境；结束学生生活步入社会后，对个体直接产生较大影响的是单位或组织。组织是人类成长及行为发生的场所，是有目的地为追求特定目标而建立的社会单位或群体。目标、人和人际互动是组织的三要素。人际互动出现问题是许多成年人发生心理疾病的诱因，也是其事业发生障碍的重要的隐性环境问题。组织对个体行为的影响非常广泛。首先，它影响人的目标或人生观；其次，组织提供的物理、心理条件会影响个体行为及身心健康；最后，雇佣与工作关系中的歧视现象也会对个体行为产生影响。虽然法律对性别、种族、年龄等歧视行为有明确规定，但是在操作层面仍有灰色地带。

第四，社区。社区成员之间往往有共同的利益或需求，为了实现这些利益而展开正式和非正式的交流，参与共同的活动，并且发展出互相之间的认同感。社区可以分为地域社区、非地域社区与亲属社区。地域社区以共同的栖息地域空间为特征；非地域性社区又称为心灵社区，与地域无关；亲属社区则是有血统关系者的结合。这些分类并不是互斥的，非地域性的社区也可能有地理上的联系，虽然其成员或许永远不会同时聚集在某一个地方。社区通过其价值与目标实现某种社会控制，影响人类行为，那些拒绝社区价值与行为规范的个人或群体，有可能遭遇某些强制措施，如警告、罚款、驱逐等。

第五，社会。社会指生活在特定地域范围内的拥有共同文化的一群人，往往受一个权威的中央政府的影响。社区和社会的概念经常被混用，而社会学家通常依据规模的大小、独立和自足程度来将两者区分开来。

第六，文化。文化是人类共同生活的基础，也是人类活动的重要环境。民族文化是民族心理形成的根本原因，每种文化中人们共同具有的心理特征，称为群体人格。受其影响，同一群体的人往往表现出相近的行为特征。例如：德国人严谨，法国人浪漫，日本人拘泥于礼节，美国人活跃外向等。除了社会主流文化之外，社会中的某一特定团体往往还会形成带有自己鲜明特征的亚文化，亚文化可能基于种族或民族的不同（如美国的黑人亚文化），可能源于世代的差异（如青少年亚文化），也可能来自职业的分别（如企业家亚文化）。亚文化在适应主流文化的同时，也保留了自己独特的价值观念、行为规范和语言模式。

第七，大众传媒。进入信息时代，大众传播媒介，如广播、电视、报纸、杂志、互联网对人的行为和社会实践产生越来越大的影响，从而构成了社会环境重要的有机组成部分。由于媒体对知识和信息的报道和传播绝不是价值中立的，所以个体从媒体获得知识和信息，从积极和正面的角度讲，作为强有力的社会化主体，媒体所提供的信息可以帮助个人、团体及组织了解情况、做出判断、满足要求或达成目标。从消极和负面的角度看，媒体可能透过信息传递不恰当的价值观念或行为模式，误导受众。与此同时，网络依赖与网络成瘾也日益成为儿童与青少年中一个突出的问题。如何积极发挥互联网的正面功能，寻找合适的切入点，是值得引起重视的。

可见，社会环境是极其复杂的庞大系统，涉及日常活动的互动系统和影响社会功能的环境系统等各层次领域，这些系统对个人的成长和发展起着举足轻重的作用。与此同时，社会环境本身并不孤立，它又与影响人类行为的其他因素交织在一起。由此，我们可以把社会环境界定为与人类生物遗传、心理状态及社会过程相互作用的社会系统（韩晓燕等，2009）。

7.1.2.2 与创新型人才成长相关的环境分类

根据构成要素的特征，创新型人才成长环境大致可以分为硬环境和软环境，前者指的是硬件设施等物质条件构成的环境，后者指的是非物质条件构成的人文环境，是一种精神环境。有的研究者从区域或城市竞争的视角，认为环境是凝聚力、竞争力和生产力，对人才成长环境进行了具体的探讨（闫勤，2006）。

（1）人才成长的硬环境

其一，自然环境。人才成长的自然环境，是指自然界的空气、土壤、水、光、热、生物、矿产以及地理位置、地形地貌、自然景观、气候条件等自然物质要素的总和，又称自然条件（包含自然资源）、生态条件、区位条件。

其二，基础设施。人才成长所需要的基础设施是工作与生活必不可少、并具有共用性、通用性、服务性，部分甚至还具有无偿性特征的物质基础，主要包括水电气等公用设施、交通运输设施、邮电通信网络设施、医疗卫生设施、科技教育设施、金融服务设施、商业服务设施、环境保护设施、园林绿化以及图书城、图书馆、博物馆、科技馆、文化馆、大剧院、音乐厅、电影院、体育馆等，可分为生产性基础设施与社会性公用设施等两大类。基础设施状况往往在很大程度上体现了一个城市或区域的发展状况。

其三，工作环境。工作环境是人才进行创新、创业必不可少的工作条件。如创业园区、孵化基地、研发园区、中介机构、办公用房，计算机、网络系统，打印机、复印机、电话、传真机等办公室 OA 系统，必要的专业仪器设备、书籍资料和工作人员等。

其四，生活环境。生活环境是指人才工作之余休息、娱乐、消遣以及为满足再生产需要而补充能量、体力与知识、并解除后顾之忧的相关条件。如城市建设环境（市容市貌、生态环境）、社区人居环境、人才居住用房（含房价高低）、出入道路及车辆、生活必需品供应渠道、休闲设施、娱乐设备、体育器材以及家属子女就业、上学条件等。

(2)人才成长的软环境

其一,政治环境。即与政党、政府、非政府组织(含社团)和个人在内政外交等方面活动有关的人才成长环境。具体地说,主要包括政局环境、体制环境、制度环境、法律环境、政策环境、行政管理环境等。

其二,经济环境。即与社会物质生产和再生产有关的人才成长环境。主要包括经济体制、人均 GDP、财政收入、持续经济增长率、职工工资指数(城镇人均可支配收入)、规模以上高新技术企业数、高新技术产品数、高新技术产品产值、高新技术产品产值占工业总产值比重、企业工程技术中心数、重点实验室数、科技进步贡献率、外贸出口值、世界 500 强入驻数、恩格尔系数、人力资源环境、融资环境、市场环境、产业环境、技术环境等。

其三,人文环境。即与人类社会各种文化现象,特别是精神层面的观念形态等有关的人才环境。具体来说,主要包括历史文化传统、地方文化基础与特色、开放意识、创新意识、冒险精神、敬业精神、价值尺度、行为准则、交往方式、团队精神、文化包容度、对失败与挫折的宽容度、学术氛围、公民科学文化素养以及伦理道德、宗教信仰、风俗习惯等。

其四,社会环境。即与因共同的物质与精神条件而联系在一起,并作为经济基础与上层建筑整体的人群有关的人才成长环境。一般而言,包括社会治安环境、社会舆论环境、人际关系环境、公民文明程度、社会信用环境、社会保障环境(基本医疗保险、基本养老保险、失业保险)、社会服务环境(政府、中介)等。

对于创新型人才的成长来说,其成长环境是一个有机统一的整体,“大环境”与“小环境”,“硬环境”与“软环境”,“自然环境”与“社会环境”是不可分割的,它们作为一个系统对创新型人才的成长产生着广泛而深刻的影响。

7.1.3 创新型人才成长环境的特点

基于以上分析,笔者认为,创新型人才成长环境是一个由诸多相互作用、相互制约的因素构成的系统,其特点主要有以下几方面。

7.1.3.1 系统性和复杂性

构成影响创新型人才成长环境的相关因素很多，既有自然的、地理的环境，又有社会的、文化的环境，如政治、经济、文化、科教等，还有具体的人才政策环境等，其构成是多层次的，影响因素也是多方面的。这些不同要素相互影响、相互作用，形成一个人才生态系统，即创新型人才成长环境系统，系统中不同的要素所发挥的作用因时间与空间的变化而不同，所以，这个创新型人才成长环境是具有系统性的。同时这些因素对创新型人才的成长有重要影响，且不同的因素对创新型人才成长的影响是很不相同的。另外，环境系统中的各个因素也都会对其他因素起到一定的影响作用，因此创新型人才成长环境系统也是复杂的，具有很高的复杂性。

7.1.3.2 动态性和稳定性

创新型人才成长环境系统与众多因素都有着直接或间接的联系，每个因素变动都会牵动创新型人才成长环境。各种相关要素中，有的要素变化快，有的要素变化慢，如果说自然的、地理的环境要素变化慢一些的话，那么社会的、文化的环境要素的变化则要快得多。总之，创新型人才成长环境系统始终处于动态变化中。只是当创新型人才成长环境的变化达到一定程度，即当创新型人才成长环境的量变达到一定程度，才会呈现出质的变化，这种质的变化是一种显著的变化，有时甚至是一种根本性的变化。需要指出的是，创新型人才成长环境作为一个系统可以在动态中保持相对的稳定性。其机制在于，创新型人才成长环境中各个要素虽然是变化的，但是它们之间的协调性可以保证成长环境变化的趋势在整体上的平衡与稳定。因此，创新型人才成长环境是一个动态平衡的系统，在一定的时间和范围内它具有相对的稳定性。

7.1.3.3 关联性和独立性

创新型人才成长环境与周围大的自然地理环境和社会经济文化环境有着紧密的联系，存在关联性。改革开放以后较长一个时期，在国内人才的流动方面，人们常说的“孔雀东南飞”现象，即是对这种关联性的一种形象的描述。实质性的问题是自然环境的优劣往往会间接影响创新型人才成长环境的质量，它通过影响该区域的社会经济环境而对创新型人才发生作用，并且影响其对创新型人才的吸引力。而社会经济文化环境对创新型人才则有着更为直接的影响，可以说社会经济文化环境对于创新型人才的发展而言有着更为基础性的作用。但创新型人才成长环境也有其独立性，社会环境的构成，小到家庭、学校、团体、组织，大到社区、社会乃至文化系统，涵盖不同层次的方方面面。与此同时，社会环境还体现为静态和动态的相对统一。一方面，相对于个体而言，社会环境是稳定的，也正是这种相对的稳定，保持着群体和社会的延续性，使有效率、有秩序的人类生活成为可能；而另一方面，社会环境又始终处于动态变化之中，不断地与外界交换能量，保持着自身的开放性。社会环境静中有动、动中有静，时刻保持着一种动态平衡（韩晓燕等，2009）。所以，特定的创新型人才成长环境有一定的独立性，它并不是一个社区、一个区域或一个国家某一时期社会经济文化环境的简单转化。譬如某一区域人均收入水平达到较高水平时，只能说该区域较多家庭的经济状况不错，绝不意味着该区域就没有经济状况较差甚至很困难的家庭。具体的创新型人才成长环境，其质量并不一定与社会经济文化的状况完全一致，两者之间虽有相互联系、相互影响的关系，但并非呈简单的正相关关系。

7.1.3.4　自然性和人文性

创新型人才成长环境的自然性是不言而喻的，正如以上分析所揭示的，构成创新型人才成长环境的有许多自然环境因素，一个城市或区域的这些因素，如地理位置、地形地貌、自然景观、气候条件等，在短时间内一般不会发生大的改变，因而创新型人才成长环境往往具有相对稳定性，其作用要经过较长时间才显现出来。同时，创新型人才成长环境与其所处的人文社会环境有着紧密的联系。人文社会环境一般有下述的两个含义。第一，是指与自然地理环境相对的与人类行为相关的社会环境。从宏观上看，人文社会环境实际是指一个国家或地区的文化传统、社会心理、政府的相关政策及管理体制。从微观上看，是一个企业或组织的文化。第二，是指一个是否有利于人的思想自由思维、创新潜能发挥和重视人才的社会环境。文化系统是人文社会环境的一个最重要的组成部分，当然，科学技术知识也是文化系统中的一个子系统，可以说，正是人类的文化系统，决定了人的社会行为选择（谭斌昭等，2001）。

7.1.3.5 相对性和差异性

创新型人才成长环境是一个相对的概念，其相对性表现在：一方面，创新型人才成长环境中所包含的内容在不同的历史发展阶段具有不同的侧重点，比如，在一个社会的温饱问题尚未完全解决的情况下，人们对于成长环境的理解，往往更多地偏重于外显的、比较刚性的物质环境，而可能对精神环境在一定程度上有所忽视。另一方面，现实生活中，成长环境除了物质因素外，相对更为人们关注的是柔性、隐性的、富有人情味的制度和精神因素，今天如果缺少这些因素，成长环境就不成为环境。没有这样的社会环境，人类生存就会出现危机，创新型人才成长就会走上扭曲的道路。因此，制度和精神因素在创新型人才成长环境中的作用和地位应该引起全社会更多的重视。创新型人才成长环境的差异性是比较明显的。创新型人才成长环境也具有差异性，研究或建设创新型人才成长环境，总是针对特定的目的或目标来开展，譬如，不同的创新型人才群体所面对或者所需要的环境是不同的。创新型教师与创新型管理者成长环境的某些微观环境诉求是有差异的。至于不同的地区，由于发展水平、社会文化等的差异，这种差异性可能就更加明显了，所在的区域不同，创新型人才成长环境的内容可能会有明显的地区差异。

7.1.3.6 阶段性和持续性

这里的阶段性，是指成长环境要按照创新型人才的成长规律，在不同的成长阶段提供相应的合适的成长环境。作为个体的创新型人才，他(她)首先是一个普通的人，在不同的人生阶段，其生理发育状况不同，直接影响其在不同时期的成长特征，如婴幼儿、青少年、中年、老年等不同阶段，他们之间在成长方面的差别是很大的。婴幼儿、青少年阶段尚未步入社会；而成年后则进入社会，中年已全面成熟，不仅完全介入社会，而且还在社会中担任相当重要的角色。这直接导致了不同人生阶段的人在社会中的地位、角色、影响等方面的巨大差异，在不同的成长阶段往往有非常不同的环境诉求。所以，一个社会关于创新型人才的培养，应该在考虑其成长规律的前提下，为各类不同发展阶段的人提供相应的适合其创新精神培育、创新人格养成和创新能力发展的社会环境，应该针对人才成长的需要在不同的阶段提供其所需的相关资源。但无论对于个体成长或社会发展来说，成长或发展应该是一个连续的过程。因此，创新型人才成长环境又具有持续性。我们不能设想一个国家或区域仅有优秀的幼儿园和高水平的幼儿教育，但基础教育或高等教育很一般，那是难以实现创新型人才辈出的目标的。对于创新性的个体来说，随着社会的不断发展和科技的不断进步，社会在成长环境的营造方面应该是持续性的，创新型人才成长环境应该是一个不断优化的过程。

7.2 创新行为与创新型人才成长环境的功能

环境对人类行为的影响是复杂的，创新型人才成长环境的功能是多方面的。当然，环境对人类行为的影响不能脱离遗传禀赋的制约；同时，良好的禀赋特性需要依托适当的社会环境才能得以发挥。因此，关于人类行为究竟由遗传禀赋还是后天环境所决定，学术界有过不少的讨论。遗传决定论和环境决定论是其中针锋相对的两种观点，前者认为个体行为与发展由先天禀赋所决定，人的发展过程只不过是这些内在的先天禀赋的自我展开的过程，环境的作用仅在于引发、促进或延缓这种过程，不能改变其本质。遗传决定论的主要代表人物是心理测量领域的先驱、差异心理学的早期探索者高尔顿。高尔顿是进化论的创始人达尔文的表弟，其思想深受进化论的影响。而20世纪70年代后所兴起的社会生物学与进化心理学思潮，是当代遗传决定论的主要代表。与此观点有别，环境决定论也可以说是一种“外因决定论”，其包含的观点非常广泛，如孟德斯鸠在《论法的精神》中提出，自然环境与气候条件决定了人类的民族特性、社会组织与政治体制。在环境决定论中，文化决定论是一种影响较大的观点，这种观点认为个体行为完全由其所属文化来决定。如钮加藤（Neugarten，1946）等人提出“社会钟”的概念，强调社会历史文化对人格发展与年龄阶段角色转变的关键性影响。在现实生活中，现行的文化结构不仅负责判断个体行为是否可取，而且还规定了实施该行为的具体时期。由此，生命历程就依照一份按社会历史文化所预先拟定的时间表，以特定的速度向前推进。如果随着年龄的增长，在成长过程中个体的行为与社会历史文化所预先拟定的时间表不能同步，那么文化将会产生其特有的作用，迫使其回到社会历史文化所预先拟定的轨道上来，否则个体将承受沉重的压力和内心冲突，陷入被社会环境所摒弃与孤立的境地（米尔顿，2007）。

按照历史唯物主义的观点，过分强调先天禀赋或环境因素在人的成长与发展中的作用都是片面的、有害的。马克思主义经典作家曾科学地论述了人的发展的影响因素，批判了个体行为受先天遗传所决定的观点，揭示了个体发展的社会制约性以及个体发展和社会发展的一致性，从而全面地回答了遗传、环境、教育与人的发展之间的关系问题。马克思指出，人在发展中所表现出的生理缺陷和智力缺陷是历史的产物，同样也要通过历史的发展才能消除。他强调，个人的发展决不能脱离他的前代或同时代的其他人的发展，而是受到这种发展的制约。[①] 个体发展的差异和不平等首先是一种社会现象，创造性的、脑力的和艺术的天赋表现在个别人身上，是由社会分工以及所受教育的条件决定的。

7.2.1 创新行为中的个人与环境

7.2.1.1 社会化与人类行为的特点

作为创新主体，创新型人才总是处在一定历史阶段的社会的人，不可能在与世隔绝的环境中成长，每一个个体实际上自从出生以后就开始了从自然人到社会人的社会化转变过程。通过社会化，自然人才能使外在于自己的社会行为规范，并将有关的社会准则内化为自己的行为标准，逐渐形成社会期待的行为模式、语言、技能，获得属于自己的社会身份与一系列社会角色。从本质上说，社会化也是社会控制的一部分，其最终目的在于诱导与帮助个体融入社会生活。

分析人类行为，我们不难发现，其特点还是颇为明显的（韩晓燕，2009）。①适应性：从进化论的角度，人类行为的根本目的是适应环境，维持个体及种族的繁衍。与此同时，通过个体的主观能动作用，人类也在不断地改变环境。②多样性：人类行为是个复杂系统，存在着各个不同的侧面，有外显的，有内隐的，有来自遗传的，有后天习得的，有生理范畴的，有社会属性的，千姿百态。③动态

① 参见：马克思，恩格斯．马克思恩格斯全集（第1卷）[M]．中共中央马克思恩格斯列宁斯大林著作编译局，译．北京：人民出版社，1995：92．

性：人类行为无时无刻不处于变化之中，而这种变化既有来自身体素质如身高、体重变化的影响，也包括由社会生活条件所造成的行为改变。④指向性：人类行为不是盲目的，它有自己的逻辑性，常常指向特定的目标，如听到声音后个体的定向反射等。有时候，在局外人看来不合理的行为，却有其内在的逻辑性。在目标没有达成之前，行为方式可能会发生改变，但行为本身往往并不就此终止。⑤可控性：人类能有意识地控制和调节自身行为，使其向着目标前进，因为人类行为是可以经过学习或训练而发展的，具有可塑性。⑥发展性：人类行为是连续不断的发展过程，如婴儿的运动行为发展遵循眼球运动→颈部运动→躯干运动→坐→爬→站→走的连续发展的轨迹。行为的连续性发展是量变，在量变的基础上，行为的性质会发生质变或突变，这就是行为发展的阶段性。⑦整合性：由于人类行为的复杂特征，必须整合各方观点加以综合研究。例如，行为遗传学家强调遗传与基因的作用，行为主义侧重行为的学习机制，社会心理学家关注群体行为等。只有综合各方的研究成果，才能真正理解人类行为。

7.2.1.2 人类行为理论的分析框架

不同的人类行为理论对个人和环境的侧重点是不同的，即使在同样的理论视角里也各有侧重。就人类与环境的关系而论，应该强调人类与环境的整合。因此，首先必须考虑的便是人类的生理、心理、社会关系和精神与文化、政治、经济、意识形态和自然环境之间的关系。就个人与环境的关系来讲，必须充分认识到影响个人行为的多方面因素，以及社会、文化、经济、政治制度和自然环境对人类行为的复杂互动影响。为了对人类行为理论有一个全面而直观的认识，这里借鉴了 Robbins 等人(2006)所提出的东南西北(ESWN)框架，分析从聚焦于个人(见图 7-1)和聚焦于环境(见图 7-2)的不同视角(韩晓燕，2009)，对此进行具体分析。

图 7-1 是聚焦于个人的东南西北(ESWN)框架。该框架聚焦于个人视角的人类行为理论，并试图说明，在东方(E)，喻示着太阳升起和人生开始的地方，可以将生理层面置入其中。无论是在观念上还是在现实中，人的身体和生理结构总是最先开始发展的。毕生发展理论比较关注一个人从出生到死亡的发展过程。弗洛伊德所开启的心理动力理论也较为重视和关注人的生理层面的行为。

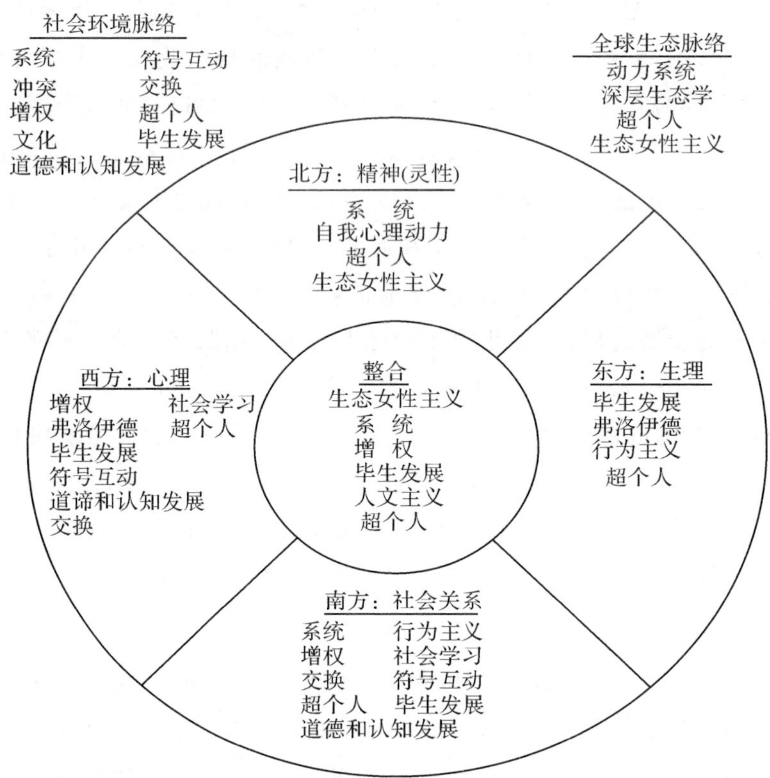

图 7-1　聚焦于个人的人类行为理论

在南方(S),即顺时针的第二个位置,放入社会关系层面,对社会关系层面的关注会促使人们积极地向外寻求社会互动,社会互动伴随着持续的生理发展,也影响着人的心理发展。在这里,行为主义、社会学习和交换、符号互动理论以及毕生发展理论可以较好地解释社会关系层面的问题。

在西方(W),考虑的是心理层面,与东方的生理层面相呼应。心理层面包括思维、知觉、直觉等心理活动,可以重点探讨认知和道德发展理论。

在北方(N),放入了精神层面,作为对南方社会关系的一种补充和呼应。精神议题通常是在人生后期(特别是临终时期)才得以关注,因为这时人们会面临衰老和死亡的议题。北方代表着冬季,在这一人生季节里人们开始变得更加注重向内思考和自我反省。这里可以重点探讨超个人心理学,这是人类行为理论中一种新的理论取向。

中心位置是个人所有其他层面与环境互动的交汇和整合，包括关注个人整体和综合发展的所有理论。这些理论也强调精神层面，因为精神的一个重要议题便是如何创造出作为全人（whole person）的意义、目标和完整性。在这里可以特别关注系统理论和增权理论。

圆圈的外围是整个社会环境，包括政治、经济和社会文化脉络以及全球生态脉络，这些环境与所有的个人层面都是相互关联的。

图 7-2 描述的是聚焦于环境的人类行为理论。这张图中的东南西北（ESWN）每一个方向在宏观层面上都涉及相似的主题，即环境，这些主题关系到所有的人类群体、组织、社区、社会以及全球互联网虚拟社会。

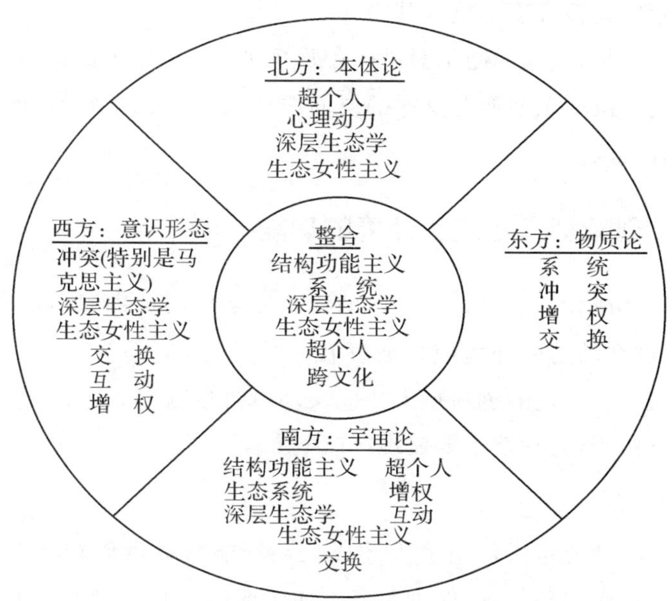

图 7-2 聚焦于环境的人类行为理论

在东方（E），涉及的是宏观系统的物质层面，包括人类结构性的技术系统和生活环境，以及人类置身于其中的全球自然生态系统。这与聚焦于个人的生理层面是一致的。

在南方（S），涉及的是人类社会的宇宙层面。宇宙论旨在回答人们如何理解、感知、思考和应对与他人、世界和宇宙之间关系的方法。在图 7-1 里，南方关注的是个人如何表达与他人关系的需要。在这里，南方侧重关注社区和较大的社会系统如何表达与个人及彼此之间的关系需要。

在西方(W),涉及的是社区和社会的意识形态层面,所有的社区和社会都会形成其行为系统和基本价值观,就政治和经济而言更是如此,这与图7-1里聚焦于个人的心理层面也是相呼应的。

在北方(N),涉及的是本体论层面,这与个人的精神层面较为接近。本体论是指群体、社区和社会所形成的世界观、哲学和宗教体系,强调关于现实、终极世界、宇宙的非物质层面的观念,以及在宇宙中人类存在的目的和位置的哲学观点。

在图7-2所示圆圈的中心,可以把那些试图将宏观层面与人类和环境关系的思想联结起来的整合理论放入其中。

需要指出的是,这样的图示只是一种形象的描述或比喻。并不是说关于人类行为的理论是按照东南西北这样的层面线性地递进式发展的,也不是指这些理论彼此没有关联。

7.2.2 创新型人才成长环境的功能

创新型人才成长环境总是在一定的社会发展的历史进程中形成的,在这个过程中,人们创新活动的环境或好或存在一些问题,但其对人的影响与作用的功能总是存在的。一定的创新型人才成长环境对创新型人才的成长、发展有着显著的影响与作用,其功能主要表现在以下方面。

7.2.2.1 保障功能

环境的保障功能是指创新型人才成长环境能够提供创新型人才成长过程中所需要的各种必要条件,确保创新型人才的健康成长。创新型人才首先是一个社会的人,作为个体其成长离不开必要的社会环境,包括物质环境和精神环境。就物质环境而论,创新型人才应该是在这些必需的物质条件得到满足的前提下才能健康成长,如果社会不能为创新型人才成长提供必要的物质条件,其生存和发展都无从谈起。这是创新型人才从事一切活动的前提条件,没有这个条件,创新型人才的各种创新活动都无法进行。创新型人才的创新活动必须具备必要的社会条件,才能在改造客观世界的过程中积累经验、增长知识、增长才干,实现创新。

同时,创新型人才的成长也离不开必要的社会文化、社会舆论和社会风气等精神因素。在任何社会,创新型人才的成长实际上是一个创新素质综合发展的过程,一定的精神条件在这个创新素质综合发展的过程中也是不可或缺的,丰富的精神因素对创新型人才品格的形成和智慧的发展犹如金色的阳光照亮其人生,使其可能充分或自由的发展;就像雨露滋润禾苗,让其灿烂而茁壮。如社会中必要的教育制度保障,全面普及学前3年教育,普及9年义务教育或高中阶段义务教育,或提供精神产品,满足其精神需要,从而切实地保障创新型人才素质的提高,促进创新型人才理想不断升华。社会风气和舆论,无论是好是坏,它的影响不可忽视,好的社会风气和舆论环境有一种积极的催生作用,不好的社会风气和舆论环境,则可能有一种消极的抑制甚至扼杀的作用。无论是家庭、单位、公共场所还是学校、幼儿园都有它的影子。生活中的励志故事常讲一些逆境成才的典型,让世人视为楷模,这也不无一定道理,因为由于创新思维及创新活动的特点,创新者的成长不可能永远一帆风顺,其发展环境也不可能永远充满阳光雨露。但这不能作为我们不去营造良好的创新型人才成长环境的理由。如果那些逆境中成长起来的创新型人才当初在成长过程中能有更好的成长环境,他们的成长道路岂不是会更加顺畅,他们的创新贡献也会更多。

7.2.2.2 导向功能

创新型人才的生活、创新活动都是在现实的特定环境中进行的,不论他们处在人生的哪个阶段,也不论创新活动是在顺境还是逆境,要在创新活动中充分地施展抱负,实现自己理想的目标,除了自身的拼搏奋斗外,必然还受到其所处成长环境的影响。现阶段,一般大的时代环境、全国性的宏观环境差异也许不是很大,但中观环境如区域环境、行业环境,微观环境如企业、学校及工作单位的工作环境的差异还是很大的。好的区域环境,工作、学习环境往往产生一种很强的导向功能。以从业人员的职业道德为例,就有明显的导向功能,即职业道德具有引导职业活动方向的功能。具体说,职业道德的导向功能主要从三个方面对从业人员加以引导:确立正确职业理想与社会发展目标相统一、个人追求与企业发展战略相统一、岗位职责要求与职业道德相统一。

就微观环境而论,一般的企业有自己的企业文化,学校有自己的校训,这些将是个体工作、学习环境中比较重要的内容。以校训为例,一般情况下校训往往是一所学校师生共同遵守的基本行为准则与道德规范,它既是一个学校办学理念、治校精神的反映,也是校园文化建设的重要内容,是一所学校教风、学风、校风的集中表现,体现学校的文化精神。如清华大学的校训是:自强不息,厚德载物;北京大学的校训是:爱国,进步,民主,科学;浙江大学的校训是:求是创新;同济大学的校训是:严谨求实,团结创新;武汉大学的校训是:自强、弘毅、求是、拓新;等等。无论其作为一种基本行为准则与道德规范,还是办学理念,或是治校精神,它对学校广大师生的影响是深刻的,其作用机制,在很大程度上就是一种导向功能,主要包括理想信念导向、培养目标导向和行为准则导向。正是这种导向功能,使其具有强大的号召力、凝聚力和向心力,成为师生的行动指南,不少人就是在校训的指导下走上创新的人生道路。

7.2.2.3 激励功能

环境的激励功能是指创新型人才的成长环境能够调动创新者的积极性,激发创新者的潜能,激励创新型人才更好、更快地健康成长。人的成长是一辈子的事情,在不同的成长阶段可能面临不尽相同的成长环境,如少年时代,好的教育环境往往具有比较理想的激励作用。如历史上的“孟母三迁”,为选择良好的环境教育孩子,孟轲的母亲多次迁居,“择邻处”,就是为了使孩子拥有一个好的教育或学习环境。从组织层面看,激励就是利用各种外部诱因,激发从业者的工作动机,促进组织中的成员有效地达到组织目标,从而使外部的某些刺激内化为从业者个人的自觉行为。成长环境对创新型人才的激励,其功能的实现有多种途径,譬如对于已经步入社会、在职业生活中拼搏的创新者来说,职业道德就有一种明显的激励功能,职业道德具有激发从业人员产生内在动力的作用,其激励的功能往往是通过职业理想、榜样示范和奖惩机制来实现的。面对人才市场激烈的竞争环境,薪酬福利是重要的经济条件的保障,必要的经济环境能够提供创新型人才所需的物质生活条件;良好的工作环境能够让员工获得与其贡献相适应的工作条件。只有当创新型人才对回报感到公平时,才能达到吸引、留住创新型人才的目的。在大的政治、经济、文化环境相当的情况下,创新型人才成长环境中的工作环境、生活环境和人际环境等微观环境对创新型人才成长和发展的激励功能比较直接。环境宽松,氛围温馨,生活安定,心情愉悦,人的潜能就能得到充分发挥。对创新型人才的成长来说,外部环境的刺激是重要的，但说到底那是外因。因此，如何有效地将外部刺激内化为创新者个人的自觉行为，变成一种内在动力，是值得认真研究的问题。从现阶段外部刺激情况看，无外乎物质激励和精神激励，前者是基础，后者是根本，可行的做法应该是在两者结合的基础上，逐步过渡到以精神激励为主，激发创新者的内在动力，以激励创新型人才不断创新发展。

7.2.2.4　塑造功能

环境的塑造功能指的是环境对创新型人才素质的形成和发展有重要影响。以地理环境为例，地理通常是指世界或某一地区的山川、气候等自然环境及物产、交通、历史、文化等社会因素的总和。其对创新型人才素质的形成和发展的影响是明显的。丁文江(1923)在《历史人物与地理的关系》的论文中，从地理与历史结合的角度入手，对5700多位比较有影响的历史人物的背景进行了考证和研究，其基本结论是：第一，历史人物出现的数量与历代王朝的建都地点有关，南宋时期浙江出人才多，陕西在唐代出的人才多；第二，与建都地址相比，文化中心所在地更能影响人才的数量；第三，经济发达程度是人物出现多少的重要原因，江、浙地区在南宋以后逐渐成为全国最富庶的地方，经济发达促进了教育的发展和文化的繁荣，使两省成为文化中心，出现了大量的名人；第四，从明代的科甲表中，可以明显地看出经济文化中心、建都地址、皇室成员籍贯对名人的出现频率的综合影响。浙江、江西、江苏、福建四省的进士，占了46%；而鼎甲则占了70%。环境对创新型人才的塑造功能是客观存在的。人们通常所说的“一方水土养一方人”，这里所说的“水土”其实不是单指农民种庄稼所用的“水”和“土”，或地理地貌，如高原、山地、平原、丘陵、盆地等，以及物候特征；而是兼指由于地域环境的不同，人们的生存方式、文化习俗、政策、制度、经济状况等的差异，导致思想观念、文化性格特征也存在明显差异。而生活在同一个地方的人，其思想观念、生活方式、文化性格等往往会很相似。这实际上比较通俗地说明了自然环境对创新型人才具有塑造功能。社会环境对创新型人才的塑造功能就更为明显了。一定的社会政治环境，直接塑造创新型人才的政治素质，培养出符合时代要求的创新型人才；一定的社会经济环境可以提供必要的物质生活条件；一定的文化环境对人成长的影响，往往是经常被关注的一个重要因素，不同的文化可以塑造出不同的人格、不同的行为方式。中国文化与美国文化传统的差异，导致了中国人与美国人在思维方式、行为方式、生活态度等诸多方面的不同。

7.2.2.5 约束功能

环境的约束功能是指成长环境对创新型人才的行为提供某些条件的同时，也使其活动受到环境条件的某些限制。首先，一方面，优越的环境条件在很大程度上能够促进创新型人才的成长和创新活动；另一方面，对于创新型人才的成长和创新活动，环境所能提供的环境条件总是有限度的，所以它总会在某种程度上约束人的行为。其次，环境的约束力还表现在社会管理、社会文化方面，如科技、教育、文化、人才等领域的管理制度、管理体制、运行机制和社会风气等，凡符合社会规范的行为就得到肯定和赞扬，反之会受到限制。

譬如，借助于公开表达的传播媒介，可以形成强大的公共舆论，对国家权力及其主要行使者政府的行为实施监督，或极力促进某种有利于公众利益的政策和行为的实施，或制止某种危害公众利益的政策和行为的实施，否则，就会受到舆论的谴责。例如科学研究证明：吸烟不仅危害吸烟者本人的健康，而且二手烟会损害周围人的身体健康，因此在公众场所禁止吸烟。一旦有人违反，就会受到公众的指责，在舆论或他人的否定态度的压力下，促使其中止这一行为。多数情况下，人们都会服从舆论意见，进行自我约束，修正自身行为。正是在这种不断的宣传之后，舆论通过意见的作用力强化了社会公德，对社会成员的行为形成约束。类似地，人们在从事某种心仪的职业时，在享受其理想的职业声望、待遇和工作条件的同时，也应恪守职业操守。职业道德具有促进从业活动规范化和标准化的作用。职业道德的约束功能通过岗位责任的总体规定和具体的操作规程及违规处罚规则对从业人员的行为进行约束，并有效抑制从业人员的“越轨”行为。实际上，职业道德鼓励公众符合职业道德的行为，约束和制止公众违背职业道德的行为。每个人作为社会成员之一，从事一定的社会职业，服务于其他的社会成员，这使其职业和职业行为因而具备了和公共利益的相关性，也自然被纳入舆论监督和制约的范围内，舆论对其作用的方式就是以表扬或批评的意见倾向产生压力，鼓舞或限制公众职业行为，促其遵从社会普遍认同的职业道德规范。我国目前正处于社会转型期，受拜金主义思潮的冲击，社会成员职业道德素质出现不同程度的滑坡趋势，这期间舆论的鼓舞和约束作用显得越发重要。

7.2.2.6 选择功能

在人才资源的配置方面,市场机制起着越来越重要的作用。随着竞争机制的引入,人才市场的发展中“猎头公司”等市场化机构的出现,市场在人才资源的配置中已经起着决定性作用。“双向选择”作为人才资源的流动机制已经在现实的社会经济生活中发挥重要作用,用人单位可以根据自身的需要和用人标准选择、选用人才,各类人才也可以根据自身的条件、志愿和价值取向去选择用人单位。前者实际上是环境对创新型人才的一种选择;而后者,即人才选择用人单位,即人们常说的“人往高处走”,这里的所谓“高处”,就是相对比较优越的环境。这与其说是创新型人才对环境的选择,还不如说是环境在选择人才,是创新型人才成长环境的选择功能的一种表现形式。优越的创新型人才成长环境对人才的选择功能表现得更为突出。有的区域或城市在某些行业或产业领域比较有特色、有优势,往往就能集聚相关领域不少高层次的创新型人才。

从这个意义上讲,创新型人才成长环境对创新型人才的选择功能,一定程度上表现为一种理性的对比和决策选择。人在成长和发展过程中,总是倾向于选择最适合自己发展的环境和外在条件。成长环境可以给创新型人才提供一种对比效应,通过不同创新型人才成长环境的对比分析,人们会对自己所处环境状况做出相应的评判,同时对自己所处环境是否有助于自身的成长和发展会做出判断,从而更加深入地进行自我认识和自我价值的判断。这往往会激发创新型人才思考如下一些问题,譬如现有环境干事业的平台是低了还是高了?现有环境是否能够满足促进自己成长和发展的需要?现有环境是否制约了自己的成长和发展?素质能力相当的人在另外的环境中为什么不断取得一些创新成果?在现有环境中自己是否充分发挥了潜力?在现有环境中自己是否获得了公平的待遇?是继续留在现有环境中发展还是考虑新的发展环境?等等,创新型人才会对诸如此类的问题做出自己的判断。类似的对比分析,必然引导人们在某种环境下,采取相应的对策与行动,做出理性的决策与选择。因为如果人们选择了不合适的环境,往往难以充分发挥潜力,创造最大的社会价值,因为个体往往没有可能改变成长环境,所以成长环境对创新型人才的行为趋向有着明显的选择功能。

7.3 环境对创新型人才成长的影响及其优化

创新型人才是创新活动的主角，成长环境是创新活动的舞台。没有创新型人才的环境，是没有价值的市场；没有适宜成长环境的创新型人才，将是无立足之地的匆匆过客。成长环境给创新型人才提供和创造的是舞台、平台、阶梯、剧场、市场、比赛场、运动场、战场……借助舞台、平台等的功能，创新型人才即可鼓足勇气，瞅准目标，发扬优势，施展才能，将所有通过环境转化赐予创新型人才的条件充分予以利用，从而展翅飞翔。在某种意义上，环境造就的创新型人才越多，其发挥的作用就越大，其价值也就越高，其相关区域也就会成为创新创业的热土。

7.3.1 环境对创新型人才成长的积极影响

在创新型人才成长环境这个复杂的大系统中，各要素(因素)对创新型人才的成长具有不同的作用，有的产生直接作用，有的产生间接作用，它们发挥的作用及作用的方式是不一样的。这里不打算涉及创新型人才成长环境的方方面面，为了研究问题的方面，仅就其中的自然环境和社会环境对创新型人才成长的影响作简单探讨。

7.3.1.1 自然环境对创新型人才成长的影响

第一，自然环境是人类社会赖以生存和发展的基本条件，往往是以自然现象和自然过程的形式存在的。创新型人才的成长离不开基本的自然环境，其实，人类活动所反映出的空间地域特征，也无一不受地理位置、地形地貌、气候条件等自然环境要素的影响和制约。

第二，自然环境对创新型人才的成长存在明显的影响。创新型人才在成长过程中要经历不同的发展阶段，在从事创新活动时至少要在某一领域对社会发展做出一定的创新贡献。显然，他们在成长和做出贡献的过程中，必然会受到自然环境的影响。“橘生淮南则为橘，生于淮北则为枳，叶徒相似，其实味不同。所以然者何？水土异也。”(《晏子春秋・内篇杂下》)古人早就悟出了这个道理。

从自然地理的角度看，世界上许多国家或地区有着自身独特的自然环境与发展特点，从而催生了与之相关的一些非常出色的人才。例如：有“冰球之国”之称的加拿大，由于地处高纬度，终年气候寒冷，因此冰球运动十分普及，露天的、室内的冰球馆遍布全国。冰球在加拿大的地位很不一般，被视为“国球”，可谓全民皆为冰球狂，冰球成为加拿大人的一种生活方式和社交方式，也培养了一代又一代优秀的世界级冰球运动高手，自 1920 年举办世界冰球锦标赛以来，许多加拿大冰球运动员获得这一运动项目的冠军。自然环境对创新型人才成长的这种影响，其作用机理在很大程度上往往与当地独特的地理位置、地形地貌、气候条件等自然环境及相关的文化传统有关。

第三，创新型人才只有排除自然环境的不利影响，克服自然环境的负面作用，协调与自然环境的平衡状态才能达到人与自然的和谐，才能有效地从事创新活动。自然环境并不是直接作用于人才的成长与发展，而是通过对人才的心理、生理产生作用，进而影响其成长与发展。自然环境由诸多要素组成，是包含自然资源、地理位置、地形地貌、气候条件等在内的一种自然条件、生态条件或区位条件，各环境要素及其整体对创新型成长的作用是多层次、多角度、多方位的，具有明显的多样性。而且作用的效果也是多样的，有时起促进作用，有时起阻碍作用。此外，各组成要素都直接或间接地作用于作为创新主体的创新型人才，并且各要素相互联系、相互影响、相互制约，向创新型人才提供的是一种综合环境，对创新型人才成长产生综合影响。

第四，人和自然环境是一个相互作用的过程，创新型人才对环境的改造的力度更强，其广度和深度更是超乎一般人。一个人的天资和才能，能否得到发展及发展到什么程度，与他所处的环境是分不开的。但人们受环境的影响不是消极被动的，而是积极能动的实践过程。相对于一般人群而言，创新型人才对自然环境具有巨大的反作用。

其一，自然环境可以改造，地理环境不能简单地理解为自然环境。自然环境不仅影响创新型人才的成长，而且直接影响人们的生活，甚至改变人们从事各种经济社会活动的条件，给人类的生产创新活动提出了更多的要求，如果自然环境遭遇破坏，将迫使社会付出相当的代价来治理、保护和改造，从一定意义上讲，环境问题和经济社会问题融为一体了，人与自然应该和谐相处。从这个意义上讲，地理环境是可以能动地改变的，如荒山是自然的，但人们可以进行绿化，甚至修通道路，可以将荒山改造成经济林，或改造成森林公园，建起庙宇，辅之以必要的人文景观，它就不再是纯自然的，而是自然和社会高度结合的，事实上已经成为具有社会属性的环境。如许多名山大川，首先它们是自然的，但人类的创造性改造使其具有很浓的文化意蕴，如武当山、泰山、黄山、武夷山等，有的就是世界文化与自然双重遗产。自然环境的改善又在很大程度上为创新型人才的成长创造了新的条件。

其二，要根据经济社会发展和人才培养的需要，建设人工自然，以创造性地优化自然环境。这里所谓人工自然主要是指人工修建的，服务于个人和社会生产、生活的物质设施。例如城市绿化，水面，雕塑，街心公园，道路，桥梁，以及各种社会公共生活服务设施及其造型、色彩等等的配合。它们成为环境是不言而喻的。它们是社会经济活动的直接产物，是人们及其社会所需要的使用价值的一部分。因此，它们的建设和使用应该包括在经济系统之内，在产品的生产中应该包含这样一个作为环境的人工物质产品的生产。如谈到跳水运动，人们都会想到广东，尤其是汕头，可谓“跳水之乡”，20 世纪 70 年代，汕头先后走出了全国冠军廖师泰、周振汉、陈文文、李宋芳。80 年代初，汕头更是演绎出中国的跳水“神话”，从金砂小学走出来的李宏平、李德亮和李巧贤先后在世界大赛中夺冠，一时间，“金砂三李”的威名响彻全国。90 年代，孙淑伟又为汕头跳水带来了空前的辉煌与荣耀。从 1990 年到 1995 年，他囊括了全国比赛、亚运会、世锦赛、世界杯和奥运会十米台冠军。21 世纪跳坛全运会冠军：吴明鸿、许泽炜、黄浩佳；世锦赛、全运会新科冠军：谢思埸；中国跳坛“造星专家”、国家高级教练胡恩勇；还有一批优秀基层教练。这些条件共同打造了“跳水之乡”的响亮名片。换言之，现在汕头跳水运动的基础设施及汕头籍运动员、教练、裁判员等这一领域的专门人才所支撑的“跳水之乡”，堪称中国的“跳水梦工厂”，不仅向全国输送了许多好苗子，而且还走出了许多世界冠军，到过汕头的人不难发现，“金砂三李”雕塑已成为当地的文化地标。

第五，关于自然环境对创新型人才成长的影响的分析应客观、科学，不宜盲目夸大。在关于自然环境对创新型人才成长的影响的研究中，历史上有些探讨值得引起重视。近代资本主义上升时期，在人地关系研究方面逐渐形成了一定的理论化认识，其代表人物为近代地理学的创建人、德国学者亚历山大·洪堡(Alexander Freiherr von Humboldt，1769—1859)和K·李特尔(Karl Ritter，1779—1859)。前者是博学的科学家、著名的博物学家、自然地理学家、旅行家，较早地认识到人类是大自然的一部分，也认识到了自然力对人类的影响，认为人类在生活上到处与自然环境(如土地等)发生最根本的联系。后者认为地理学研究人类的家园，注意到自然条件对人类活动的深刻影响，并认为自然是一个包括人类在内的有机的统一体。19世纪后，产生了以德国地理学家拉采尔(Fritdrich Ratzel，1844—1904)为代表人物的"地理环境决定论"。由于受到达尔文生物进化论和英国哲学家斯宾塞(Herbert Speneer，1820—1903)"社会达尔文主义"思想的影响，其出版的二卷本的《人类地理学》和《政治地理学》成为"地理环境决定论"的代表作，而美国学者森帕尔(Ellen Senlple，1863—1932)的著作《地理环境的影响》则使这一理论在全球流行一时。

从某种程度上讲，自然环境所显现出的带有空间综合特征的外部表象，无一不打上人类活动的烙印，人对自然的改造也起着显著的作用。例如，从18世纪末到19世纪末，美国人对西部进行了大规模的拓殖和开发，日本对北海道的开发，中东的崛起，无不与人们对自然环境的改造紧密相关。

创新型人才成长和自然环境的关系实际上是"人地关系"的一个子系统，因而具有人地关系的共性。然而，创新型人才成长和自然环境关系作为人地关系的高级层次，两者关系又具有一定的特殊性。主要表现在：创新型人才在人地关系中的主导地位更为明显，其能动作用更大。

7.3.1.2 社会环境对创新型人才成长的影响

社会环境对创新型人才成长的影响是多方面的，发达的教育，宽松、和谐的社会环境，尊重劳动、尊重知识、尊重人才、尊重创造的社会风气，这些良好的社会条件有利于创新型人才的成长和发展；反之社会环境存在这样或那样的问题，则会影响创新型人才的健康成长，有时甚至会贻误或扼杀创新型人才。

第一，社会政治环境。社会政治环境涉及一个国家的社会制度和国家政策，社会制度和正确的国家政策对创新有着十分重要的影响，是创新型人才辈出的重要因素。因为一定社会制度下的国家政策包括一个国家在一定历史时期的政治路线、基本方针和主要的法规政策等内容。其对创新型人才成长之所以重要，是因为它将确定社会发展方向。政策的内容很丰富，其中，与创新型人才成长关系较为密切的是教育体制、科技体制、人才体制及相关政策。毋庸置疑，没有正确的大政方针，就不可能产生正确有效的教育体制、科技体制、人才体制及相关政策。但是，正确的教育体制、科技体制、人才体制及相关政策，有自己的发展规律，它从属于一定社会制度下的基本国策，又以自己的独特内容丰富和充实着基本国策和特定时期的大政方针。

创新型人才的成长和潜能的发挥有赖于社会政治环境，不同的社会政治环境特别是对人才成长与潜能发挥有着巨大影响的人才战略和政策环境，对创新型人才辈出关系重大。只有宽松、民主、和谐的政治环境才能鼓励人们追求真理、大胆探索，才能允许可能与现有的理论、权威的意见相抵触的创新设想的存在并进行探索，人们才有勇气在创新中去试错、去冒风险。从历史的角度讲，是不同时代的社会政治环境提供了个人成就事业的机会。例如，始于唐代的科举考试制度作为一种用人制度，从设计的初衷看，是要打破传统的血缘世袭关系，相对于世族垄断的传统无疑是一种进步。“朝为田舍郎，暮登天子堂”，使一些社会中下层有知识的读书人进入社会上层，获得施展才能的机会，对唐代文艺繁荣和文艺人才大批涌现起到了重要的推动作用。在唐朝，不会写诗的人，难以走上仕途。因此，作诗成为步入官场的重要基础。在这种政策与制度环境下，唐代杰出诗人辈出，群星灿烂。

第二，社会经济环境。经济是社会发展的基础，也是创新型人才赖以生存和发展的必要条件。社会经济发展了，才能为创新活动提供丰富的物质基础和良好的条件保障，人们的创新精神也才能得到充分的激发，从而才有可能培养出更多的创新型人才。可以说，与社会环境的其他因素相比，经济环境对创新型人才成长与发展的作用具有更大的意义。经济发展是推动整个社会发展的根本原因，也是推动创新型人才成长与成功的重要动因。因为必要的物质条件是创新型人才成长发展的基础。

以创新型人才中高层次的获得诺贝尔科学奖的科学家为例，日本获得诺贝尔物理学奖的情况是颇能说明问题的。日本物理学家第一次获得诺贝尔物理学奖是 1949 年，获奖人是汤川秀树，以表彰他在核力的理论基础上预言了介子的存在；第二次获得诺贝尔物理学奖的获奖者是日本理论物理学家朝永振一郎,其因在量子电动力学基础理论研究方面提出"重正化(renormalization)理论"而获奖,但这两次获得的均为理论物理奖。获得理论物理奖主要靠其在理论上的创新,而要想获得实验物理奖,那就需要借助于实验等更多的物质条件了。第二次世界大战后日本国内经济拮据,正处战后恢复中,科研经费不够充裕,没有进行科研前沿探索必备的仪器设备。后来,日本经济高速增长,成为经济大国,文部省科研经费补助金也随之大幅度增长,增长率每年大约为15%~20%,1979年已突破300亿日元,为1970年的4.5倍,只有在这种形势下,他们才首次获得诺贝尔实验物理奖(王荣德,2000)。日本第三次获得诺贝尔物理学奖的获奖者是著名固体物理学家江崎玲于奈,其因在半导体中发现电子的量子穿隧效应而于1973年获得诺贝尔物理学奖。从世界创新型国家建设的情况看,创新型国家大多具有较好的经济条件,并在很大程度上保障了创新型人才的成长和发展。以美国为例,有作为世界第一大经济体的特殊的经济地位,有较好的发展经济环境,重视创新型人才培养和发掘是其一贯的传统,美国不仅拥有本国培养的人才,而且想尽一切办法,如通过提高生活水平、福利待遇、工作条件等大力引进世界各国的优秀人才,积极的人才政策使美国从全世界吸引了大批优秀人才,在激烈的全球人才争夺战中,一直是处于较为有利的地位,正是这种政策环境极大地促进了美国经济的快速发展,经济的发展又保证了其拥有较强的人才优势。

第三,社会文化环境。社会文化环境是指在某种社会形态下国家或地区所形成的文化传统、价值观念、宗教信仰、教育水平、社会结构、道德规范、审美情趣、风俗习惯等,社会文化环境是在长期的社会发展中逐渐形成的。作为个体,任何创新型人才都生活在特定的人文环境之中,接受社会文化环境的熏陶和影响,这是不以人的意志为转移的。社会文化环境对创新型人才成长的影响是深刻的,在形式上它是一个潜移默化的过程。

就文化传统而论,其对创新型人才的成长的影响就极为深刻而深远。在世界著名的音乐之城维也纳,音乐氛围可谓浓郁,文化积淀深厚。这里是著名圆舞曲华尔兹的故乡,也是欧洲许多著名古典音乐作品的诞生地。早在18世纪,维也纳就是欧洲古典音乐"维也纳乐派"的中心,也是欧洲古典音乐的演奏中心。19世纪,维也纳是舞蹈音乐的主要发祥地,世界各地许多著名音乐家与维也纳有深厚的渊源，曾来这里居住、从事创作和演出活动的音乐大师有贝多芬、莫扎特、舒伯特、海顿、施特劳斯父子、李斯特、格留克、勃拉姆斯等。漫步维也纳，只要走上它的大街就会看到一座座十分逼真的音乐家雕像、音乐家纪念碑。在维也纳，许多街道、公园、剧院、会议厅等都是用世界著名音乐大师的名字命名的，音乐家的故居和墓地常年供人们参观和凭吊，现在维也纳拥有世界上最豪华的国家歌剧院、闻名遐迩的音乐大厅和一流水平的交响乐团。每年有各种形式的节目演出。悠久的音乐传统，使这里音乐人才辈出。

以上对音乐之城维也纳与音乐人才的集聚与成长的简单分析，反映的是地域文化传统对创新型人才成长影响的一个实例。这也说明笔者前面提出的地理环境不能简单地理解为自然环境，其社会文化属性也是值得深入探究的。自然地理环境不纯粹是自然环境，在很大程度上是社会环境，因为有了人类社会的活动之后，地理方位与地方称谓本身仅仅是一个"符号"而已，而它所代表的是已渗透了人类无数智慧和创造的诸如文化传统、民族风情、宗教信仰、生活习俗、经济发展、政治变迁等丰富的历史文化内涵(齐秀生，2005)。这种自然与社会相统一的环境，无疑应当是社会文化环境。

社会文化环境对创新型人才成长的影响是多方面的。文化传统如此，还有价值观念、宗教信仰、教育水平、社会结构、道德规范、审美情趣、风俗习惯等各个不同层面对创新型人才成长的影响各有不同的特点，需要做专门的、具体的分析。在当今这个开放的时代环境下，要发挥社会文化环境对创新型人才成长的积极影响，需要革除文化中某些阻碍创新的观念和积习，在促进学术繁荣与文化创新的政策方面，应本着真理越辩越明的理念，实行"百花齐放，百家争鸣"的方针，促进学术民主、争鸣自由，让双方或者多方突破某些局限性的制约，在平等的基础上各抒己见，平等讨论，争辩比较，发现不足，促进探索，使认识更趋近于真理，这样的学术环境和文化氛围有利于繁荣科学文化，加速创新型人才的成长。

第四，社会舆论环境。良好的社会舆论环境对创新型人才成长的影响是较为直接的。社会舆论环境既是以各种舆论为基础的人际关系的体现，也反映了在各种态度、观点和意见交锋中各种因素相互影响和持续互动的状态与效果。客观地讲，人类行为可以对社会环境产生很大的影响。但更值得关注的是，随着信息时代和网络社会的不断发展,以互联网舆论为主要代表的社会舆论及其生态变化,已经充分地展现出了其对社会各方面的深刻影响,其对创新型人才成长更是产生着复杂而深刻的影响。

其一,大力倡导支持创新,带动整个社会形成崇尚创新的社会风尚,激励创新的社会舆论环境将有利于良好的社会风气的形成。先秦的荀况在《荀子·劝学》中早就深刻地指出:“蓬生麻中,不扶而直。”激励创新的社会舆论环境,尤其是社会风气是促使人们不断创新、竞相上进的重要条件,形成尊重劳动、尊重知识、尊重人才、尊重创造的社会风气,让全社会都来关心创新、爱护创新型人才,则会形成创新型人才辈出的可喜局面。

其二,顺应时代发展,及时把握社会舆论生态的变化,高度重视互联网等新型传媒对社会舆论的影响。网络空间已逐步成为公众经由互动交流表达诉求与汇集意愿的主渠道,党和政府要营造清朗的网络空间,实现对公众舆论传播与演化规律的精准把握,高度重视社会舆论生态治理问题,加强对创新知识、创新型人才的宣传,在全社会逐渐形成勇于创新、鼓励成功、宽容失败的社会氛围;加强创新文化的宣传引导,倡导适应创新发展的文化理念,形成有利于创新的社会舆论环境,让每位社会成员解放思想,使个人、家庭、学校、社区、企业、政府以及社会中介组织等各类创新主体形成创新共识,最大限度地凝聚社会共识,让创新的社会舆论环境得到不断优化,从而推动社会关系和谐发展,使更为宽松的创新环境为创新型人才的成长营造更为良好的创新条件。

第五,社会法制环境。创新型人才是最重要的资源已经成为社会普遍共识,营造创新的社会环境,实现创新发展,需要党和政府的政策引导,需要行业规划,需要国家力量的有效组织、引导和管理。各地纷纷制定出台了一系列的人才政策文件,从创新型人才培养、选拔、引进、激励、流动等方面来吸引集聚人才、激发人才活力。但不容忽视的是,一些地方政策多而不精、散而不全,碎片化现象较为突出,在贯彻落实中要么出现政策冲突执行不下去,要么有的地方和部门搞选择性执行,合意的、容易的、有利的就执行,不合意、有难度、无利的就不执行,政策虽好,却难以落地落实。如此这般,政策缺乏持续性和稳定性。解决这个问题,离不开法律法规的保障,有良法方能善政,立法是最佳的选择。因为与政策相比,法律具有强制性、普遍性和稳定性。现代社会,一个国家的法制建设水平在很大程度上决定着其文明程度的高低，社会法治环境对创新型人才的成长具有特别重要的意义。

其一，法制环境对于创新型人才基本权利与自由的保护。法制建设既是一种制度建设，也是一种思想建设，即法制观念的建设。因此，创新型人才在遵纪守法的前提下，可以利用法律保护自己，如宪法规定了公民在政治、人身、经济、社会、文化等方面享有的基本权利，有言论、出版等自由，这些是创新型人才从事创新活动必须具备的最起码的法制保障。

其二，法制环境对于创新型人才成长的保护作用，还体现在对于创新型人才创新成果的保护上。如对专利权、著作权、商标权、专有技术等知识产权的保护，没有相应的法制环境那是很困难的。现实生活中，对以营利为目的，未经著作权人许可复制发行其文字、音像、计算机软件等作品，或出版他人享有专有出版权的图书，或未经制作者许可复制发行其制作的音像制品，或制作、出售假冒他人署名的艺术作品等现象的处理，必须要有法制环境的保护，以法治规则激活公平竞争的人才市场，使创新型人才资源按能级进行市场配置。相关的知识产权方面的法律保护不仅保护了创新者创新的正常权益，而且也给创新者以应有的荣誉和财富，突出了市场评价的导向作用，也强化了市场价值的激励作用，使他们的创新有所收获，同时获得了应有荣誉，从而能够进一步最大限度地激发创新型人才的创新热情。

其三，法制环境可以为创新型人才提供心理上的安全感。在一个没有法制或者法制不健全的时代或社会里，创新型人才会没有安全感。缺乏心理上的安全感的创新者，往往是很难进入创新状态的，更难进入最佳的创新状态。创新型人才创新思维与活动有时要反传统，有时要挑战权威，有时要承担常规工作难以遭遇的风险，有时还要面对挫折和失败的困扰，而当创新者深知自己的创新探索及成果受法律保护，就会产生内心的自由和心理上的安全感，从而会放心大胆地进入创新状态。从社会层面看，一个个、一批批大量具有心理上的安全感的创新型人才将成为社会创新动力的不竭源泉。

7.3.2 环境对创新型人才成长的消极影响

社会环境对创新型人才成长的影响是多方面的，美国心理学家阿瑞提（S.

Arieti)认为:某种文化环境比其他文化环境更能够促进创造性的发展,这种能较好地促进创造性发展的文化环境和这种文化所赖以生存的时代,可以称为创造基因(阿瑞提,1987)。很显然,不同的社会有不同的文化,一个国家或地区的文化及其传统,其创新因子或创造基因的状况是有差别的。我国传统历史文化悠久,博大精深,有许多充满活力、智慧与创新的闪光思想,如《易传》象曰:"天行健,君子以自强不息""地势坤,君子以厚德载物"等。清华大学的校训"自强不息,厚德载物",即出自此。但若与时俱进,用现代创新理念重新思考,可以看到其在充满闪光的创新思想的同时,也存在着不可忽视的扼杀人的创新精神的某些负面影响。为培养具有创新精神和创新人格的创新型人才,营造良好的社会环境,有必要深刻剖析制约创新型人才成长的某些传统社会文化,它们作为社会环境的重要组成部分对创新型人才成长的制约体现在社会生活的不同层面。

7.3.2.1 传统文化中存在一些影响创新的因素

孔子开创的儒家文化对整个中国传统文化起到了奠基的作用,对中国文化乃至世界文化影响巨大,给后代留下宝贵的精神财富,但从儒家文化与创新型人才培养的本质要求来看,儒家文化对创新型人才培养所产生的消极影响也是存在的。这些消极影响突出地表现为不利于人们萌生创新意识,压抑了人们的创新动机和创新行为。正因为如此,我国现代史上的那些新文化运动的旗手们才表现出对儒家文化激烈的批评。具体说儒家文化对我国创新型人才培养的不利影响主要集中在以下几个方面:

(1)过分强调等级、权威

创新型人才的培养需要创新,而创新需要有一种平等、自由的学习与研究的文化氛围,但儒家文化中的权威主义思想却不利于这种文化氛围的产生和发展。孔子强调等级、权威,确立了君臣、父子、上下、尊卑关系,扼制突破旧礼、挑战权威。他要求人们"畏天命,畏大人,畏圣人之言"(《论语·季氏》),把创新、突破视为僭越,对新生事物的发展抱有成见。孔子的这些思想压制了创新机制及创新型人才的培养中所要求的自由平等精神,将人们的思维束缚在"唯上"的框架里。其实,这样的思想对创新及创新型人才的培养是会产生一些不利影响的。因为任何创新思维与创新行为都是以不同方式对权威和偶像的挑战。

(2)内圣之学，有明显的重伦理、轻自然的倾向

儒家文化是把政治学伦理化了，强调的是人的修养。孔子要求人们要克制自己的物欲和野心，达到仁的境界，即所谓“克己复礼为仁”(《论语·颜渊》)。这是一种向内用功的修养功夫。然而科技发展需要创新，而创新的动力恰恰来自物欲和野心，它要求一种向外用力的创新精神。闭门修养成就的是圣人，它只能导致封闭、保守，不能引导人们走向开拓、创新。另外，过分强调伦理道德的单向发展，压抑了人们向其他方面发展的可能性，这种重视人伦修养的内圣之学表现为对外部自然和科学技术的轻视。在这一主流文化的影响下，一方面，整个社会讲求团结稳定，家庭讲求和谐融洽，而整个社会的教育方向不是引导人们探究自然，寻求科学真理，而是远离自然科学的“四书”“五经”；知识分子的出路不是科学家、工程师，而是做官，“封侯拜爵”“封妻荫子”。另一方面，尽管中国古代科技曾取得辉煌的成就，但儒家文化对科技创新的推动作用却不明显，工匠也得不到社会重视，在社会的价值观念中，工艺技术被称为“奇技淫巧”。因此，社会上缺少优秀的精英研究科学技术问题，虽也出现过像宋应星、李时珍等著名科学家、医学家，但毕竟是极少数。因此，缺少足够的创新型人才形成科学共同体，因而科学理论的研究就无法形成相互争鸣、共同研究的学术气氛，而一般的工匠又由于缺少必要的文化知识，无法将经验技能提升到一般理论去认识，影响到社会对学术和技术的传播和积累，也影响到实践对科学理论的检验(谭斌昭等，2001)。

(3)推崇继承，创新不足

孔子生于鲁国，其国君是周公的后裔。鲁国人有好礼的传统，在春秋末年其他诸侯国已经礼崩乐坏，但鲁国的典章制度则相对保存完好。鲁国的这种传统无疑影响了孔子。他自认为“信而好古”(《论语·述而》)。他首倡私学，但教给学生的是前代典籍，如《诗》《书》《礼》等。其主要内容是“先王之道”“周公之礼”。创新应该是面向未来的，而孔子的理想则是重建过去。孔子的志向就是复古：“兴灭国，继绝世，举逸民。”(《论语·尧曰》)他所创立的儒家与墨家、法家和兵家等相比较，显得守旧而不合时宜，空泛而不易落实。当然，也许孔子的“托古改制”在某种程度上也蕴含着一定的创新精神。孔子的思想不是前瞻式而是后顾式的价值形态，有较为浓厚的历史意识，对历史典籍强调“述而不作”

(《论语·述而》)。即使是新事物也应从旧制中去发掘,故而孔子只同意对旧制进行一些微小的变动。“殷因于夏礼,所损益可知也;周因于殷礼,所损益可知也;其或继周者,虽百世,可知也。”(《论语·为政》)可见孔子对创新所持有的是较为谨慎的态度。这些思想沉淀在中国传统文化中,使得人们喜欢墨守成规,把经验、传统奉为至宝。这对于创新及创新型人才的培养是有不利影响的。

(4)中庸的思维方式

儒家经典中的四书五经之一就是《中庸》,第一节就开宗明义:“天命之谓性,率性之谓道,修道之谓教。道也者,不可须臾离也;可离非道也。”中庸之道是孔子面对剧烈社会变革的一种处世方式,也是面临激烈社会冲突的一种调和矛盾的方法。中庸是不偏不倚、无过不及的境界,它能起到稳定、持重的作用。在孔子看来:“攻乎异端,斯害也已。”(《论语·为政》)认为处理问题如果不采取调和持中的立场而走极端则必然会造成危害。中庸对于社会矛盾的缓和与常规的行政管理来说是颇为恰当也是有积极意义的。然而对于创新及创新型人才的培养来说,突破常规和逆向思维等比“和为贵”“致中和”更能推动创新思维的产生,更能培养创新精神和创新人格,更能开发创新能力。中庸之道对后世的影响极大,它所塑造的知识阶层的性格更多的是因循守旧、老成持重、四平八稳和循规蹈矩,磨灭了创新激情和冲动。这种思维方式显然是与当代创新的时代所要求的开拓进取、创新的思维方式是有出入的。

7.3.2.2 阻碍创新的某些现实的社会环境因素

鲁迅先生曾经指出:“我觉得中国有时是极爱平等的国度。有什么稍显得突出,就有人找把刀来削平它。”(徐懋庸作《打杂集》序)鲁迅先生所讲的“削平”,就是极力压抑有突出成绩的人。不是见贤思齐,而是主观上希望“贤”,实际上又希望大家彼此彼此,否则,自己有压力。这种社会风气和舆论环境,压得许多创新型人才抬不起头,直不起腰,许多学习与研究不能光明正大,这种恶劣的时常面临被“削平”的环境对创新型人才的成长无疑是形成了不小的阻碍。今天的情况与鲁迅先生20世纪30年代谈到这一现象时的状况相比已有很大改观,但也还存在一些影响创新型人才成长的社会环境因素。

(1)家庭环境的影响

家庭环境是一个人孕育创新意识最早最基本的环境。大量的创新型人才成长历史资料表明，父母、家庭成员及家庭情况对人的创新精神的培养和创新人格的塑造产生明显的影响。一般来说，好的家庭生活是严格和民主并重的家庭生活。在这里，孩子从小能受到知识的严格训练，同时又能够自由地发表自己的见解，发展自己的自主和创新意识。和谐的家庭环境应该充满爱，让孩子感到温暖，既有规范而又宽松，让孩子富于幻想，憧憬美好的未来。如果家庭气氛是沉闷压抑的，在这样的家庭里成长的孩子，可能在与人交往中出现问题，在学校里也很沉默，有的孩子会出现紧张情绪，心灵会受到压抑，成长会受到影响。当前，出于一些原因导致离婚率上升，出现不少问题家庭，对孩子的身心发展产生许多不良的影响，使孩子心灵遭受创伤。如有的家庭，家里没有爱的氛围，或父母对抗，互不尊重，经常争吵，甚至发生肢体冲突，有时拿子女出气，殴打孩子；或父母在心理和情绪上互不相容，夫妻关系紧张；或父母分居、离异；等等。这样的家庭环境，使孩子往往会有不安全感、内疚感、自卑感、猜疑心理、补偿心理或逆反心理等，心理抑郁，危害终生。这种现象应该引起重视，身心发展不健康、人格有问题的人难以成为有作为的创新型人才。还有的家长也算是重视孩子的培养，但是由于不懂教育规律，盲目从众，也带来一些新的问题。现在不少家长开始重视孩子特长的培养，担心输在“起跑线”上，大有不抓紧培养就落伍的感觉，于是乎也不管孩子是否适合或者有相关天赋，从幼儿园开始，社会上各种培训班招生火热，什么英语、书法、美术、钢琴、舞蹈、足球、跆拳道、围棋，等等，有的家长也不大了解教育，只是听说别人的孩子在学什么，就一味地让孩子多学，在孩子的时间表上见缝插针，什么班都报，有的孩子甚至在一年内参加了 5 种以上特长班的学习，业余时间被剥夺不说，连正规的文化课都没学好，本来想培养特长与个性，结果却什么都不精，造成个性消失。这种扼杀孩子天性的做法也难以培养创新型人才。

(2)学校环境的影响

学校的建立是为了使人们的创新精神、创新人格和创新能力获得一个生长发育的摇篮。学校不仅要重视传授知识，而且要重视能力培养，鼓励学生独立思考，鼓励学生创新，这样才能培养学生的创新精神、创新人格，提高学生的创新能力。学校环境中的学生与学生之间的同伴关系是最常见的人际关系，是青少年踏入校园后需要重点处理的人际关系。在这样一种学习环境中，青少年除了学习知识之外，也在学习如何与人相处，学生之间的互相影响对青少年创新精神、创新人格和创新能力的培养很重要。青少年之间和睦相处，才能创建团结、和谐、融洽、民主、友好、合作的人际关系环境，才能为青少年成长过程中的健康的人际问题打下良好的基础。当然，现阶段，学校育人环境也还存在一些问题，在很大程度上影响学生的创新精神、创新人格和创新能力的培养，影响学生身心健康发展。例如，有的学校学风不正，导致缺乏责任心、自觉性和主体意识的现象在学生中比较普遍，从这样的学风中走出来的学生在以后的工作中也往往主动性不足，表现出散漫、懒惰等不良行为特征，这样的学生不仅难以成为对社会有创造性贡献的创新型人才，反而可能会对社会产生不利、不良的影响。还有的学校办学基础设施不到位，没有形成良好的校风，老师的教学水平不高，教育教学方法不当，师生关系紧张，班级的班风不正，同学关系不融洽等，这些问题将可能使学生的心理压抑，精神紧张，产生自卑、恐惧、焦虑情绪，缺乏安全感和归属感，如不及时调适，就会造成心理失调，导致心理障碍。值得引起重视的是，现实中有的学校甚至成了扼杀学生创新精神和创新能力的场所，不利于学生创新人格的塑造。它们只向学生灌输教条，只允许学生死记硬背、照葫芦画瓢，不鼓励学生质疑、求异、创新。这样培养出来的学生只能是听话的、唯唯诺诺的学生，同时也是视野狭窄、反应迟钝、毫无创新精神的人。

(3)不良社会思潮的消极影响

当前，随着我国经济体制深刻变革、社会结构深刻变动、利益格局深刻调整、社会思想文化越来越多元，给青少年的健康成长带来了深刻的心理冲击。譬如，由于“三观”出现偏差，没有崇高的理想和坚定的信念，缺乏社会责任感，世界观、人生观、价值观扭曲，失去了人生的目标和动力。在价值观念多元的时代，一些人的价值观与核心价值观拉开了距离，甚至出现价值“迷失”。在拜金主义、功利主义的侵蚀下，一些年轻人盲目追求金钱、追求享乐，希望一夜暴富。市场经济不断发展的同时，也使人们形成了浮躁的心理和急功近利的心态，很多年轻人坐不下来，不能安心学习。随着计算机网络的出现，在促进青少年热爱科学，崇尚科学，开阔视野，拓宽知识面，丰富业余、课余生活的同时，其负面影响也日益引人注目。如一些青少年过分沉迷于网络，无心念书，导致学业荒废；一些不健康的游戏、色情文化等影响青少年身心健康；网络霸凌、人肉搜索、匿名文化等对青少年的消极影响是客观存在的。由于市场经济的某些负面影响,导致一些人为了自身利益和过于膨胀的自我价值的实现,行为失当,诚信缺失,甚至道德失范。更有甚者,一些社会丑恶现象的沉渣泛起,危害了不少人的成长和事业发展,从而影响了创新型人才的成长环境。

(4)制度、体制及管理环境的影响

相对而言,与社会经济、文化环境相比,创新型人才成长环境中的制度、体制及管理环境,对创新型人才成长的影响更为直接。如果说良好的制度、体制及管理环境能够使创新型人才自然成长,优秀创新型人才脱颖而出,那么,如果创新型人才成长的制度、体制及管理环境出现问题,则本来很有潜质的创新型人才"苗子"也会"干涸而死"(赵余等,2014),本可成为优秀创新型人才的人也会变成平庸之辈。具体说,这方面的问题还是值得引起重视的:一是在创新型人才的选拔中,过分看重学历、资历。在现阶段,一些地方人才的选拔标准过于机械、片面,忽视能力尤其是不重视创新能力的现象比较突出。如有些城市的人才引进计划只针对特定学历以上的人才。显然,这对于政府部门来说,在管理上比较容易掌握,也好操作,验证一下学历文凭就行。但负面影响是很大的,依此标准,比尔·盖茨也是不合格的,他大学并未毕业!如此这般,中国的"比尔·盖茨"不是会被埋没么?二是"官本位"思想的影响。在各类创新型人才的评选、职务评聘、成果评奖等工作中,行政部门掌握着评价大权,行政人员都发挥着重要作用,导致出现一些令人遗憾、效果不好的评价结果。三是对创新型人才在考核评价上,过度量化、短视化和简单化,考核对创新工作和创新型人才成长起着"指挥棒"的作用。目前在人才评价中,往往把诸如SCI等文献计量指标作为重要的,甚至唯一的评价标准;而且评价周期过短、次数频繁,急于求成和急功近利,使被考核者时时处于紧张和焦虑之中;评价标准简单化、忽视不同领域、学科、专业的要求和特点,忽视创新型人才的成长和发展规律,盲目一刀切,甚至对人文社会科学也拿SCI、EI等标准来评价。科学研究是创造性的劳动,"板凳要坐十年冷,文章不写一句空",不合理的考核制度和欠科学的评价标准,将会在很大程度上影响创新型人才的成长,从而影响"大家"或"大师"级创新型人才的脱颖而出。

7.3.3 创新型人才成长环境的优化

改革开放40多年来，创新型人才的成长环境，无论是宏观环境还是微观环境，也不论是硬环境还是软环境，都已经发生了巨大而深刻的变化，在很大程度上已经取得了非常可喜、令人欣慰的成就。但是，营造创新型人才成长的良好环境不可能一蹴而就。研究创新型人才成长环境的目的就是要探讨成长环境各构成要素以及对创新型人才的影响及作用方式，营造良好的创新型人才成长的环境，促进创新型人才不断涌现。由于历史和现实的多方面的原因，目前我们的创新型人才成长环境也还存在这样或那样的不足，亟待优化。一般来说，对创新型人才成长影响比较大的环境主要有家庭、学校、工作单位等，每位创新型人才都有自己的成长过程，在不同的成长阶段，各种环境对他们的影响也是不同的。

7.3.3.1 家庭环境的优化

对于原生家庭来说，家庭环境是培养人才的重要因素。家庭的生活环境是一个人孕育创新思维能力的最早的环境，良好的家庭教育在培养人们的创新精神、创新人格方面，起着学校教育和社会教育都难以起到的基础性作用。父母之间和睦、互相尊重、互相理解，在事业和生活上互相支持，充满爱的融洽关系所营造的家庭氛围，可以让孩子在和谐的环境中成长和发展，高效地学习，从而拥有健康、纯净的心灵，对孩子良好性格的塑造有积极的作用。家庭教育具有较大的灵活性，不像学校教育那样系统、稳定。同时，父母对孩子的脾气、爱好、特点有较多的了解，因此家庭教育可以有明确的针对性。

现在有些家长过于重视物质环境，为了孩子有个良好的学习环境，购买漂亮的写字台、新型电脑、调光台灯、各种版本的练习册，等等，但是发现孩子的学习并不怎么理想。原因可能是过分重视物质环境，而没有注意营造良好的精神环境。培养具有创新精神和创新人格的人才，创造良好的家庭精神环境是十分重要的。和睦融洽的家庭气氛，给子女更多的自由，为人父母者，理当是孩子的第一任老师，其一言一行以及父母之间所形成的家庭氛围等都对孩子产生潜移默化的影响，父母不仅在行为方面要引导孩子，而且要注意家庭教育的方法，不要动辄训斥、惩罚，更不能冷嘲热讽。要有意识地对子女进行创新教育，特别是培养孩子的好奇心，培养他们对大自然、周围环境的关注，鼓励孩子发展自己的兴趣，让孩子感到成人期望他们去创新，向他们提供信息资源，丰富他们的知识。给孩子提供无结构材料(积木、橡皮泥、七巧板、插片、魔方等)、非现成的玩具，让孩子练习绘画和自由命题的作文等，激发孩子的想象力，鼓励孩子憧憬未来，学会畅想、幻想。

7.3.3.2 学校环境的优化

学校对培养学生的创新精神、创新人格和创新能力有着极其重要的作用，在教育普及程度逐步提高的时代条件下，学校教育在影响创新型人才成长上具有家庭及其他社会组织所不具有的独特功能。学校是一个小的社会，优美、和谐的学校环境，专用教室的精心设计，名人画像、名人名言、班风标语格言的布置，有特色的板报、橱窗、文化长廊、艺术天地、各种展览，图书馆、校园网、有关报刊、国旗、守则、规范、校训、校风等形成的校园文化，对陶冶学生的情操，塑造学生美好的心灵，启迪学生的智慧，激发学生的开拓进取精神起着举足轻重的作用。良好的学习环境，作为一种育人文化，自然熏陶，润物无声，催人奋进。

国内外科学技术领域中杰出的创新型人才，绝大多数是通过学校教育培养出来的。如诺贝尔科学奖获得者、中国科学院院士、中国工程院院士等，不仅受到良好的学校教育，而且绝大多数具有较高的学历层次。随着社会的发展和科学技术的进步，教育在创新型人才培养中的地位和作用越来越重要，没有发达的教育就难以培养有竞争力的现代化的创新型人才。

从学校环境优化的角度看，学校教育应该按照社会对创新型人才的基本要求对学生在不同阶段发展的方向做出社会性规范，以适应其身心发展和社会化。同时学校还具有开发学生特殊才能和发展个性的职能，可以在一定的组织与指导下，在进行以学习为主的各种活动中获取知识，发展智力，培养创新意识、创新能力和创新人格。各级各类学校不仅要开设有关创新的课程，而且还应注意在各种课程和课外活动中贯穿创新教育，为将学生培养成创新型人才创造良好学习环境。

7.3.3.3 工作环境的优化

创新型人才步入社会后，能否较好地发挥自己的特长和优势，能否在工作中脱颖而出，取得事业上的成功，一个不可忽视的因素是创新型人才的工作单位能否为其提供必要的、宽松的环境和发展空间。创新型人才工作单位的环境是其创新事业的基础和支撑。创新型人才工作单位的环境也分硬环境和软环境,一个单位硬环境在很大程度上制约着该单位各类人才的发展,如区位优势、经济实力,基础设施等可为创新型人才的成长和发展提供有力的支撑。现在人们越来越讲究工作效率和生活质量,工作效率包括工作单位给员工提供的必要的硬环境,包括与专业相关的如实验条件、信息资料条件、办公条件等,与生活环境相关的如住房、薪酬、福利等。与单位硬环境的改善相适应,对创新型人才的成长和发展不可忽视的是工作单位的软环境,即一个民主和谐、利于创新的工作环境。一个能激发人积极向上、让人保持愉快心情的相对宽松和谐的工作环境和创新氛围,是创新者特别珍视的。

因此,创新型人才工作环境的优化,除了硬环境的投入外,软环境的优化是更需要人力资源管理上的创新的。实践证明,在硬环境差距不大的同类区域,甚至同一城市,一个单位的工作软环境往往表现出明显的竞争优势,从而使单位成为各类创新型人才能够充分施展才华的舞台,这无疑能使人才更有效地工作,从而多做贡献。

具体说,作为创新型人才可能具体地工作于某一特定的工作岗位,属于某一创新团队,团队及单位中人与人之间要形成科学的竞争机制,形成一种激励大家有竞争意识、鼓励创新的工作环境。竞争给人以外在压力,可以减少惰性、刺激奋发向上的热情,诱发人们进行创新探索的动力,鼓励人们不断取得创新成果。当然,同事之间、团队内部彼此有竞争、有合作,其工作关系中应该尽可能地减少内耗,团队中的成员应该平等相处,互相激励、互相启发、互相帮助、共同进步,这样有利于创新设想的形成,有利于创新团队提高绩效,有利于创新团队成员的健康成长和发展。

7.3.3.4　社会大环境的优化

人才是时代的产儿,创新的时代呼唤创新型人才,要实现创新型人才辈出的喜人局面,需要社会大环境的优化,主要包括以下几个方面。

(1)人文环境

人文环境包括社会成员的思想观念、社会风气、社会氛围等,宜从多层面入手。如观念的创新,创新型人才成长与发展观念要与时俱进,要有新的突破。

譬如，破除人们潜意识中根深蒂固的“官本位”观念，牢固树立“人才资源是第一资源”的观念，更新某些传统文化中抑制和阻碍创新的观念；打破因循守旧、唯唯诺诺、墨守成规的积习。又如塑造先进的创新型人才文化，促进社会大环境优化。在全社会营造尚贤风气，尊重知识，尊重人才，尊重劳动，尊重创造；营造鼓励创新、宽容失败的人文环境；不同地域、不同民族、不同历史文化背景下可以根据具体情况，探索促进创新型人才成长的独特的人文情怀。

(2)制度环境

创新作为人们的社会性活动，必然会产生不同于传统观念的新认识，而这些新认识必然又会受到传统思想观念和传统体制的束缚和制约，观念的创新要求改变传统制度，并为制度的创新做好准备。制度的创新带有根本性、全局性的特征，有利于为创新型人才成长与发展环境优化扫除障碍。制度创新之所以重要，是因为离开了制度创新，创新型人才成长与发展环境就没有了实践的保障。一个好的思路或决策，若缺乏制度层面的具体安排，也就难以有效落实和发展。创新型人才成长环境的优化要为创新型人才资源开发提供良好的制度保证，制度创新有利于巩固各地、各方面在实践探索和理论创新方面有推广价值的成果。就我国目前的情况来看，必须从制度层面统筹推进高效协同的关于人才强国、创新驱动等相关问题的制度安排，形成具有中国特色、在复杂的国际竞争中具有竞争力的人才制度优势，为各类创新型人才创造规则公平和机会公平的发展空间。

(3)政策环境

在创新型人才成长环境的探索中，应该有效地纠正管理中存在的行政化倾向，真正做到分类施策，根据不同领域、行业特点，从实际出发，增强政策的针对性、精准性。由于创新型人才成长的政策环境还存在一些弊端，因此，优化创新型人才成长的政策环境，尚有一些工作需要认真研究，并从全国性、区域性及创新型人才所在单位等不同层面切实加以完善和优化。如创新型人才政策的评价；创新型人才培养政策与引进政策的协同；持续优化创新政策供给，构建普惠性创新政策体系，增强政策储备，加大重点政策落实力度；激发全社会的创造活力，营造崇尚创新的政策环境。

(4)体制环境

创新型人才辈出的一个重要环境条件是具有良好的成长和发展的体制环境,在现阶段,体制环境的优化就是要消除一切不利于创新型人才成长、发展、使用、流动等环节和层面的体制性障碍,最大限度地解放和激发创新型人才活力。人们为了实现一定组织的目标而制定的组织机构设置和管理权限划分的制度即为体制,体制相对比较稳定,它直接规定和影响该组织的活动方式与管理方式。创新型人才体制涉及创新型人才培养、发展、使用、流动等各个方面,需要从体制层面构建一个从家庭到学校、用人单位、社会完整良好的硬件设施链,为创新型人才成长提供良好的学习发展硬件环境。同时营造一个创新型人才成长的健康、向上、和谐的良好软环境氛围链,即知识、能力和素质培养的良好环境氛围,包括正确的世界观、人生观、价值观的教育。其实,这涉及政治体制、经济体制、科技体制、教育体制、文化体制、人才管理体制等方面。

(5)机制环境

创新型人才成长环境的建设不仅是钱的问题,其实还有一个不容忽视的管理的机制问题。建设科学的管理机制以推动创新事业成功,包含的内容非常广泛,如建立科学的培养支持机制、有吸引力的分配激励机制、合理顺畅的流动机制、具有国际竞争力的竞争与引进使用机制、科学的评价机制、发展保障机制、权责统一的工作机制,以及宽松和谐环境的建设等。可以说,国家在这些机制的建设方面的力度是比较大的,而且还从根本的制度保障着手,建立了人才自由流动制度等,全面有效地鼓励人才敢于创新、敢于冒险、敢于突破。创新型人才要有效创新,合理顺畅的流动机制是必需的,甚至从一定意义上讲,创新型人才是在全球范围内流动的。世界各国都在争夺创新型人才,如果没有好的管理机制,创新型人才就留不住、难引进,如果没有好的机制环境,创新型人才就会流失。所以需要从体制上、运行机制上建立起真正促进创新型人才成长与发展的适宜环境,从而让各类创新型人才价值得到充分尊重和实现。

(6)法制环境

创新型人才成长的法制环境已取得一定成效,如建设法治社会、完善知识产权制度等,但还有待优化。创新型人才的成长和发展环境不仅涉及制度、政策、体制机制等问题,也是一个涉及法律环境的问题。在现代社会,创新型人才的成长和发展应该得到充分的法律保障，如创新型人才的发明创造、科学研究、文艺创作、科技成果的产业化、工作流动。要逐步将创新型人才资源开发工作纳入法制化轨道，完善创新型人才成长和发展综合配套法治保障体系，做到体系健全、层次分明、职责到位、科学有效，凡事都能依法治理、依法办事，使创新型人才资源开发、人才权益和财产安全等切实得到保障，各类创新型人才都有权运用法律手段维护自身利益，从而有效推动创新型人才资源的开发。

参考文献

[1] Alexander W P , 1935. Intelligence-Concrete and abstract: a study in differential tracts: with 2 additional papers & material of passalong test [D]. Glasgow: University of Glasgow.

[2] Anderson R C, 1984. Some reflections on the acquisition of knowledge[J]. Educational Researcher, 13(9): 5-10.

[3] Axelrad S, 1951. Field theory in social science: selected theoretical papers by Kurt Lewin[J]. Social Service Review, 25(3): 409-410.

[4] Barney J B, 1991. Firm resources and sustainable competitive advantage [J]. Journal of Management, 17(1): 99-120.

[5] Barron F X, 1969. Creative person and creative process [M]. New York: Holt, Rinehart & Winston.

[6] Boyatzis R E, 1994. Rendering unto competence the things that are competent[J]. American Psychologist, 49(1): 64-66.

[7] Boyatzis R E, 1982. The competent manager: a model for effective performance [M]. New York: John Wiley & Sons.

[8] Bransford J D, Stein B S, 1993. The ideal problem solver(2nd ed.)[M]. New York: W. H. Freeman and Company.

[9] Brownhill R J, 1983. Education and the nature of knowledge [M]. London & Canberra: Croom Helin lnc.

[10] Cattell J M K, 1903. Statistics of American psychologists [J]. The American Journal of Psychology, 14(3/4): 310-328.

[11] Çelik E,2015. Mediating and moderating role of academic self-efficacy in the relationship between student academic support and personal growth initiative[J]. Australian Journal of Career Development,24(2):105-113.

[12] Chandy R K , Tellis G J,1998. Organizing for radical product innovation: the overlooked role of willingness to cannibalize[J]. Journal of Marketing Research,35(4):474-487.

[13] Chang D F , Chien W C, 2015. Determining the relationship between academic self-efficacy and student engagement by meta-analysis[C]//2nd International Conference on Education Reform and Modern Management (ERMM 2015):142-145.

[14] Chemers M M,Hu L ,Garcia B F,2001. Academic self-efficacy and first year college student performance and adjustment [J]. Journal of Educational Psychology,93(1):55-64.

[15] Global Innovation Index Report 2018: Energizing the World with Innovation [R/OL]. [2018-07-11]. https://www.globalinnovationindex.org/ Home.

[16] Csikszentmihalyi M,1999. Implications of a system perspective for the study of creativity [M]// Sternberg R J. Handbook of creativity. Cambridge: Cambridge University Press: 313-335.

[17] Csikszentmihalyi M, 1996. The creative personality [J]. Psychology Today,29(4):36-40.

[18] Damanpour F,1991. Organizational innovation: a meta-analysis of effects of determinants and moderators[J]. Academy of Management Journal,34(3):555-590.

[19] Doll W E,1993. A post-modern perspective on curriculum[M]. New York: Teachers College Press.

[20] Durand T, 1997. Strategizing for innovation: competence analysis in assessing strategic change[A]// Heene A, Sanchez R. Competence-based strategic management. Chichester: John Wiley & Sons: 127-150.

[21] Dweck C S,1986. Motivational processes affecting learning[J]. American

Psychologist,41(10):1040-1048.

[22] European Commission,1995. Green Paper on Innovation[M]. Office for Official Publications of the European Communities.

[23] Fosse T H,Buch R , Säfvenbom R,et al,2015. The impact of personality and self-efficacy on academic and military performance: the mediating role of self-efficacy [J]. Journal of Military Studies,6(1):7-65.

[24] Freeman C, Soete L,1982. The Economics of Industrial Innovation[M]. MA: MIT Press.

[25] Furman J L , Hayes R,2004. Catching up or standing still?: National innovative productivity among ' follower'countries, 1978-1999 [J]. Research Policy,33(9):1329-1354.

[26] Galton F, 1869. Hereditary genius: an inquiry into its laws and nsequences [M]. London: Macmillan Publishers Limited.

[27] Gardner H,1983. Frames of mind: the theory of multiple intelligences [M]. New York: Basic Books.

[28] George J M, 2000. Emotions and leadership: the role of emotional intelligence [J]. Human Relations,53(8):1027-1055.

[29] Goleman D,2006. Emotional intelligence[M]. New York: Bantam Books.

[30] Guilford J P,1977. Way beyond the IQ: guild to improving intelligence and creativity[M]. Buffalo: Creative Education Foundation.

[31] Guilford J P,1950. Creativity[J]. American Psychologist,5(9): 444-454.

[32] Guilford J P,1959. Three faces of intellect[J]. American Psychologist, 14(8):469-479.

[33] Guilford J P,1986. Creative talents: their nature,uses and development [M]. New York: Bearly Limited.

[34] Guilford J P, 1959. Traits of creativity [M]. New York: Harper & Publisher.

[35] Halley D, 2001. The core competency model project [J]. Corrections Today,63(7):154.

[36] Hamtiaux A, Houssemand C , Vrignaud P,2013. Individual and career adaptability: comparing models and measures[J]. Journal of Vocational Behavior,83(2):130-141.

[37] Hass C,Wiles K, 1966. Readings in curriculum[M]. Allyn and Bacon,Inc.

[38] Helding L, 2009. Mindful voice: howard gardner's theory of multiple intelligences[J]. Journal of Singing The Official Journal of the National Association of Teachers of Singing,66(2):193-199.

[39] Henderson R M, Clark K B, 1990. Architectural innovation: the reconfiguration of existing product technologies and the failure of established firms[J]. Administrative Science Quarterly,35(1):9-30.

[40] Holmes A R, 2015. The relationship between academic self-efficacy, arental involvement, social support, self-esteem and depressive ymptoms among African American male college students[D]. Durham: North Carolina Central University.

[41] Hospers G J, 2003. Creative cities: breeding places in the knowledge economy[J]. Knowledge, Technology & Policy,16(3):143-162.

[42] Jastrow J,1898. The psychology of invention[J]. Psychological Review, 5(3): 307-309.

[43] Kelley D, Bosma N S, Amorós J E, 2011. Global entrepreneurship monitor 2010 executivereport [R/OL]. [2017-12-22]. https://b. beijingbang. top/scholar? q=Global+entrepreneurship+monitor+2010+executive+report.

[44] Kelley T, 2005. The ten faces of innovation: IDEO's strategies for beating the devil's advocate & driving creativity throughout your organization[M]. New York: Broadway Business.

[45] Kickul G , Kickul J,2006. Closing the gap: impact of student proactivity and learning goal orientation on e-learning outcomes[J]. International Journal on E-Learning,5(3):361-372.

[46] Koestler A, 1964. The act of creation: a study of the conscious and

unconscious in science and art[M]. New York: Dell Publishing Company.

[47] Leonard-Barton D, 1992. Core capabilities and core rigidities: a paradox in managing new product development[J]. Strategic Management Journal, 13(S1):111-125.

[48] Lever W F, 2002. Correlating the knowledge-base of cities with economic growth[J]. Urban Studies, 39(5-6):859-870.

[49] Liang C U I, 2014. Problems of non-intelligence factors during college students training[J]. Higher Education of Social Science, 6(1):71-74.

[50] Sterberg R J , 1994. Thinking and problem solving[M]. San Diego: Academic, 290-332.

[51] Luthans F, Luthans K W , Luthans B C, 2004. Positive psychological capital: beyond human and social capital[J]. Business Horizons, 47(1): 45-50.

[52] Machlup F, 1962. The production and distribution of knowledge in the United States[M]. Princeton University Press.

[53] Mayer J D, Geher G, 1996. Emotional intelligence and the identification f emotion[J]. Intelligence, 22(2): 89-113.

[54] Mayer J D , Salovey P, 1995. Emotional intelligence and the construction and regulation of feelings[J]. Applied and Preventive Psychology, 4(3):197-208.

[55] Mayer J D , Salovey P, 1993. The intelligence of emotional intelligence [J]. Infant Intelligence, 17(4):433-442.

[56] McClelland D C, 1973. Testing for competence rather than for intelligence[J]. American Psychologist, 28(1):1-24.

[57] McIntyre F S, Hite R E , Rickard M K, 2003. Individual characteristics and creativity in the marketing classroom: exploratory insights[J]. Journal of Marketing Education, 25(2):143-149.

[58] McLagan P A, 1980. Competency models[J]. Training and Development Journal, 34(12):22-26.

[59] Meyer M H , Utterback J M,1993. The product family and the dynamics of core capability[J]. Sloan Management Review,34(3):29-47.

[60] Mokyt J,2005. The intellectual origins of modern economic growth[J]. Journal of Economic History,64(2) :285-351.

[61] Montgomery D, Bull K S , Baloche L, 1993. Characteristics of the creative person: perceptions of university teachers in relation to the professional literature[J]. American Behavioral Scientist,37(1):68-78.

[62] Neisser U, 1963. The imitation of man by machine[J]. Science, 139 (3551):193-197.

[63] Neugarten B L,1946. Social class and friendship among school children [J]. American Journal of Sociology,51(4):305-313.

[64] Norman D A,2004. Emotion design: why we love (or hate) everyday things[M]. New York: Basic Books, A Member of the Perseus Books Group.

[65] Norman D A,1988. The design of everyday things[M]. New York: Basic Books, A Member of the Perseus Books Group.

[66] Norman D A,1980. Twelve issues for cognitive science[J]. Cognitive Science,4(1):1-32.

[67] Polani M, 1975. Meaning[M]. Chicago: The University of Chicago Press.

[68] Polani M,1958. Personal Knowledge[M]. London: Routledge.

[69] Polanyi M,1958. Study of man[M]. Chicago: The University of Chicago Press.

[70] Porter M E,1990. The competitive advantage of nations[J]. Harvard Business Rcview,68(2):73-91.

[71] Prahalad C K , Hamel G,1990. The core competence of the corporation [J]. Harvard Business Review,68(3):79-91.

[72] Robbins S P ,Chatterjee P, Canda E R ,2006. Contemporary human behavior theory: a critical perspective for social work[M]. Boston:

Allyn & Bacon.

[73] Roe A,1952. The making of a scientist [M]. New York: Dodd Mead.

[74] Rossman J,1931. The psychology of inventor: a study of the patentee [M]. Washington D C: Inventor Press.

[75] Salovey P , Mayer J D, 1990. Emotional intelligence[J]. Imagination, Cognition and Personality, 9(3): 185-211.

[76] Salovey P, Mayer J D , Goldman S L, et al. Emotional attention, clarity, and repair: exploring emotional intelligence using the Trait meta-mood scale[A]// Pennebaker J W, 1995. Emotion Disclosure & Health [C]. Washington, DC: American Psychological Association.

[77] Sassoon D, 1999. Empathetic education: an ecological perspective of Educational knowledge[J]. School Leadership & Management,19(3): 386-388.

[78] Simmie J , Lever W F,2002. Introduction: the knowledge-based city[J]. Urban Studies,39(5-6):855-857.

[79] Simon H A,1967. Motivational and emotional controls of cognition[J]. Psychological Review,74(1): 29-39.

[80] Spencer L M , Spencer P S M,1993. Competence at work :models for superior performance[M]. New York: John Wiley & Sons.

[81] Sternberg R J, 1985. Implicit theories of intelligence, creativity, and wisdom[J]. Journal of Personality and Social Psychology, 49(3): 602-627.

[82] Sternberg R J, 1996. Successful intelligence: how practical and creative intelligence determine success in life[M]. New York: Simon & Schuster.

[83] Tardif T Z , Sternberg R J. What do we know about creativity? [A]// Sternberg R J , 1988. The nature of creativity: contemporary psychological perspectives. Cambridge: Cambridge University Press.

[84] Taylor F W,1911. The principles of scientific management[M]. New York: Harper & Brothers Publishers.

[85] Terman L M , Oden M H, 1959. The gifted group at mid-life, genetic studies of genius(Volume5)[M]. California :Stanford University Press.

[86] Thorne A , Cough H, 1991. Portraits of type: an MBTI research compendium[M]. Palo Alto: Consulting Psychologists Press.

[87] Tracey T J , Sedlacek W E, 1984. Non-cognitive variables in predicting academic success by race[J]. Measurement and Evaluation in Guidance, 16(4):171-178.

[88] Ueoghegan W,2010. The ten faces of innovation : strategies for heightening creativity [J]. The Irish Journal of Management,29(2):131-139.

[89] Wallas G, 1926. The art of thought[M]. New York: Harcourt, Brace and Company.

[90] Wechsler D,1950. Cognitive, conative, and non-intellective intelligence [J]. American Psychologist,5(3):78-83.

[91] Wechsler D,1943. Non-intellective factors in general intelligence[J]. The Journal of Abnormal and Social Psychology,38(1):101-103.

[92] Wolfe R A, 1994. Organizational innovation: review, critique and suggested research directions[J]. Journal of Management Studies, 31 (3):405-431.

[93] Yeung A K,1996. Competencies for HR professionals: an interview with Richard E. Boyatzis[J]. Human Resource Management,35(1):119-131.

[94] [法]阿里·卡赞西吉尔,1999. 治理和科学:治理社会与生产知识的市场式模式[J]. 黄纪苏,译. 国际社会科学杂志(中文版)(1):69-79.

[95] [美]S. 阿瑞提,1987. 创造的秘密[M]. 钱岗南,译. 沈阳:辽宁人民出版社.

[96] [美]爱因斯坦,1976. 爱因斯坦文集:第 1 卷[M]. 许良英,范岱年,译. 北京:商务印书馆.

[97] [德]奥托·卡尔特霍夫,[日]野中郁次郎,[西]佩德罗·雷诺,1999. 光与影:企业创新[M]. 赵楠,方小菊,译. 上海:上海交通大学出版社.

[98] 白学军,2004. 智力发展心理学[M]. 合肥:安徽教育出版社.

[99] 包亚明,1997. 权力的眼睛:福柯访谈录[M]. 严锋,译. 上海:上海人民出

版社.
[100] [澳]贝弗里奇,1979.科学研究的艺术[M]. 陈捷,译.北京:科学出版社.
[101] [美]彼得·德鲁克,2009.创新与企业家精神(珍藏版)[M].蔡文燕,译.北京:机械工业出版社.
[102] [美]彼得·德鲁克,2006.管理:使命、责任、实务[M].王永贵,译.北京:机械工业出版社.
[103] [美]彼得·考夫曼,2016.穷查理宝典:查理·芒格智慧箴言录[M].李继宏,译.北京:中信出版社.
[104] [苏]彼得罗夫斯基,1981.普通心理学[M].朱智贤,等译.北京:人民教育出版社.
[105] [美]伯顿·R.克拉克,1994.高等教育系统:学术组织的跨国研究[M].王承绪,等译.杭州:杭州大学出版社.
[106] [美]布鲁纳,1982.教育过程[M]. 邵瑞珍,译.北京:文化教育出版社.
[107] 曹勇,秦以旭,2012.中国区域创新能力差异变动实证分析[J].中国人口·资源与环境,22(3):164-169.
[108] 畅肇沁,2013.知识结构特征对教与学的影响[J].中共山西省委党校学报,36(6):128-128.
[109] 陈东玉,2003.个体知识结构与社会知识结构:兼谈主观知识与客观知识[J].现代情报,23(2):156-157.
[110] 陈恒,侯建,2017. R&D投入,FDI流入与国内创新能力的门槛效应研究:基于地区知识产权保护异质性视角[J].管理评论,29(6):85-95.
[111] 陈煌琼,吴凡,2018.中国发明专利质量评价指标体系研究[J]. 南阳理工学院学报,10(6):31-34.
[112] 陈京辉,等,2010.人才环境论[M].上海:上海交通大学出版社.
[113] 陈晶瑛,2012.创新型人才培养研究:基于创新型人才素质模型构建视角[J].佛山科学技术学院学报(社会科学版),30(6):52-55.
[114] 陈军华,李心,2013.创新型人才主体特质及培养环境设计[J].科学管理研究,31(4):101-104.
[115] 陈文化,彭福扬,1999.关于“创新”研究的几个问题[J].自然辩证法研究,

3):28-31.

[116] 陈文化,彭福扬,1998.关于创新理论和技术创新的思考[J].自然辩证法研究,14(6):37-41.

[117] 陈文敏,吴翠花,于江鹏,2011.创新型人才培养模式的系统分析[J].科技和产业,11(1):117-121.

[118] 陈晓红,2013. 区域技术创新能力对经济增长的影响:基于中国内地 31 个省 2010 年截面数据的实证分析[J]. 科技进步与对策,30(2): 36-40.

[119] 陈彦斌,刘哲希,2017.中国企业创新能力不足的核心原因与解决思路[J].学习与探索(10):115-124.

[120] 陈尤文,2006.领导者的创新思维:从理论到实践[M].上海:上海人民出版社.

[121] 陈泽龙,2008.试析创新型人才的素质结构[J].中州大学学报,25(1):105-107.

[122] 崔丽,楚静,2014.创新型人才的"基因"观察与培养:麻省理工学院(MIT)经验之启示[J].教育探索(1):156-157.

[123] 崔相宝,苗建军,2005.对创新理论的再认识[J].科技管理研究,25(2):59-61.

[124] 崔相录,1999. 能力的概念及培养[J]. 天津市教科院学报(2):7-10.

[125] [美]戴维·H.乔纳森,2004.学习环境的理论基础[M].郑太年,任友群,译.上海:华东师范大学出版社.

[126] [美]道格拉斯·诺斯,1993.制度、制度变迁与经济绩效[M].刘守英,译.上海:上海三联书店.

[127] 邓练兵,2013.中国创新政策变迁的历史逻辑:兼论以市场失灵为政策依据理论的不适用性[D].武汉:华中科技大学.

[128] 邓泽功,2004.大学生创新创业指导教程[M].北京:人民交通出版社.

[129] 董兵,吴秀玲,2008.基于"新三论"的知识有序性研究[J].情报探索(12):12-15.

[130] 杜月昇.个人知识的增进与市场经济的演化[M].北京:中国经济出版社,2004.

[131] [荷]范・杜因,1993.经济长波与创新[M].刘守英,罗靖,译.上海:上海译文出版社.

[132] 房国忠,王晓钧,2007. 基于人格特质的创新型人才素质模型分析[J].东北师大学报(哲学社会科学版)(3):106-109.

[133] 冯芳,2012. 创新人才素质结构分析[J]. 中国电力教育(6):14-16.

[134] [英]弗兰西斯・培根,2001.培根论人生[M].何新,译.北京:中国友谊出版公司.

[135] [法]福柯,2003.知识考古学[M].谢强,马月,译.北京:生活・读书・新知三联书店.

[136] 傅世侠,罗玲玲,2000.科学创造方法论[M].北京:中国经济出版社.

[137] [法]伽达默尔,1986.效果历史的原则[J]. 甘阳,译.哲学译丛(3):55-58.

[138] 甘文华,2013.创新驱动的四重维度:基于方法论视角的分析[J].党政干部学刊(1):11.

[139] 甘自恒,2005.中国当代科学家的创造性人格[J].中国工程科学,7(5):35-40.

[140] 高宝立,2003.论大学生创新精神和创新能力的培养[J].江苏高教(4):1-4.

[141] 高焕堂,2018.AI时代的新知识结构:知识3.0[J].电子产品世界,25(3):76-78.

[142] 葛霆,2005.要准确理解“创新”的概念及其本质[J].中国科学院院刊,20(6):515-516.

[143] 工业和信息化部,2011.产业关键共性技术发展指南(2011年)[J].信息技术与信化 (4):11-14.

[144] 辜胜阻,2013.创新驱动战略与经济转型[M].北京:人民出版社.

[145] 顾林正,2010.从个体知识到社会知识:罗蒂的知识论研究[M].上海:上海人民出版社.

[146] 关于耐克你不知道的11件事:JUST DO IT来自杀人犯[EB/OL].(2017-07-09)[2018-06-01].https://www.chinapp.com/gushi/99091.

[147] 郭东强,何丹丹,余呈先,2015.知识结构异化视角下企业技术创新机理研

究——基于元素—架构的知识结构分类[J]. 科技进步与对策,32(17):94-97.

[148] 郭立新,2003. 能力建设与社会体系创新[D]. 北京:中共中央党校.

[149] [美]哈里特·朱克曼,1982. 科学界的精英[M]. 周叶谦,译. 上海:商务印书馆.

[150] 韩晓蓉. 中科院院士:“只学答非学问”,这是中外教育最大差距[EB/OL]. (2016-07-23)[2018-05-24]. http://news.sohu.com/20160723/460697398.shtml.

[151] 韩晓燕,朱晨海,2009. 人类行为与社会环境[M]. 上海:上海人民出版社.

[152] 郝克明,2003. 造就拔尖创新人才与高等教育改革[J]. 辽宁教育研究(12):5-9.

[153] 何星亮,2006. 创新的概念和形式[N]. 学习时报,02-13(006).

[154] 和学新,张利钧,2007. 关于创新及创新人才标准的探讨[J]. 上海教育科研(11):12-14.

[155] 洪芳宾,周业柱,2005. 试析创新理念,过程与方法[J]. 华东经济管理,19(12):69-73.

[156] 洪明,1989. 赫钦斯教育思想述评[J]. 福建师范大学学报(哲学社会科学版)(3):125-130.

[157] 洪荣昭,2003. 知识创新与学习型组织[M]. 北京:高等教育出版社.

[158] 洪银兴,2013. 关于创新驱动和协同创新的若干重要概念[J]. 经济理论与经济管理(5):5-12.

[159] 洪银兴,2011. 科技创新与创新型经济[J]. 管理世界(7):1-8.

[160] 胡鞍钢,2002. 对美国经济短期衰退的评述[J]. 国际经济评论(Z2):8-12.

[161] 胡塞尔,1998. 欧洲科学的危机与超验现象学[M]. 张庆熊,译. 上海:上海译文出版社.

[162] 胡钰,2013. 增强创新驱动发展新动力[J]. 中国软科学(11):1-9.

[163] 胡志坚,2000. 国家创新系统:理论分析与国际比较[M]. 北京:社会科学文献出版社.

[164] 黄宝强,2004. 创新概论[M]. 上海:复旦大学出版社.

[165] 黄楠森,2000.创新人才的培养与人学[J].南昌高专学报,15(1):5-7.

[166] 黄荣怀,郑兰琴,2007.隐性知识论[M].长沙:湖南师范大学出版社.

[167] 庄志彬,2014.基于创新驱动的我国制造业转型发展研究[D].福州:福建师范大学.

[168] [美]吉尔福特,2006.创造性才能:它们的性质、用途与培养[M].施良方,等译.北京:人民教育出版社.

[169] 季羡林,等,2005.学者论大学生的知识结构和智能[M].北京:北京大学出版社.

[170] 江丽梅,2018.知识观变革:教学方法改革的内在推动力[M].武汉:华中师范大学出版社.

[171] 姜勇,阎水金,2004.西方知识观的转变及其对当前课程改革的启示[J].比较教育研究,25(1):17-21.

[172] 蒋光宇,2003.创造就是综合[J].秘书(10):46-46.

[173] 教育部,1999.面向21世纪教育振兴行动计划学习参考资料[M].北京:北京师范大学出版社.

[174] [苏]捷普洛夫,1990.音乐能力心理学[M].孙晔,译.北京:人民教育出版社.

[175] [日]堺屋太一,1986.知识价值革命:工业社会的终结和知识价值社会的开始[M].黄晓勇,等译,北京:东方出版社.

[176] 金盛华,张景焕,王静,2010.创新性高端人才特点及对教育的启示[J].中国教育学刊(6):5-10.

[177] 金宜久,1997.伊斯兰教辞典[M].上海:上海辞书出版社.

[178] [英]卡尔·波普尔,2001.客观知识:一个进化论的研究[M].舒炜光,等译.上海:上海译文出版社.

[179] [英]凯·米尔顿,2007.环境决定论与文化理论:对环境话语中的人类学角色的探讨[M].袁同凯,周建新,译.北京:民族出版社.

[180] 康有为,1994.大同书[M].沈阳:辽宁人民出版社.

[181] [英]柯南道尔,2004.福尔摩斯探案集[M].邓小红,等译.北京:北京燕山出版社.

[182] [苏]克鲁捷茨基,1984.心理学[M].赵璧如,译.北京:人民教育出版社.

[183] [苏]克鲁捷茨基,1983.中小学生数学能力心理学[M].李伯黍,等译.上海:上海教育出版社.

[184] 孔德议,张向,2012前.基于生态管理理论的创新型人才成长环境研究[J].生态经济(11):175-179.

[185] 库少雄,2005.人类行为与社会环境[M].武汉:华中科技大学出版社.

[186] [意]拉兹洛,1997.决定命运的选择:21世纪的生存抉择[M].李吟波,等译.北京:生活·读书·新知三联书店.

[187] 乐国安,1983.现代认知心理学的产生(上)[J].心理学探新(3):1-9.

[188] 冷余生,2000.论创新人才培养的意义与条件[J].高等教育研究,21(1):50-55.

[189] 李丹丹,2017.2030年我国人口达峰值老龄化程度不断加深[EB/OL].(2017-01-26)[2017-12-12]. http://news.sohu.com/20170126/ n4795891.shtml.

[190] 李嘉曾,2002.拔尖人才基本特征与培养途径探讨[J].东南大学学报(哲学社会科学版),4(3):138-142.

[191] 李京文,1999.迎接知识经济新时代[M].上海:上海远东出版社.

[192] 李俊江,孟勋,2016.基于创新驱动的美国"再工业化"与中国制造业转型[J].科技进步与对策,33(5):51-55.

[193] 李楠,龚惠玲,张超,2016.区域创新驱动发展关键影响因素研究[J].科技进步与对策,33(12):41-46.

[194] 李孝忠,1985.能力心理学[M].西安:陕西人民教育出版社.

[195] 李兴业,等,2003.非智力因素与创造力的培养[M].武汉:湖北教育出版社.

[196] 李燕,2018.提升专利质量,加强知识产权保护[J].中国人大(21):50-50.

[197] 李燚,2001.市场经济与创新:论中国现行经济体制下创新的价值和实现方式[D].西安:陕西师范大学.

[198] 李拯,2016.敢于试错是一种改革智慧[N].人民日报,11-28(004).

[199] [美]理查德·R.纳尔逊,悉尼·G.温特,1997. 经济变迁的演化理论[M].胡世凯,译.北京:商务印书馆.

[200] [法]利奥塔,1996.后现代状况:关于知识的报告[M]. 岛子,译.长沙:湖南美术出版社.

[201] 联合国教科文组织国际教育发展委员会,1996.学会生存:教育世界的今天和明天[M].邵瑞珍,等译.北京:教育科学出版社.

[202] 联合国教科文组织总部,1996.教育:财富蕴藏其中[M]. 联合国教科文组织总部中文科,译.北京:教育科学出版社.

[203] 梁拴荣,贾宏燕,2011.创新型人才概念内涵新探[J].生产力研究(10):23-26.

[204] 林崇德,罗良,2007.建设创新型国家与创新人才的培养[J].北京师范大学学报:社会科学版(1):29-34.

[205] 林崇德,申继亮,辛涛,1994. 非智力因素与学生能力的发展:从非智力因素入手培养学生的智力与能力[J]. 应用心理学,9(3):27-33.

[206] 林崇德,2002. 智力结构与多元智力[J].北京师范大学学报(人文社会科学版)(1):5-13.

[207] 林崇德,1995.发展心理学[M].北京:人民教育出版社.

[208] 林崇德,1999.培养和造就高素质的创造性人才[J].北京师范大学学报(社会科学版)(5):5-13.

[209] 林崇德,2006.智力的培养及其干预实验[J].北京师范大学学报(社会科学版)(1):41-47.

[210] 林崇德,等,2009.创新人才与教育创新研究[M].北京:经济科学出版社.

[211] 林传鼎,1987.心理学词典[M].南昌:江西科技出版社.

[212] 林迎星,2002.创新的含义及其类型辨析[J].研究与发展管理,2002(4):6-9.

[213] 刘宝存,2003.创新人才理念的国际比较[J].比较教育研究(5):6-11.

[214] 刘宝存,2006.什么是创新人才? 如何培养创新人才? [N].中国教育报,10-09(007).

[215] 刘大椿,1985.科学活动论[M].北京:人民出版社.

[216] 刘刚,2014. 中国经济发展新动力[J]. 华东经济管理(7):1-6.

[217] 刘洪涛,等,1999. 国家创新系统(NIS)[M]. 西安:西安交通大学出版社.

[218] 刘晋伦,2001. 能力和能力培养[M]. 济南:山东教育出版社.

[219] 刘郦,1998. 从权力/知识观点看当代西方哲学的一种知识观[J]. 河南社会科学(4):67-72.

[220] 刘权,2003. 大学学科核心能力及其培育机制[D]. 杭州:浙江大学.

[221] 刘延东,2015. 学习贯彻十八届五中全会精神　深入实施创新驱动发展战略[J]. 中国科技产业(12):10-13.

[222] 刘彦生,2007. 西方创新思维方式论[M]. 天津:天津大学出版社.

[223] 刘勇,2016. 驾驭创造[M]. 北京:新华出版社.

[224] 刘泽双,薛惠锋,2005. 创新人才概念内涵述评[J]. 人才资源开发(4):8-9.

[225] 刘志彪,2011. 从后发到先发:关于实施创新驱动战略的理论思考[J]. 产业经济研究(4):1-7.

[226] 楼巍, 2012. 轴心命题与知识:第三阶段的维特根斯坦与知识论重塑[J]. 哲学研究(1):92-97.

[227] 卢宏明,2000. 试论创新人才的素质特征[J]. 科技进步与对策,17(10):106-107.

[228] 卢宁,李国平,刘光岭,2010. 中国自主创新与区域经济增长:基于 1998—2007 年省际面板数据的实证研究[J]. 数量经济技术经济研究 (1) :3-18.

[229] 鲁兴启,王琴,2003. 创新文化的创造性构建[J]. 科学学研究,21(4):358-361.

[230] [美]罗伯特·S. 艾伯特,1988. 创造性及非凡成就社会心理学:天才和杰出成就[M]. 方展画,顾建民,译. 杭州:浙江人民出版社.

[231] [英]罗素,1983. 人类的知识:其范围与限度[M]. 张金言,译. 北京:商务印书馆.

[232] 吕勇江,2006. 哲学视野中的能力管理[D]. 北京:中共中央党校哲学部.

[233] 马弛,高昌林,1998,张晶. 技术创新在知识经济中起核心作用[J]. 中国软

科学(7):40-42.

[234] 马建胜,2013.中国总体能源利用率仅为 33% 低于世界平均水平[EB/OL].(2013-11-15)[2017-12-12]. http://union.china.com.cn/dlzx/txt/2013-11/15/content_6462954.htm.

[235] [美]马克斯韦尔·莫尔兹,1988.人生的支柱[M].毛宗毅,蒋成红,译.上海:上海人民出版社.

[236] 马名杰,2005.政府支持共性技术研究的一般规律与组织[J].中国制造业信息化(7):14-16.

[237] 马卫国,2017.经济新常态下创新驱动发展探析[J].广西社会科学(4):68-72.

[238] [美]迈克尔·波兰尼,2000.个人知识——迈向后批判哲学[M].许泽民,译.贵阳:贵州人民出版社:131.

[239] [美]迈克尔·波特,2002.国家竞争优势[M].李明轩,邱如美,译.北京:华夏出版社.

[240] 毛亚庆,吴合文,2010.基于知识观的大学核心竞争力[M].北京:教育科学出版社.

[241] [法]孟德斯鸠,1959.论法的精神[M].张雁深,译.北京:商务印书馆.

[242] [美]米哈伊·奇凯岑特米哈伊,2001.创造性[M].夏镇平,译.上海:上海译文出版社.

[243] 齐秀生,2005.社会环境与人才[M].济南:齐鲁书社.

[244] 钱学敏,2008.钱学森大成智慧教育的设想[N].光明日报,10-29(010).

[245] 钱学森,1980.自然辩证法、思维科学和人的潜力[J].哲学研究(4):7-13,31.

[246] 乔万敏,邢亮,2010.开放式教育:创新型人才培养的新视角[J].教育研究(10):86-90.

[247] [英]乔治·萨顿,1989.科学史和新人文主义[M].陈恒六,刘兵,仲维光,译.北京:华夏出版社.

[248] 秦喜清,2002.让-弗·利奥塔[M].北京:文化艺术出版社.

[249] 邱江,罗跃嘉,吴真真,等,2006.再探猜谜作业中"顿悟"的 ERP 效应[J].

心理学报,38(04):507-514.

[250] [法]让-弗朗索瓦·利奥塔,1997.后现代状态:关于知识的报告[M].车槿山,译.北京:生活·读书·新知三联书店.

[251] 任保平,郭晗,2013.经济发展方式转变的创新驱动机制[J].学术研究(2):69-75.

[252] 任飏,陈安,2017.论创新型人才及其行为特征[J].教育研究,38(1):149-153.

[253] 阮爱君,2007.创新型人才激励机制与绩效关系研究[J].商场现代化(29):296-298.

[254] 阮新邦,200.迈向崭新的社会知识观[M].北京:北京大学出版社.

[255] [日]桑名一央,1985.怎样挖掘你的潜在能力[M].金凤吉,等译.北京:科学普及出版社.

[256] 桑青松,葛明贵,2001.关于学习策略与学生的自主性学习[J].教育科学研究(11):51-53.

[257] 沈德立,李洪玉,阴国恩,等,1997. 非智力因素的理论与实践[A].中国心理学会.第八届全国心理学学术会议文摘选集[C].苏州:中国心理学会.

[258] 盛晓娟,张秋月,佘元冠,等,2011.基于智商—情商—逆商的创新型人才素质模型[J].科技与经济(3):75-79.

[259] 石中英,2001.知识转型与教育改革[M].北京:教育科学出版社.

[260] 时勘,2006. 基于胜任特征模型的人力资源开发[J].心理科学进展,14(4):586-595.

[261] [苏]斯米尔诺夫,等,1957.心理学[M].朱智贤,等译.北京:人民教育出版社.

[262] [英]斯诺,1994.两种文化[M].纪树立,译.北京:生活.读书.新知三联书店.

[263] [美]斯腾伯格,1999.成功智力[M].吴国宏,钱文,译.上海:华东师范大学出版社.

[264] 孙璟涛,2003.对“创新”的哲学思考[J].南京政治学院学报,19(4):

36-40.

[265] 谭斌昭,等,2001.高新技术发展的人文社会环境[M].广州:华南理工大学出版社.

[266] 陶富源,2017.大学生创新素质养成与创新人才造就[J].安徽师范大学学报(人文社会科学版),45(4):445-450.

[267] 涂元季,刘莹,2010.钱学森故事[M].北京:解放军出版社.

[268] 王柏文,孙琳琳,2016.中国创新政策变迁的历史逻辑探讨[J].科学中国人(17):204-204.

[269] 王海燕,郑秀梅,2017.创新驱动发展的理论基础,内涵与评价[J].中国软科学(1):41-49.

[270] 王红军,陈劲,2012.高层次高技术创新型人才培养模式研究[J].科技进步与对策,29(7):152-155.

[271] 王惠连,赵欣华,2004.创新思维方法[M].北京:高等教育出版社.

[272] 王继明,2004.从耗散结构理论看创新型人才的塑造[J].系统辩证学学报,12(2):99-103.

[273] 王丽萍,2012.我国经济增长模式转变研究:经济增长源泉的角度[D].天津:南开大学.

[274] 王铭礼,2004.知识结构与导读[J].教育艺术(8):26-27.

[275] 王荣德,2000.诺贝尔科学奖中的“人才链”及其启示[J].科学学研究,18(2):70-76,112.

[276] 王瑞鸿,2007.人类行为与社会环境(第二版)[M].上海:华东理工大学出版社.

[277] 王瑞鸿,2002.人类行为与社会环境[M].上海:华东理工大学出版社.

[278] 王瑞明,莫雷,李利,等,2005.言语理解中的知觉符号表征与命题符号表征[J].心理学报,37(2):143-150.

[279] 王星,郭晓,付杨林,2015.基于创新型人才阶段性素质特征的培养模式研究[J].科技与经济,28(3):81-85.

[280] 王璇,2013.创新驱动湖北发展战略研究[D].武汉:武汉理工大学.

[281] 王亚斌,罗瑾琏,李香梅,2009.创新型人才特质与评价维度研究[J].科技

管理研究(11):318-320.

[282] 王业强,郭叶波,赵勇,等,2017.科技创新驱动区域协调发展:理论基础与中国实践[J]. 中国软科学 (11) :86-100.

[283] 王义高,2000.创新人才理论初探[J].比较教育研究(1):6-10.

[284] 王毅,陈劲,2000.企业核心能力:理论溯源与逻辑结构剖析[J].管理科学学报,3(3):24-32.

[285] 王毅,2001.以能力为基础的战略管理:理论发展述评[J].科技管理研究(5):50-54.

[286] 王元京,史昊,刘明,2014.创新型教育:创新型人才的摇篮[J].市场论坛(4):102-108.

[287] 王忠武,1990.试论知识与能力的基本关系[J].学术交流(5):93-97.

[288] 魏江,李拓宇,赵雨菡,2015.创新驱动发展的总体格局,现实困境与政策走向[J].中国软科学(5):21-30.

[289] 魏江.多层次开放式区域创新体系建构研究[J].管理工程学报,2010(S1):31-37.

[290] 魏守华,吴贵生,吕新雷, 2010.区域创新能力的影响因素:兼评我国创新能力的地区差距[J]. 中国软科学(9):76-85.

[291] 文魁,吴冬梅,等,2008.激励创新:科技人才的激励与环境研究[M].北京:经济管理出版社.

[292] 吴建中,2015. 知识是流动的[M].上海:上海远东出版社.

[293] 吴奇,2005.西方知识观的演变[M].北京:知识产权出版社.

[294] 吴松强,2010.创新人才培养的文献综述及理论阐释[J].现代教育管理(4):68-70.

[295] 吴晓波,胡松翠,章威,2007.创新分类研究综述[J].重庆大学学报(13):36-39.

[296] 吴鑫,许文兴,2016.创新型人才培养与产业转型升级的互动机制[J].台湾农业探索(5):41-45.

[297] 夏国新,1994.实用管理心理学[M].北京:中央民族大学出版社.

[298] [日]小林由树子,1990.从英才教育到创才教育[M].岩本宝林,译.上海:

上海科学普及出版社.

[299] 谢丹,2015.创新型人才培养的探索与实践:以《形体与舞蹈》课程为例[J].中国教育学刊(S2):69-70.

[300] 辛铁樑,2004.首都发展与人才能力建设[M].北京:中国社会出版社.

[301] 新华社,2013.习近平在中共中央政治局第九次集体学习时强调敏锐把握世界科技创新发展趋势切实把创新驱动发展战略实施好[EB/OL].(2013-10-01)[2018-06-06]. http://www. gov. cn/ldhd/2013-10/01/content_2499370. htm.

[302] 徐恩芹,刘美凤,2005.创新型人才的核心特征[J].人才开发(9):9-10.

[303] 徐冠华. 2030 我国石油对外依存度将超 70%[EB/OL].(2014-11-14)2017-12-12]. http:/finance. sina. com. cn/hy/20141114/101920818933. shtml.

[304] 徐小洲,叶映华,2012.创新型人才的素质结构与生成转化机制[J].高等工程教育研究(1):70-74,96.

[305] 许静,2010. 创新型人才激励模式构建研究[J].现代商贸工业,22(15):39-41.

[306] 许浚,2001.感悟创新:贝尔实验室华裔高级副总裁的领导理念[M].北京:中国商业出版社.

[307] 许玉乾,2006.关于“创新”概念的几点新思考[J].淮阴师范学院学报(哲学社会科学版),28(4):458-462.

[308] 许征帆,1987.马克思主义辞典[M]. 长春:吉林大学出版社.

[309] 闫勤,2006.2006 宁波人才发展报告[M].北京:科学技术文献出版社.

[310] 燕国材. 1983. 应重视非智力因素的培养[N].光明日报, 02-11(03).

[311] 燕国材,1999.八谈非智力因素的几个问题[J].上海师范大学学报(教育版·中小学教育管理),28(5):81-88.

[312] 阳春乔,2005.创新人才需具备的基本素质[J].求索(2):142-143.

[313] 杨付华,甘德安,2007.推动武汉创新型人才建设[N].长江日报, 08-02(012)

[314] 杨茂森,2006.创新型人才的六大特征[J].中国人才(13):8-8.

[315] 叶平,1999."创新教育"解析[J].教育研究(12):3-8.

[316] 叶山士,1999.邓小平的创新人才观与创新教育[J].高等教师教育研究(5):15-19.

[317] 叶奕乾,何存道,梁宁建,1997.普通心理学[M].上海:华东师范大学出版社.

[318] 游承俐,孙学权,2000."土著知识"研究[J].中国农业大学学报(社会科学版)(1):36-41,45.

[319] 于美霞,赵国杰,2009. 跨行政区治理:区域农业创新体系建设的对策思考[J]. 中国农机化 (6):27-29,33.

[320] 郁振华,2002,.克服客观主义:波兰尼的个体知识论[J].自然辩证法通信,24(1):9-15.

[321] 袁贵仁,1988.人的哲学[M].北京:工人出版社.

[322] 袁张度,徐方瞿,2002.干部创新创造能力培训读本[M].上海:上海科学普及出版社.

[323] [美]约翰·杜威,1999.杜威五大讲演[M].胡适,译.合肥:安徽教育出版社.

[324] [美]约翰·奈斯比特,1984.大趋势:改变我们生活的十个新趋向[M].孙道章,等译.北京:新华出版社.

[325] [美]约翰·钱斐,1999. 决定一生的八种能力:八项修炼[M].杜晋丰,译.北京:九州出版社.

[326] [奥]约瑟夫·熊彼特,1990.经济发展理论[M].何畏,等译.北京:商务印书馆.

[327] [奥]约瑟夫·熊彼特,1985.资本主义、社会主义和民主[M].吴良健,译.北京:商务印书馆.

[328] 张宝荣,2008.创新思维及其培养[M].石家庄:河北教育出版社.

[329] 张蓓蓓,2007.企业创新人才的开发与激励[D].北京:北京交通大学.

[330] 张春莉,2009.有效的课堂教学应是怎样的[J].教育情报参考(1-2):78-79.

[331] 张春兴,2003.现代心理学[M].上海:上海人民出版社.

[332] 张岱年,1982.中国哲学大纲[M].北京:中国社会科学出版社.
[333] 张辉,焦岚,李颖,2012.创新型人才的剖析和塑造[J].黑龙江高教研究,30(6):133-137.
[334] 张积家,2004.普通心理学[M].广州:广东高等教育出版社.
[335] 张来武,2013. 论创新驱动发展[J].中国软科学(1):1-5.
[336] 张来武,2011.科技创新驱动经济发展方式转变[J].中国软科学(12):1-5.
[337] 张黎,2001. 创新人才素质浅谈[J].高等工程教育研究(3):95-96.
[338] 张利华, 2004.科技人才的任用和评价中的科学道德问题[J].自然辩证法通信,26(3):51-56.
[339] 张平,刘霞辉,2013.宏观经济蓝皮书:中国经济增长报告(2012-2013)[M].北京:社会科学文献出版社.
[340] 张清辉,王彬,2018.关键共性技术管理研究:基于文献综述的视角[J].科技促进发展,14(8):735-741.
[341] 张庆林,Sternberg,2002.创造性研究手册[M].成都:四川教育出版社.
[342] 张庆林,199.当代认知心理学在教学中的应用[M].重庆:西南师范大学出版社.
[343] 张武升,2000.教育创新论[M].上海:上海教育出版社.
[344] 赵红梅, 2015.优势产业中关键共性技术协同研发机制研究[J].科技管理研究, 35(16): 110-114.
[345] 赵惠新,胡志范,2001.转变教育观念 强化创新意识 培养创新人才[J].黑龙江高教研究(4):107-108.
[346] 赵卿敏,2002.创新能力培养[M]. 武汉:华中科技大学出版社.
[347] 赵修义,邵瑞欣,1990.教育与现代西方思潮[M].北京:中国科学技术出版社.
[348] 赵永刚,郑小碧,2013.基于参与者智力决策的产业关键共性技术创新研究[J].科技进步与对策,30(1):59-63.
[349] 赵余,孙文泓,2014.浅谈影响人才成长的制度环境[J].人力资源管理(9):145-146.

[350] 中共中央国务院,1999. 关于深化教育改革全面推进素质教育的决定[EB/OL] (1999-06-03)[2018-05-20]. http://old. moe. gov. cn/publicfiles/ business/htmlfiles/moe/moe _ 177/200407/2478. html?authkey=a00xz3.

[351] 中国行业研究网,2014. 中国煤炭占能源消费总量比重约为70%[EB/OL]. (2014-03-06)[2017-12-12]. http://www. chinairn. com/news/20140306/171951338. html.

[352] 中国经济增长前沿课题组,2005. 高投资、宏观成本与经济增长的持续性[J]. 经济研究(10):12-23.

[353] 中国科学技术发展战略研究院,2017.《国家创新指数报告2016-2017》图解[EB/OL]. (2017-08-18)[2018-02-02]. http://www. casted. org. cn/channel /newsinfo/6336.

[354] 中国科学技术发展战略研究院,2017. 国家创新指数报告2016-2017[M]. 北京:科学技术文献出版社.

[355] 中国科学院,2009. 科技革命与中国的现代化:关于中国面向2050年科技发展战略的思考[M]. 北京:科学出版社.

[356] 中国企业家调查系统,2016. 企业进入创新活跃期:来自中国企业创新动向指数的报告——2016中国企业家成长与发展专题调查报告[J]. 管理世界(6):67-78.

[357] 钟祖荣,齐建芳,王玉昆,2005. 外国人才研究史纲[M]. 北京:蓝天出版社.

[358] 周希贤,2007. 创新人才培养中的德能冲突研究[M]. 重庆:西南师范大学出版社.

[359] 周源,2018. 制造范式升级期共性使能技术扩散的影响因素分析与实证研究[J]. 中国软科学(1):19-32.

[360] 朱达明,2001. 人才环境初探[J]. 中国人力资源开发(7):4-8.

[361] 朱高峰,2007. 创新人才与工程教育改革[J]. 高等工程教育研究(6):3-7.

[362] 朱高峰,1999. 略谈技术创新与制度创新[J]. 高等工程教育研究(2):1-5.

[363] 朱洪波,2003. 高等学校创新人才培养研究[D]. 武汉:武汉大学.

[364] 朱建民,金祖晨,2016. 国外关键共性技术供给体系发展的做法及启示[J]. 经济纵横(7):113-117.

[365] 朱庆刚,朱庆晖,1994. 创造性人才知识结构三维模型[J]. 中国人才(7):18.

[366] 朱晓妹,林井萍,张金玲,2013. 创新型人才的内涵与界定[J]. 科技管理研究,33(1):153-157.

[367] 朱智贤,1982. 思惟心理研究漫谈[J]. 应用心理学(4):2-6,34.

[368] 邹粉仙,2005. 对创新的哲学思考[J]. 云南师范大学学报(哲学社会科学版),37(3):54-56.

[369] 邹美美,罗瑾琏,2009. 创新型人才国内外研究进展[J]. 人才开发(8):11-14.

索　引

后　　记

笔者长期在高校从事教学、科研以及相关管理工作，同时也承担了一些和创新型人才的素质与培养相关的社会工作，关注基于创新驱动的创新型人才素质与培养研究这一问题已有较长时间。在政府有关部门的支持和鼓励下，基于广泛而深入的调研，2004 年，笔者和一些有志于创新型人才的素质与培养工作的志同道合者一起推动了宁波市创造学会的成立。按有关规定，笔者担任了几届学会理事长，得以有机会深入一些学校、企业、政府部门进行调研与交流，在创造学、创新型人才的素质与培养等方面做了一些理论研究与推广普及工作。此后多年担任浙江省创造学会常务理事、副会长，中国创造学会理事等，对浙江及其他地区关于创新型人才素质与培养方面的探讨作了更多的具体了解。同时，在担任中国软科学研究会常务理事期间，笔者一直在“创业与创新管理”等管理学、软科学领域就相关问题展开思考与探索。

将创新型人才的素质与培养纳入创新驱动的视阈下进行思考，主要是出于以下两方面的原因。

一方面，是对“创新驱动理论”的关注。创新驱动理论最早是由哈佛大学管理学教授迈克尔·波特提出的，他以钻石理论为研究工具，以竞争优势来考察经济表现，从竞争现象中分析经济的发展过程，从而提出国家经济发展的四个阶段：要素驱动阶段、投资驱动阶段、创新驱动阶段和财富驱动阶段。前三个阶段是国家竞争优势的主要来源，一般伴随着经济上的繁荣。而在财富驱动阶段，科技创新依然会在生产领域中占主导地位，但财富驱动的主要体现已转变为金融创新。在财富驱动阶段，从科学创新、技术创新出发，到产业组织创新、社会组织创新，进而涉及管理模式创新、生活理念创新的传导，模式创新将在金融领域和人们的理财生活中发挥非常重要的作用。

另一方面，也是更为重要的方面，是对创新驱动发展战略的学习和思考。按照迈克尔·波特的观点，中国现阶段处于"要素驱动"与"投资驱动"并重的发展阶段。严峻的现实提醒我们，我们过去在发展中所走的传统工业化道路已经到了难以维系的尽头，必须创新探索，走新型工业化道路，即以科技创新为先导的创新型发展之路。特定的国情和现实的需求决定了中国不可能选择资源型发展模式，而必须走创新驱动发展的道路。这一思路在党的一些重要文件中已得到明确而深刻的阐述。党的十六大提出了"走新型工业化道路，大力实施科教兴国战略和可持续发展战略"，党的十七大提出了"加快建设国家创新体系"，党的十八大提出了"创新驱动发展战略"，党的十九大提出了"创新型国家建设"，党和国家一直在强调创新在国家战略中的重要作用。经过改革开放和全国人民的长期努力，我国2010年超越日本成为世界第二大经济体，"我们比历史上任何时期都更接近中华民族伟大复兴的目标"。然而在过去较长时间我国经济的快速发展是建立在自然资源和人力资源的低成本供给基础之上的，面临着资源能耗大、科技含量不高等问题，经济发展模式亟待转型升级。进入新时代，必须将创新作为引领发展的第一动力，坚定实施创新驱动发展战略，为实现中华民族伟大复兴的中国梦奠定基础。

创新驱动发展必须贯彻创新、协调、绿色、开放、共享的发展理念，在很大程度上是"以人为本"的发展，即"依靠人，为了人"的发展。创新驱动发展首先是依靠人的发展。与"要素驱动""投资驱动"不同，"创新驱动"强调通过创新型人才资源去开发丰富的、尚待利用的自然资源，逐步取代已经面临枯竭的自然资源，节约并更合理地利用已开发的现有自然资源。

正如笔者在前言中指出的，实施创新驱动战略，建设创新型国家，培养创新型人才，是一个时代的课题。处在创新的时代，我们既要充满激情又要以充分的科学精神，理性地思考"基于创新驱动的创新型人才素质及培养研究"这样的时代命题。

然而，真正将这一研究工作列入计划，并拟以一部专著的形式发表研究结果时，才深感这一命题的探讨是一件颇富挑战性的工作。许多时候，笔者曾为能有机会对这一课题进行探讨感到激动和荣幸；同时，由于所思考和探索的问题的挑战性，在许多时候，也感到一种挑战，甚至是一种压力。

思考和探索历时数载，其过程自然不能一蹴而就。首先，在国外的相关研究中，没有专门的与中文“创新型人才”对应的概念，这在一定程度上增加了文献检索工作的难度。其次，关于创新驱动理论及创新型人才素质与培养是相对较新、尚在研究中的问题。譬如，关于“智力因素”与“非智力因素”等概念的界定等问题，在学术界还存在一些争议。故而如何在众说纷纭的学术背景下既避免人云亦云，又准确地表述自己的学术观点，无疑需要真正的独立思考。

需要特别指出的是，本书在撰写过程中从已有相关研究中获得不少启发，在此向相关文献的作者表示真诚的谢意！本书的撰写也得到不少学术界同仁、朋友的关心、支持和帮助，在此一并致谢！从构思到成稿，本书的撰写历时数载，虽倾注了不少心血，但提出的一些观点仅是阶段性的思考与探索结果，因此，本书的出版并不意味着笔者关于本课题研究的终结，而是一个新的开始。